羅振玉 著
羅繼祖 主編
王同策 副主編

王同策 張中澍 管成學 陳維禮 黃中業 羅繼祖 整理

羅振玉學術論著集

第八集／上

第八集目次

補宋書宗室世系表

幼讀汪容甫先生《補宋書宗室世系表序》而善之，深惜其表不傳，欲爲補輯，匆匆未果。閱歲四十，始以三日之力，成書一卷，而書其端曰：　觀於有宋宗室之慘禍，知五倫之闕其一，其害竟如斯之酷矣。人之生也，親親長長，本乎天則。於是父子有親，長幼有序，夫婦有别，朋友有信，君臣有義，人紀於是乎立。夫父子、兄弟，天屬之合也；若夫夫婦、朋友、君臣，則以人合者也。以愛由親始之義言之，則天屬者爲親，而人合之夫婦、朋友爲疏矣。推之君臣，則益疏矣。而以事實言，則無君臣則國無統治；國無統治，家將安芘？家無所芘，身將疇依？譬以爲車，三十輻共一轂而成輪；輪成乃有車之用。使壞其一輻，而輪不固矣。若壞其轂，則羣輻皆無所麗，輪壞而車廢矣。方車工之爲輪也，先爲羣輻，而後爲之轂以納焉。猶之先有身、有家、有鄉井，而後有君臣以統治焉。轂廢而輻無所麗；君臣之倫廢而羣倫得以保全，固未之前聞也。於是悖逆禍亂，一時俱起。其始也忍於他族；其卒也極其猜疑。嫌忌之所至，馴及於天屬之親，勢不至自相翦屠不止。所謂以其所不愛及其所愛，不仁之至。人道遂與獸道通矣。試觀夫宋武之詒謀，與夫一門之慘禍，固可證吾説而無疑也。

容甫先生謂：自宋武受終晉室，迄於昇平之末，凡五世六十年，本支百二十九人，其被殺者百二十有一，而骨肉自相屠害者八十。予核以史官所紀，則帝之本支實百五十有八人，其令終者三，而子弑父者一，臣弑君者四，骨肉相賊者百有三，見殺於他人者六，夭折者三十六，無子國除及出奔者三，其令終與否不可知者二。更推之臨川、長沙、營浦三系凡五十有四人，骨肉相賊者九，被殺於他人者十，夭折者七，令終者十二，不可知者十有六。是容甫先生所舉猶未盡核，殆欲爲之表而未果歟？

今既列其世系，並將其人致死之由，一一疏於名字之下，以示不仁於人，鮮不馴及於己而益加酷焉。且以示君臣之倫廢，人紀罔不與之俱廢，宋室之禍，固前事之師矣。後世亂臣賊子，尚鑒之哉。

辛酉八月，上虞羅振玉書。

補《宋書・宗室世系表》

一世	二世	三世	四世	五世
高祖武皇帝裕 字德輿，小字寄奴。漢楚元王交之後。世居彭城綏輿里，至武原令混，始居晉陵丹徒之京口里。混生東安太守靖，靖生郡功曹翹，翹生高祖。高祖代晉，尊翹爲孝穆皇帝。高祖在位三年崩，年六十七。	**少帝義符** 小字車兵。即位逾年被廢。徐羨之使人弒之金昌亭。年十九。	**南豐縣王朗** 字元明。以江夏王義恭長子繼。湘州刺史。爲元凶劭所殺。	**嗣王銑** 以長沙成王義欣子韞之子繼。與韞同誅。	

續表

一世	二世	三世	四世	五世
			嗣王繢 以與安侯義賓子琨之子繼。齊受禪，國除。	
	廬陵孝獻王義真 小字車士。南豫州刺史。徐羨之奏廢之。尋遇害，年十八。	**嗣王紹** 字休胤。以太祖第五子繼。揚州刺史。薨年二十一。	**恭王敬先** 本名敬秀。以南平王鑠第三子繼。景和二年，爲前廢帝所殺。	
			嗣王子輿 字孝文。敬先見殺，以世祖第二十一子繼。尋爲太宗所殺。	
			嗣王德 子輿被殺，復以桂陽王休範第二子繼。淮陵、南彭城二郡太守。後廢帝元徽二年與休範同被誅。	

續　表

一世	二世	三世	四世	五世
			元王嵩 字淵華。以臨澧侯襲第三子繼。給事中。昇明元年薨，無子。國除。	
	太祖文皇帝義隆 小字車兒。在位三十年，爲太子劭所弒。	**元凶劭** 字休遠。以弒逆伏誅。	**偉之** **迪之** **彬之** 劭四子。其一子尚未名，並與劭同誅。	
		始興王濬 字休明，小字虎頭。荆州刺史。黨於元凶劭，伏誅。	**長文** **長仁** **長道** 並與濬同誅。	
		世祖孝武皇帝駿 字休龍，小字道民。在位十一年崩，年三十五。	**前廢帝子業** 小字法師。在位逾年，壽寂之等弒之於華林園。年十七。	

續表

一世	二世	三世	四世	五世
			豫章王子尚 字孝師。都督揚、南徐二州諸軍事，領尚書。爲廢帝所殺，年十六。	
			晉安王子勛 字孝德。江州刺史。太宗定亂，不受命，兵敗被殺，年十一。	
			松滋侯子房 字孝良。初封尋陽王、會稽太守。以與子勛同拒命貶爵，尋廢徙被殺，年十一。	
			臨海王子頊 字孝烈。平西將軍。以應子勛賜死，年十一。	

續表

一世	二世	三世	四世	五世
			始平孝敬王子鸞 字孝羽。南徐州刺史。前廢帝時賜死，年十歲。	**沖王延年** 字德沖。以建平王景素子繼。薨年四歲。
				嗣王延之 延年既殤，復以長沙王纂子繼。昇明三年薨，國除。
			永嘉王子仁 字孝和。湘州刺史，未拜賜死。年十歲。	
			始安王子真 字孝貞。南兗州刺史。遷丹陽尹，未拜賜死。年十歲。	

續表

一世	二世	三世	四世	五世
			邵陵王子元 字孝善。湘州刺史，未之鎮，賜死。年九歲。	
			齊敬王子羽 字孝英。年二歲薨。	
			淮南王子孟 字孝光。泰始二年，改封安成王，未拜賜死。年八歲。	
			晉陵孝王子雲 字孝轝。年四歲薨。	
			南海哀王子師 字孝友。爲前廢帝所害，年六歲。	
			淮陽思王子霄 字孝雲。年四歲薨。	

續表

一世	二世	三世	四世	五世
			東平王子嗣 字孝叔。初出嗣東平王休倩，生母謝昭容奏請還本，從之。尋賜死，年四歲。	
			子深 **子鳳** **子玄** **子衡** **子文** **子況** **子雍** 以上七人並未封，早殤。	
			子趨 **子期** **子悦** 並未封，爲明帝所殺。	

續表

一世	二世	三世	四世	五世
			武陵王贊 字仲敷，小字智隨。明帝既盡殺孝武諸子，乃以第九子繼孝武。昇明二年薨，年九歲，國除。	
		南平穆王鑠 字休玄，小字烏羊。侍中司徒。世宗以其黨元凶劭，納藥食中殺之。年二十三。	**懷王敬猷** 黃門郎。爲前廢帝所殺。	
			敬淵 後軍將軍。爲前廢帝所殺。	
			嗣王子產 字孝仁。以孝武帝第十八子繼，未拜被殺。	

續　表

一　世	二　世	三　世	四　世	五　世
			嗣王伯玉 以衡陽恭王嶷第二子繼。給事中，昇明二年被殺。國除。	
		竟陵王誕 字休文。南兗州刺史。以猜疑舉兵反，兵敗被殺，年二十七。	**世子景粹** 爲沈慶之所殺。	
		建平宣簡王宏 字休度。中書監、尚書令。卒年二十五。	**嗣王景素** 南徐州刺史。以猜疑舉兵被殺，年二十五。	**嗣子延齡** 與二少弟同坐誅。
			秭歸侯恬 以長沙成王義欣子覬第三子繼。昇明二年卒，國除。	
		廬江王褘 字休秀。南豫州刺史。坐怨誹逼令自殺，年三十五。	**充明** 南彭城、東莞二郡太守。被廢。卒年二十八。無子。	

續表

一世	二世	三世	四世	五世
		晉熙王昶 字休道。徐州刺史。以被嫌奔魏。	**思遠** 早卒。	
			池陽縣侯懷遠 早卒，追封。	
			承緒 魏駙馬都尉。早卒。	
			文遠 **輝** 字重昌，魏駙馬都尉。	
			嗣王燮 字仲綏。以太宗第六子繼。揚州刺史。受禪降，封隆安縣侯。齊尋賜死。	

續　表

一　世	二　世	三　世	四　世	五　世
		武昌王渾 字休淵。雍州刺史。以狂悖見廢，逼令自殺，年十七。		
		太宗明皇帝彧 字休炳，小字榮期。在位八年，年三十四。	**後廢帝昱** 字德融，小字慧震。在位五年，王敬則弒之，年十五，追廢爲蒼梧郡王。	
			順皇帝準 字仲謀，小字智觀。在位二年，遜於齊。建元元年暴殂，年十三。	
			法良 與未名之弟四皇子並未封。早殤。	
			邵陵殤王友 字仲賢。歷陽太守。早薨，無子。國除。	

續表

一世	二世	三世	四世	五世
			隨陽王翽 字仲儀。湘州刺史，未之鎮，齊受禪降，封舞陰縣公。尋賜死。	
			新興王嵩 字仲岳。齊受禪降，封定襄縣公。尋賜死。	
			始建王禧 字仲安。齊受禪降，封荔浦縣公。尋賜死。	
		始安王休仁 太尉領司徒。以猜疑賜死，年三十九。	**嗣王伯融** 廣州刺史。年十九賜死。	
			伯猷 出繼江夏愍王伯禽，休仁死還本。尋賜死，年十一。	

續表

一世	二世	三世	四世	五世
		海陵王休茂 雍州刺史、左將軍。以叛誅，年十七。		
		晉平剌王休祐 南徐州刺史。後見殺，年二十七。	**仕薈** 早卒。	
			世子宣翊 湘州刺史，未拜廢免。	
			士弘 繼鄱陽哀王休業，尋被廢，還本。	
			宣彥 封原豐縣侯，彭城太守。未拜廢免。	
			宣諒 **宣曜** 出繼南平穆王鑠，被廢。還本。	

續表

一世	二世	三世	四世	五世
			宣景 **宣梵** **宣覺** **宣受** **宣則** **宣直** **宣季** 並徙晉陽郡。後並賜死。	
		鄱陽哀王休業 年十一受封，明年薨。		
		臨慶沖王休倩 年九歲封東平王，未拜薨。	**嗣王智井** 以孝明帝第五子繼，未拜薨。	
		新野懷王夷父 年六歲薨。追加封謚。		

續　表

一　世	二　世	三　世	四　世	五　世
		桂陽王休範 江州刺史。起兵被誅。	**德宜** **德嗣** **青牛** **智藏** 並與父同誅。	
		巴陵哀王休若 征西大將軍、江州刺史。賜死。年二十四。	**嗣王沖始** 昇明三年薨。齊受禪，國除。	
	彭城王義康 小字車子。江州刺史，後廢爲庶人。被揜殺之，年四十二。	**泉陵縣侯允** 爲元凶劭所殺。	永光元年，以江夏王義恭之請爲允置後。泰始四年復絶屬籍，還爲庶人。	
		肱 **珣** **昭** **方** **曇辨** 昭、方早殤。餘並見殺。		

續表

一世	二世	三世	四世	五世
	江夏文獻王義恭 太宰領司徒、録尚書。爲前廢帝所殺。	**宣世子叡** 字元秀。太子舍人，爲元凶劭所殺。大明二年，追封安隆王。史稱義恭子十二人爲元凶所害，今合出繼少帝之南豐王朗計之，得十一人。其一人不可考。	**嗣王子綏** 字寶孫。以孝武帝第四子繼。進號征南將軍，改封江夏王，未拜賜死。	
		新吴縣烈侯韶 字元和。步兵校尉。	**嗣王躋** 字仲升。以太宗第八子繼。齊受禪降，封沙陽縣公，後被殺。	
		平都懷侯坦 字元度。		

續表

一世	二世	三世	四世	五世
		江安愍侯元諫 **興平悼侯元粹** **元仁** **元方** **元旒** **元淑** **元胤** 並與兄同遇害。		
		哀世子伯禽 湘州刺史。爲前廢帝所殺，追贈江夏愍王。		
		永修縣殤侯仲容 臨淮、濟陽二郡太守。		
		永陽縣殤侯叔子 **叔寶** 並與兄伯禽同時遇害。		
	南郡王義宣 丞相、荆湘二州刺史。舉兵敗，誅。年四十。	**湘南縣侯愃** **宜陽王愷** 字景穆。		

續表

一世	二世	三世	四世	五世
		恢 字景度。右衛將軍。	**善藏** 同父被殺。	
		祁陽縣侯憬 **惔** **臨武侯悏** 卒年十八。		
		惇 **慆** **伯實** **業** **悉達** **法導** **僧喜** **慧正** **慧知** **明彌虜** **妙覺** **寶明** 義宣十八子悏、悉達早夭，餘並被殺。		

續表

世					
一世		**長沙景王道憐** 高祖仲弟，太尉。			
二世	**衡陽文王義季** 小字師護。徐州刺史。薨年三十三。	**成王義欣** 豫州刺史。薨年三十六。			
三世	**恭王嶷** 字子歧。太子中庶子。大明元年薨。	**悼王瑾** 字彥瑜。太子屯騎校尉。爲元凶劭所殺。		**祗** 字彥期。南兗州刺史。以應子勛被誅。	**楷** 秘書郎。爲元凶劭所殺。
四世	**嗣王伯道** 昇明三年薨。齊受禪，國除。	**粲** 早夭。	**嗣王纂** 字元績。步兵校尉。昇明二年薨。齊受禪，國除。		
五世					

續表

一世	二世	三世	四世	五世
		瞻 晉安太守。以應子勛誅。		
		韞 字彦文。中領軍。昇明三年坐叛誅。		
		弼 武昌太守。坐應子勛誅。		
		鑒 員外散騎常侍。早卒。		
		緦 字彦龢。吴興太守。		
		顥 字彦明。吴興太守，未拜卒。		

續　表

一世	二世	三世	四世	五世
		述 東陽太守。以叛誅。		
	桂陽恭侯義融 五兵尚書，領軍。	**孝侯覬** 字茂道。散騎常侍。爲元凶劭所殺。	**嗣侯晃** 字長暉。以弟襲子繼。以謀叛誅。國除。	
		臨澧忠侯襲 字茂德。郢州刺史。	**嗣侯昱** 字淵高。與兄晃同誅。	
			暠 字淵華。	
			晏 字淵平。暠、晏等名不載《宋書》。據《宋劉襲墓誌》補。晏之前尚有一名，泐不可辨。	

續表

一世	二世	三世	四世	五世
		彪 字茂蔚。秘書郎。早卒。		
		寔 字茂軌。太子舍人。早卒。	**量** 字淵平。以襲子繼。	
		爽 海陵太守。		
		季 字茂通。海陵太守。		
	新喻惠侯義宗 字伯奴。南兖州刺史。	**懷侯玠** 琅邪(泰)〔秦〕郡太守。爲元凶所殺。	**嗣侯承** 以弟秉子繼。與弟俁同被殺。	
		當陽侯秉 字彥節，尚書令。起兵坐誅。	**俁** 與父秉同死。	

續表

一世	二世	三世	四世	五世
		謨 奉朝請。		
		遐 字彥道。吴郡太守。與兄秉同死。		
	興安肅侯義賓 徐州刺史。	**惠侯綜** **晛** 晉平太守。	**嗣侯憲** 齊受禪，國除。	
	營道僖侯義綦 湘州刺史。	**嗣侯長猷** 步兵校尉。昇明三年卒，齊受禪，國除。		
臨川烈武王道規 字道則。高祖少弟，豫州刺史。卒年四十三。	**康王義慶** 以長沙景王第二子繼。南兖州刺史。年四十二。	**哀王燁** 字景舒。通直郎。爲元凶所殺。	**嗣王綽** 字子流。步兵校尉。昇明三年，起兵被誅。國除。	
			綰 早卒。	

世							
一世					**營浦元侯遵考** 高祖族弟。左光禄大夫、侍中、領崇憲太僕。卒年八十二。	**思考** 遵考從父弟，散騎常侍。年七十五。	
二世					**澄之** **琨之** 竟陵王誕司空主簿。爲誕所殺。	**季連** 字惠續。齊益州刺史。爲仇家所殺。	**子深** 齊通直郎。
三世	**衍** 太子舍人。	**鏡** 宣城太守。	**穎** 前將軍。	**倩** 南新蔡太守。			
四世							
五世							

補唐書張義潮傳

張義潮，《五代史記・吐蕃傳》、《東都事略・西蕃傳》並作「張義朝」，《舊唐書・宣宗、懿宗紀》、《唐書・吐蕃傳》、《資治通鑑》並作「張義潮」。考《李氏再修功德記》石本及《敦煌寫本》亦作「義潮」，《大中五年賜沙州僧政洪䛒勅》及杜牧撰《沙州專使吳安正等授官制》、《通鑑考異》引《補國史》又作「議潮」，殆本無定字也。沙州人。《通鑑》、《李氏再修功德記》及《張延綬傳》並稱南陽張公，舉其舊望。《五代史記》載涼州留後孫超將拓拔承謙對唐明宗問孫超等世家，稱「張掖人張義朝」云云，是以義潮里貫爲張掖。初唐分天下爲十道，河西、隴右三十三州涼州最爲大鎮。開元、天寶中置八監，牧馬三十萬。其西復置安西都護府，羈縻西番三十國。軍鎮監務大小三百餘，戍守之兵皆取涼州節度。及安禄山犯闕，肅宗在靈武，盡招西河戍卒收復兩京。吐蕃乘虛，涼、隴諸州次第陷没，《五代史・吐蕃傳》惟沙州至大曆中尚爲唐固守。吐蕃贊普徙帳南山，攻之急。刺史周鼎請救於回鶻。逾年兵不至，議焚城郭引衆東奔。衆不可，知兵馬使閻朝縊鼎殺之，自領州事。城守八年，出綾一端募麥一斗。又二歲，糧械皆竭，始以城降。自攻城至是凡十一年。州人皆胡服臣虜，每歲時祀父祖，衣中國之服，號慟而藏之。《唐書・吐蕃傳》。案《吐蕃傳》不明記周鼎守沙州之年，而叙於元和十四年吐蕃寇鹽州之後、穆宗即位之前，若鼎之城守在元和之初，閻朝之降在元和之末者。考《隴西李府君修功德碑記》立于大曆十一年，中有「時節度觀察處置使、開府儀同三司、御史大夫、蔡國公周公」云云，是鼎守沙州在大曆中之證。又據顔魯公《宋廣平碑側記》云：公第八子衡，因謫居沙州，參佐戎幕，河隴失守，介于吐蕃，以功累拜工部郎中兼□御史、河西節度行軍司馬，與節度周鼎保守敦煌僅十餘歲，遂有中丞常侍之拜，恩命未達而北蕃圍城，兵盡矢窮，爲賊所陷。吐蕃素聞太尉名德，遂贈以駞馬送還。大曆十二年十一月，以二百騎盡室護歸云云。碑言城陷與《吐蕃傳》不合，當以史所記爲得實，而鼎之亡必在十二年後則可信也。由是年下數至八年，乃貞元元年。玆據李《記》、宋《碑》補其年月，並正《吐蕃傳》之疏誤。《西域水道記》謂沙州以建中二年陷，更不知何據。義潮雖生長虜中，而心繫本朝，陰結豪俊謀歸唐，苦未有當。逮會昌二年，吐蕃贊普死，無子，立妃綝兄尚延力子乞離胡。國人以爲不當立，多叛去，國内大亂。別將尚恐熱亦叛，自號宰相，與鄯州節度使尚婢婢搆兵，連年不決。大中四年，恐熱大略鄯、廓、瓜、肅、伊、西等州，所過捕戮，積尸狼藉。麾下内怨，皆欲圖之。《唐書·吐蕃傳》及《通鑑》義潮乘隙，一旦率衆擐甲譟州門，漢人皆助之，虜守者驚走，遂攝州事。繕甲兵，耕且戰，悉復餘州。以部校十輩皆操梃内表其中，東北走天德城，因防禦使周丕請命於朝。《唐書·吐蕃傳》五年正月壬戌，表聞。八月，義潮復遣兄義潭、案義潮之兄名據《太平寰宇記》及《册府元龜》卷九百七十七，作「義潭」，法國伯希和氏記所得《敦煌書目》，有張議潭子某墓誌，又作「議潭」，《實録》、《舊紀》、《通鑑》均作「義澤」，又《舊紀》、《通鑑》均稱義澤爲義潮兄，而《實録》則稱遣弟義澤。予藏敦煌石室本《春秋後國語》背記書七言彈詞，記述義潮功德有「家兄親事入長安，龍顔對而極情歡」語，殆指義潭入朝事，是義潭實爲義潮兄而非弟也。州人李明達、李明振、押衙吴安正等二十九人入朝告捷，並獻瓜、沙、伊、肅、鄯、甘、河、西、蘭、岷、廓十一州圖籍。帝嘉其忠，命使者齎詔收慰，擢義潮沙州防慰使，拜明達河西節度衙推兼監察御史，明振涼州司馬、檢校國子祭酒、御史中丞，吴安正等亦授官武衛有差。十一月，詔於沙州置歸義軍，領沙、甘、瓜、肅、鄯、伊、西、河、蘭、岷、廓十一州。以義潮爲節度管内觀察、處置、押蕃落、營田、支度等使，金紫光禄大夫、檢校吏部尚書兼金吾衛大將軍、特進、食邑二千户、實封三百户。兼採兩《唐書·本紀》、《唐書·吐蕃傳》、《方鎮表》、《通鑑》、《吴安正等二十九人授官勅》、《李氏再修功德記》。案《通鑑考異》載義潮歸附及獻地拜歸義軍節度月日諸書頗異，茲書正月表請，從《實録》及《通鑑》，八月獻地從《唐年補録》及《舊史・本紀》，十一月拜歸義軍節度從《實録》、《舊紀》及《通鑑》。又考大中五年賜洪䛒勅有「賜議潮勅書處分，想當知悉」語，此爲正月表請之確證。又《通鑑考異》引天德軍奏沙州刺史張義潮、安景旻及部落使閻英達等差使上表，安、閻二人名不見他書，閻爲部落使當是閻朝後人。據《新史・吐蕃傳》沙州陷後，虜朝有異志，毒殺之。則英達者固忠臣後也。惜無他事可考。安則不著其職，附記俟考。又李明德、明振獻捷及拜職事，均見《李氏再修功德記》。又案，諸書均記義潮本官，不及勳散，茲據《李氏再修功德記》及《太平寰宇記》補之。又《沙州釋門索法律窟銘》稱「次子押衙忠顗助收六郡，毗贊司空」。又《春秋後國語》背記：「我司空兮叙沙塞，意氣雄兮是天配。」是義潮兼司空也。《賜洪䛒勅》有入朝使沙州釋門義學都法師悟真等名，勅中又云「或傾向天朝已分其覺路，或奉使魏闕頓出其迷津」，是河西歸義，沙門亦與有勞焉。其遣使殆與義潮同在正月，故賜勅在五月也。又杜牧撰《敦煌僧正慧苑除臨壇大德制》有「遂使悍戾者好空惡殺，義勇者徇國忘家，裨助至多，品地宜峻」語，蓋亦歸義時有功沙門之一，撰《華嚴音義》者即此人也。附著之以彰忠義。尋拜議潭沙州刺史，《敦煌張氏勳德記》：「皇考諱議潭，前沙州刺史、金紫光禄大夫、檢校鴻臚大卿，守左散騎常侍，賜紫金魚袋，入陪龍鼎，出將虎牙，武定文經，語昭清史，推夷齊之讓，継荆樹之榮，手足相扶，同營開闢。先身入質，表爲國之輸忠；葵心向陽，俾上帝之誠信。一人稱慶，五老呈祥。寵寄殊功，榮班上列。加授左金吾衛大將軍，每參鳳駕，接對龍輿。毬樂御場，馬上奏策。兼陪内宴，召入蓬萊。如斯覆燾，今昔罕有。仍賜庄宅、寶器、金、銀、錦綵、瓊珍，頗籌其數。功成身退，否泰有時。鳥集昏巢，哀鳴夜切。春秋七十有四，壽終于京永嘉坊之私第。詔贈工部尚書。夫人鉅鹿郡君索氏，晉司徒靖十七代孫。連鑣歸覲，承雨露於九天，鴻澤滂流，占京華之一媛。於戲，哺西萱草，巨壑淪悲。異畝嘉禾，傷歧碎穗。勅祔葬於月登閣北塋之，禮也。」是議潭入覲即留長安，賜第考終。但《勳德記》不載卒之年月，不可考矣。又議潭刺沙州不知在何年，姑繫於此。懿宗咸通二年，義潮自將蕃漢兵七千人復涼州，遣使入告。據《唐書・吐蕃傳》及《通鑑》，但

《通鑑》繫此事於四年三月，以《方鎮表》三年置涼州節度考之，似《新傳》爲得。明年，置涼州節度，領涼、洮、西、鄯、河、臨六州。《唐書·方鎮表》。發鄆州兵二千五百人戍之。《五代史記·吐蕃傳》。案，據《方鎮表》，咸通三年以河、鄯、西三州隸涼州節度。但《李氏再修功德記》記張淮深、張淮□二人名，其結銜雖多殘泐，而淮深名上尚存「伊、西等州節度使兼司徒」等字，淮□名上存「沙、瓜、伊、西、□、河節度使」字，似西、河等州在咸通末年尚未析隸涼州。又《新史》但言設涼州節度，不言何人領之。《五代史記·吐蕃傳》記拓拔承謙對唐明宗言謂「吐蕃陷涼州，張掖人張義潮募兵擊走吐蕃，因以義潮爲節度」，似即以義潮領涼州。又《李氏再修功德記》稱義潮爲「河西隴右一十一州節度」。《張延綬別傳》稱「延綬父亦作河西節度」。其撰文者亦署「河西節度判官」，未見有稱歸義軍節度者，惟伯希和所得《敦煌書目》有《歸義軍簿籍》，上有歸義軍印。又《索勳紀德碑》題「大唐河西道歸義軍節度使」，歸義軍之稱但見此耳。然索碑仍冠以河西道，意義潮初拜歸義軍節度，及克涼州，遂兼涼州節度，尋仍用以前河西、隴右兩節度之名，合併爲一，使義潮任之耳。又《李氏再修功德記》稱李弘愿任沙州刺史兼節度副使。歸義軍之設節度副使，兩史紀傳及《新史·方鎮表》均不載，賴此記知之。又疑當時或是河西、隴右十一州節度治涼州，復增節度副使，以沙州刺史充之，治沙州也。七年七月，遣使貢方物。《舊史·懿宗紀》。十月，奏差回鶻首領僕固俊與尚恐熱大戰，擒斬之，傳首京師。《新史》吐蕃、回鶻兩《傳》繫此事於僕固俊，不言爲義潮所遣，今據《唐會要》、《舊史·本紀》改正。蓋回鶻自喪破後，初依吐蕃，居甘州，至義潮節度十一州，乃隸義潮也。又僕固俊《通鑑》作固俊，《通鑑》又記斬恐熱者爲鄯州押領拓拔懷光，與《新史》異。其餘衆奔秦州，尚延心破之，奏遷於嶺南。吐蕃遂衰絶。《通鑑》。於是河隴肅清，朝廷無復西顧之憂。義潮乃請覲。明年二月，入朝，詔拜右神武統軍，賜田宅於京師。命從子淮深代守歸義。《張氏勳德記》：太保咸通八年歸闕之日，河西軍務封章陳款，總委姪男淮深，令守藩垣。十三年八月，義潮卒《新史·吐蕃傳》及《通鑑》。案，《新史》及《通鑑》但記義潮入朝，不記其返鎮。考《李氏再修功德記》云：「先君歸覲，不得同赴於京華，外族流連，各分飛於南北。《沙州釋門索法律窟銘》云：「小子押衙忠信，奉元戎而歸闕，臣子之禮無虧。迴駕朔方，被羈孤而日久，願投桑梓，未遂本情。」由斯觀之，義潮入朝後遂不復返鎮。又淮深《通鑑》及《宋史·沙州傳》作「惟深」，《李氏再修功德記》作「淮深」，與《新史》同。又《新史》及《通鑑》均以淮深爲義潮族子，《宋史·沙州傳》作從子，法京《敦煌書目》有張議潭子《張淮深墓碑》，則淮深爲議潭子，《書目》原注首尾缺，殆「父議潭」之文尚未損耶。《宋史》稱淮深爲從子，則議潭爲義潮從兄，《通鑑》謂是族子，則議潭又似族兄，今姑從《宋史》。淮深曾爲沙州刺史，後守瓜州，伯希和氏所得《敦煌書目》中有《詔沙州刺史張淮深守瓜州殘勑》。又案，義潮之卒《通鑑》作咸通十三年八月，《新史·吐蕃傳》亦言十三年卒，惟叙於「命族子淮深代守歸義」句下，致使讀者不辨卒者爲義潮爲淮深，徐星伯先生《西域水道記》云：《唐書·方鎮表》言張淮深咸通十三年卒，今檢《方鎮表》無此文，蓋由誤以《吐蕃傳》之十三年卒屬淮深，又誤記《吐蕃傳》爲《方鎮表》也，附正於此。於長安萬年陽宣坊之私第。詔贈太保，諸史不記義潮飾終之典，《張氏勳德記》稱贈太保，又《李氏再修功德記》、《索勳碑》等並稱義潮爲太保，與《勳德記》合。勑葬於素滻南原。《張氏勳德記》。淮深嗣爲節度，加左驍衛大將軍，累加左散騎常侍兼御史大夫、兵部尚書。《張氏勳德記》：「公則故太保之貴姪也。芝蘭異馥，美徹聰聞。詔令承父之任充沙州刺史、左驍衛大將軍。初日桃蹊，三端繼政。琴臺舊曲，一調新聲。嫡嗣延英，承光累及。筌修貴秩，忠懇益彰。加授御史中丞。河西創復，猶雜蕃、渾。言音不同，羌龍嗢末。雷威慴伏，訓以華風。威會馴良，軌俗一變。加授左散騎常侍兼御史大夫，又加授兵部尚書。恩被三朝，官遷五級。」淮深卒，弟淮□嗣。淮□卒，託孤於義潮壻瓜州刺史索勳。勳乃自爲節度。景福元年，朝命許之，衆情憤激。義潮第十四女，涼州司馬李明振妻也，出定其難，率將士誅勳。請於朝，以義潮孫嗣爲節度使。朝命使者內侍常

□□□副使齊珙、判官陳思回，齎詔詣沙州慰問。時明振已先卒，詔以明振長子弘愿充沙州刺史兼節度副使，次子弘定充瓜州刺史、墨離軍押蕃落等使，第三子弘諫充甘州刺史，以酬戡定之庸。時乾寧元年也。《新史·吐蕃傳》謂義潮卒，沙州以長史曹義金領州務。予已於《張延綬傳跋》中糾正之矣。《通鑑》於大中五年以義潮爲歸義軍節度使時，接書又以義潮判官曹義金爲歸義軍長史，於咸通十三年八月張義潮薨下，又書沙州長史曹義金代領軍府制，以義金爲歸義軍節度使，誤與《新史》同。又淮深以後事，他書皆無考。兹悉據《李氏再修功德記》。又案，淮深嗣位後以何年卒，無考，淮□名下一字已泐，《張延綬傳》記其父字禄伯，不言其名，殆即淮□也。《傳》書其結銜爲「河西節度、金紫光禄大夫、檢校尚書左僕射」，《李記》則作「檢校□部尚書兼御史大夫」，微不合。淮深結銜，《李記》則僅存兼「司徒」字，他勳官不可知矣。又，李明振妻戡定沙州篡奪之亂碑用偶語，不明記爲何人。《索勳紀德碑》題「河西道歸義軍節度索公記勳碑」，稱勳爲張太保之子壻，並稱上褒厥功，特授昭武校尉、持節瓜州諸□□□□□。又云「於時景福元祀，白藏無射之末，公特奉絲綸，就加□□」云云。而《李氏再修功德記》立於乾寧元年，以時考之，則篡奪者即勳也。《李氏再修功德記》稱賴太保神靈，辜恩勦滅，是勳當即夷滅，其篡奪一年間耳。淮□之嗣位，歷年雖不可考，以索勳篡奪在景福元年，知卒在昭宗初年，但不能確定爲某年耳。又記言，再整遺孫，又僅義立姪男，不知是否爲義潮嫡孫，亦不知爲淮深、抑淮□之子，要當是張延綬兄弟行，《李氏重修功德記》淮□名後有「等州節度使兼御史大夫」，其上下文字均泐，當即其人也。又案，《西域水道記》謂索勳之嗣爲節度使當在咸通十三年張淮深遷伊、西等州節度之後，考《索碑》明記「景福元祀特奉絲綸」，而其前但稱勳爲瓜州刺史，是勳節度歸義確在景福元年，非咸通十三年也，至謂淮深以咸通十三年遷伊、西等州節度，尤不知所據。咸通中除設涼州節度外，不聞歸義軍諸州中又析出伊州、涼州節度，所隸諸州中又析出西州、別立伊西節度也，並附正之於此。自河西歸朝廷，邊陲無事者歷五朝，垂六十年，張氏世守之，蓋終唐之世云。張氏世守河西，其世次可考者止於乾寧中，此後當仍是張氏。《宋史·沙州傳》謂至朱梁時，張氏之後絶，州人推長史曹義金爲帥，當得其實。又《五代史記·吐蕃傳》：沙州梁開平中有節度使張奉，自號白衣天子。敦煌石室所出《西漢金山國聖文神武帚與宋惠信勅》，其印文曰「金山白衣王」，蓋即張奉，或是義潮末孫，苦無他證，附識於此以待考。

論曰：唐得河隴，經營之者數十年。及羯胡倡亂，朝廷不遑西顧，委邊民如敝屣，邊民顧效忠款，沙州陷尤晚。周、閻死守於前，義潮崛起於後，率其忠義之民，連年耕戰，與蕃寇競，卒復河隴，提挈開天之舊疆，而歸之天子。百年左袵復爲冠裳，十郡遺黎悉出湯火。邊塵既靖，復遣子弟繼服事之忠，而身歸闕廷。殊勳介節，冠冕人倫，宣宗置歸義軍以旌之。子孫胏腑，仍世簪紱。訖唐祚告終，海内鼎沸，而西土終不倍貳，義潮之詒謀遠矣。新舊兩《史》不爲立傳，僅於宣、懿兩紀及《吐蕃傳》中著其涯略，復多乖迕。天彰忠義，石室之書晚出，頗可考見事實。爰折中羣言，探索隱賾，補成此傳。嗚呼，使予得與義潮並世者，爲之執鞭，所欣慕焉！

此稿成於去年六月，附刊於《張延綬别傳》後。今再加改訂，别刊行之，並識語於後。甲寅八月五日，羅振玉記於東山寓舍。

此篇初附印《張延綬傳》後，嗣有改訂，刊入《雪堂叢刻》。甲寅秋又改訂，刊入《永豐鄉人雜著》。頃東友羽田博士亨郵寄法京所藏《張氏勳德記殘卷》，復加修補，蓋至是凡三易稿矣。松翁附記。

張氏事實可考見者，僅此而已。然燉煌古卷軸之在巴黎者，若《歸義軍簿籍》、《詔張淮深守瓜州勅》、《張議潭子墓誌》，必有可據以補是傳者，惜僅得其名於伯氏書目中。又有《敦煌人銘讚》中有《閻海員碑》，與《通鑑考異》所載之閻英達當並是閻朝之後。朝死守孤城，先後八載，食盡援絶，始以城降，其忠義亦義潮匹也。史家顧不詳其事實，然其後裔能與議潮協謀歸唐，可謂能繼事述志者矣。是卷遠在巴黎，惜不得並據以作義潮傳也。至張氏事實，兩《史》及《通鑑》所記違迕舛誤，觸目皆是。然考《直齋書録解題》（卷七）載《敦煌新録》一卷，叙張義潮本末，作者不著名氏，而書成於天成四年云云。是此書之成距義潮僅數十年，所記必得其實。陳氏當南宋末季，尚見其書，不知歐、宋諸公及温公何以不一采，及使今日不得李、索諸碑，不幾無從是正之乎？則予之補成此傳，亦烏可已也。又觀《近古堂書目》及《天一閣進呈書目》尚載《敦煌新録》，則此書直至乾隆時，海内尚有傳本，當日館臣不采入《四庫全書》，僅入存目，至爲可憾。海内收藏家倘有藏是書者，能遠寄見示，或梓以行世，俾予得據以補正此傳，則所私心跂禱者矣。〔一〕

予往歲作此傳凡三易稿，然於張氏最末一世仍苦不能知其人，僅於《李氏再修功德記》知景福元年索氏篡奪，李明振出定其亂，重立張氏遺孫，朝廷遂以明振子弘愿充沙州刺史兼節度副使而已。往因《五代史記·吐蕃傳》載沙州梁開平中，有節度使張奉，自號「白衣天子」。石室有《西漢金山國聖文神武帝與宋惠信勅》，其印文曰「金山白衣王」，疑奉爲義潮末孫，而苦不得其證。頃讀《舊唐書·昭宗紀》：光化三年八月己巳，制前歸義節度副使權知兵馬留後、銀青光禄大夫、檢校國子祭酒、監察御史、上柱國張承奉爲檢校散騎常侍兼沙州刺史，充歸義節度，瓜、沙、伊、西等州觀察、處置、押蕃落等使。光化三年上距景福元年才九年，下距梁開平僅八年，則張承奉即張奉也。其稱前歸義節度副使，雖不知其除拜之年，然必承李弘愿之後，至光化三年始以權知兵馬留後真除歸義節度。張氏忠於唐室，至朱梁篡唐，遂自立爲西漢金山國王。其人爲義潮宗系，殆無可疑。《宋史·沙州傳》言至朱梁時張氏之後絶，州人推長史曹義金爲帥，意承奉殆無子嗣。逮義金得位，遂削金山國之號而附梁耳。積歲懷疑，久不能決，一但得之，喜可知也，爰書以志之。〔二〕

〔校記〕

〔一〕繼祖案：此跋附《永豐鄉人雜著》本後。

〔二〕繼祖案：此跋載《後丁戊稿》。

高昌麴氏年表

高昌立國肇於魏氏之中葉，而亡於有唐之初紀。其人民爲炎漢遺裔，其君長爲西陲豪族。雖開創之始，三十年間已更三姓，而逮於麴氏，内興文教，外事列强，當中原鼎沸，海宇分崩，而西土之人轉得小康。麴氏仍世繼撫者百有四十餘年，故梁、魏、周、隋、南、北《史》並爲立傳。而記述疏略，先後牴牾，諸史如出一轍。今年夏，予觀大谷氏所得高昌故墟遺迹，既編録延昌、延和、延壽諸誌爲《西陲石刻後録》，復取諸史紀傳比勘異同，證以諸書，以定從違，復就諸誌補正其疏失，以成是表。於是麴氏世系粗可觀覽。惜其中世不通朝貢，事多奪佚，末由取徵，爰守古人蓋闕之義。他日若更有所見，當再理而董之。宣統甲寅(公元一九一四年。羅氏以遺老自居，仍奉清正朔。編輯按。)八月十有三日，上虞羅振玉校寫畢，記於東山僑舍之大雲精舍。

書成越六年己未，又據《麴斌造寺碑》、《唐麴信墓誌》、《麴善岳磚誌》、高昌寫本《維摩義記》續有補正，重付剞劂。歲除日，振玉又記。

己未後又十有三年壬申，得見《高昌磚誌》累百，復得「章和」、「永平」、「和平」、「義和」、「重光」年號。爰據誌所載干支月朔，釐訂世次，再加修正。異日高昌故蹟倘再有出世者，當更據以勘定，則此編仍未爲定稿也。仲夏望日，抱殘翁又記。

高昌麴氏年表

紀年	紀事
魏太和二十一年丁丑齊建武四年	高昌人殺其王馬儒，推其長史麴嘉爲王。《資治通鑑》。嘉字靈鳳，金城榆中人。《魏書·高昌傳》。《北史·周書》同。 諸史傳不記嘉立之年月。《周書·高昌傳》作太和末。《北史》、《魏書》均叙於太和二十一年馬儒表請内徙之後。《太平御覽》卷七百九十四引《北史》謂「立於後魏和平六年」。《北史》初無此文，《御覽》誤也。《太平寰宇記》卷一百五十六亦誤謂嘉立於和平以後。《通鑑》定爲太和二十一年立，殆得其實，今從之。
	十有二月，遣使朝貢。《魏書·孝文紀》。
二十二年戊寅齊永泰元年	
二十三年己卯齊永元元年	
景明元年庚辰齊永元二年	
二年辛巳齊中興元年	
三年壬午梁天監元年	
四年癸未梁天監二年	

續表

紀年	紀事
正始元年甲申 梁天監三年	
二年乙酉 梁天監四年	
三年丙戌 梁天監五年	
四年丁亥 梁天監六年	
永平元年戊子 梁天監七年	嘉遣兄子孝亮來朝，表求內徙。《魏書·宣武紀》。《通鑑》同。遣龍驤將軍孟威發涼州兵三千人，迎至伊吾，失期而反。《北史·高昌傳》。 《北史》及《魏書·高昌傳》並繫此事於熙平元年，然兩史於記此事後，又載三年世宗遣孟威勞之云云。世宗建元「永平」，若「熙平」是肅宗年號，既稱「三年世宗」云云，則《北史·魏書》仍是「永平」，作「熙平」者，字之譌耳。《册府元龜》九百九十九記此事，正作「宣武永平元年十月」。
二年己丑 梁天監八年	正月乙未及六月、八月戊申並遣使朝貢。《魏書·宣武紀》。
三年庚寅 梁天監九年	二月丙午，遣使朝獻。同上。詔使孟威勞之。《北史》。
四年辛卯 梁天監十年	

續表

紀年	紀事
延昌元年壬辰梁天監十一年	十月，遣使朝獻。同上。
二年癸巳梁天監十二年	三月丙寅，遣使朝獻。同上。以嘉爲持節平西將軍、瓜州刺史、泰臨縣開國伯。私署王如故。《魏書》及《北史·高昌傳》。 兩史繫此事於延昌中，不言何年，姑附此。《南史》及《梁書·高昌傳》作魏授嘉車騎將軍、司空公、都督秦州諸軍事、秦州刺史、金城郡開國公。
三年甲午梁天監十三年	
四年乙未梁天監十四年	九月庚申，遣使朝獻。《魏書·孝明紀》。
熙平元年丙申梁天監十五年	四月戊戌、七月乙酉，並遣使朝獻。《魏書·孝明紀》。詔却其内徙之請。《魏書》及《北史·高昌傳》。
二年丁酉梁天監十六年	
神龜元年戊戌梁天監十七年	五月，遣使朝貢。《魏書·孝明紀》。冬，復表求内徙。不許。《魏書》及《北史·高昌傳》。 《册府元龜》九百六十九「五月」作「四月」。

續表

紀年	紀事
二年己亥梁天監十八年	
正光元年庚子梁普通元年	遣假員外將軍趙義等使於嘉。嘉遣使表求五經諸史，並請國子助教劉燮爲博士。許之。《魏書》及《北史·高昌傳》。 兩史不載表求經史之年，敘於趙義使嘉之後，當是是年事。
二年辛丑梁普通二年	六月己巳、十一月乙未，並遣使朝貢。《魏書·孝明紀》。 《册府元龜》九百六十九記此兩貢，均在正光元年。
三年壬寅梁普通三年	
四年癸卯梁普通四年	
五年甲辰梁普通五年	
孝昌元年乙巳梁普通六年	
二年丙午梁普通七年	
三年丁未梁大通元年	嘉卒。贈鎮西將軍、涼州刺史。《魏書》及《北史·高昌傳》。國謚曰昭武王。《南史·高昌傳》。《梁書》同。 諸史不載嘉卒之年。《南史》及《梁書·高昌傳》謂嘉在位廿四年，由嘉之立下數至正光元年爲廿四年。然《魏書·孝明紀》正光二年六月及十一月尚有兩次朝貢，雖不言其王名，恐仍是嘉所遣。疑嘉卒於建義元年，世子光嗣位之前一年。姑假定爲丁未以俟考。

續　表

紀　年	紀　事
建義永安元年戊申梁大通二年	六月癸卯，詔以高昌王世子光爲平西將軍、瓜州刺史，襲爵泰臨縣開國伯、高昌王。《魏書·孝莊紀》。 《册府元龜》九百六十三同，殆本《孝莊紀》，而諸史均不載此事。《魏書》及《隋書·高昌傳》均言嘉卒，子堅立；堅死，子伯雅立。《周書》則嗣堅者爲玄喜。然據近年所出《高昌麴斌造寺碑》立於麴茂建昌元年，而文有「昭武王已下五王之靈」語。若如《魏》、《隋》諸史，則嘉至茂才三世，如《周書》則亦僅四世，皆與碑文不合。今以傳世墓磚所載年號考之，自普泰元年改元章和，大統十五年改永平，十七年改和平，恭帝二年改建昌。章和爲麴堅年號，永平爲玄喜年號，建昌爲茂年號，則堅實立於建明元年。嘉後堅前，宜有光一代，和平改元，意必有新君即位，雖佚其名，然知茂必非嗣玄喜者。如是，則嘉後爲光，光後爲堅，堅後爲玄喜，玄喜後爲紀元和平者。如是，正得五王，與碑正合。元魏季葉，高昌朝貢不通，致史官所記多有闕遺也。又高昌年號，諸史不載。其見傳世磚誌者，始於麴堅之章和。然江西李氏藏敦煌石室所出高昌人書《維摩義記》卷二末署：「甘露二年正月二十七日，沙門静志寫記。」不署干支。初不知當何代。高昌嗣君即位，皆踰年改元，疑甘露爲光紀元。其二年，疑值梁中大通二年，即光卒、嗣子堅即位之年也。書以俟考。
永安二年己酉梁中大通元年	
建明元年庚戌梁中大通二年	是年光卒，子堅嗣。

紀年	紀事
普泰元年辛亥梁中大通三年	是年始建元章和。 高昌近出磚誌，署「章和」者三，曰：七年丁巳、十六年己酉、十八年戊辰，故知章和爲堅元號，是年爲元年。 堅遣使朝貢。除平西將軍、瓜州刺史、泰臨縣伯，王如故，又加衛將軍。《魏書》及《北史·高昌傳》。《册府元龜》九百三十六同。 《梁書·高昌傳》作使持節驃騎大將軍、散騎常侍、都督瓜州諸軍事、瓜州刺史、河西郡開國公、儀同三司、高昌王。《南史》同，惟「河西」作「平西」。
太昌永熙元年壬子梁中大通四年	二年九月丙辰，遣使朝貢。《魏書·出帝紀》。 《册府元龜》九百六十九同，惟九月作「六月」。
永熙二年癸丑梁中大通五年	三年十月癸未，詔以衛將軍、瓜州刺史、泰臨縣開國伯、高昌王麴子堅爲儀同三司，進爵郡王。《魏書·出帝紀》。《北史》及《魏書·高昌傳》、《册府元龜》九百六十三同，惟「郡王」作「郡公」。
三年甲寅梁中大通六年	四年。
西魏大統元年乙卯梁大同元年	五年。
二年丙辰梁大同二年	六年。
三年丁巳梁大同三年	七年。

續表

紀年	紀事
四年戊午梁大同四年	八年
五年己未梁大同五年	九年
六年庚申梁大同六年	十年
七年辛酉梁大同七年	十一年
八年壬戌梁大同八年	十二年
九年癸亥梁大同九年	十三年
十年甲子梁大同十年	十四年
十一年乙丑梁大同十一年	十五年，堅遣使獻鳴鹽枕、蒲桃、良馬、氍氀於梁。《梁書》及《南史·高昌傳》。「氀」，《梁書》作「毹」。 兩傳均言大同中，不明著何年，姑附大同之末。高昌向通貢於魏，魏亡，始通梁。然南朝威力不能西被，故見於史者，僅此一貢而已。
十二年丙寅梁中大同元年	十六年
十三年丁卯梁太清元年	十七年

續表

紀年	紀事
十四年戊辰梁太清二年	十八年，詔以高昌王世子玄喜爲王。《周書·高昌傳》。 《北史》同，惟「玄喜」作「玄嘉」。祖名嘉，不應與祖同，故從《周書》。
十五年己巳梁太清三年	改元永平。 《高昌磚誌》署「永平元年己巳」，考其所紀月朔，知爲玄喜年號。
十六年庚午梁大寶元年	二年
十七年辛未梁天正元年	改元和平。 《高昌磚誌》署「和平」者二：曰「二年壬申」，曰「四年甲戌」。故知辛未爲元年，先一年庚午，必有新君即位，佚其名矣。
廢帝元年壬申梁承聖元年	二年
二年癸酉梁承聖二年	三年
恭帝元年甲戌梁承聖三年	四年
二年乙亥梁天成元年	詔以田地公茂嗣位。《北史》及《周書·高昌傳》。改元建昌。 此號見《磚誌》者五，自元年乙亥至五年己卯。又高昌寫本《維摩義記》卷四殘卷後署「建昌二年丙子」。《高昌麴斌造寺碑》陰署「建昌元年乙亥」，後有高昌王麴寶茂名，知茂以是年改元「建昌」。又知「茂名」一作「寶茂」。

續表

紀年	紀事
三年丙子梁太平元年	二年
周明帝元年丁丑陳永定元年	三年
二年戊寅陳永定二年	四年
武成元年己卯陳永定三年	五年閏月庚申，遣使獻方物。《周書·明帝紀》及《北史》與《周書·高昌傳》。
二年庚辰陳天嘉元年	六年，茂卒。
保定元年辛巳陳天嘉二年	正月，改元延昌。癸酉，遣使獻方物。《周書·武帝紀》。 延昌年號見《磚誌》者五十有六，考知其元年爲辛巳，止於四十一年辛酉，歷年甚永，而其君之名，則亦佚矣。
二年壬午陳天嘉三年	二年
三年癸未陳天嘉四年	三年
四年甲申陳天嘉五年	四年
五年乙酉陳天嘉六年	五年

紀年	紀事
天和元年丙戌陳天康元年	六年
二年丁亥陳光大元年	七年
三年戊子陳光大二年	八年
四年己丑陳太建元年	九年
五年庚寅陳太建二年	十年
六年辛卯陳太建三年	十一年
建德元年壬辰陳太建四年	十二年
二年癸巳陳太建五年	十三年
三年甲午陳太建六年	十四年
四年乙未陳太建七年	十五年
五年丙申陳太建八年	十六年

續　表

紀　年	紀　事
六年丁酉陳太建九年	十七年
宣政元年戊戌陳太建十年	十八年
大成大象元年己亥陳太建十一年	十九年
大象二年庚子陳太建十二年	二十年
隋開皇元年辛丑陳太建十三年	二十一年
二年壬寅陳太建十四年	二十二年
三年癸卯陳至德元年	二十三年
四年甲辰陳至德二年	二十四年
五年乙巳陳至德三年	二十五年
六年丙午陳至德四年	二十六年，獻聖明樂曲。《册府元龜》九百六十三。
七年丁未陳禎明元年	二十七年

續表

紀年	紀事
八年戊申陳禎明二年	二十八年
九年己酉陳禎明三年	二十九年
十年庚戌	三十年，突厥來侵，破四城。其民二千人歸中國。《隋書·高昌傳》。 《麴斌造寺碑》：突厥侵北鄙，命斌往與訂盟、結婚而還。此事當在建昌以前，不能定其何年，附記於此，以俟考。
十一年辛亥	三十一年
十二年壬子	三十二年
十三年癸丑	三十三年
十四年甲寅	三十四年
十五年乙卯	三十五年
十六年丙辰	三十六年
十七年丁巳	三十七年

續表

紀年	紀事
十八年戊午	三十八年
十九年己未	三十九年
二十年庚申	四十年
仁壽元年辛酉	四十一年冬，伯雅嗣立。 延昌年號見《磚誌》者，止於四十一年十月，知伯雅之立在十月以後也。又，《北史》及《隋書·高昌傳》均不明記伯雅嗣位之年，但書於開皇十年以後。今以傳世《磚誌》考之，凡署延和紀年者十有二，自元年至十二年，其元年值壬戌，故知伯雅立於是年，改元在明年也。
二年壬戌	改元延和。
三年癸亥	二年
四年甲子	三年
大業元年乙丑	四年
二年丙寅	五年

續表

紀年	紀事
三年丁卯	六年六月乙亥，遣使貢方物。《隋書·煬帝紀》。
四年戊辰	七年，遣使朝貢。《隋書》及《北史·高昌傳》。
五年己巳	八年四月壬寅，遣使來朝。六月壬子，伯雅來朝。《册府元龜》九百七十四「伯雅」作「吐屯設」。高昌曾臣服突厥，「吐屯設」殆用突厥語。丙辰，宴之於觀風行殿。《隋書·煬帝紀》。拜左光禄大夫、車師太守，封弁國公。《舊唐書·高昌傳》及《北史》。
六年庚午	九年
七年辛未	十年
八年壬申	十一年，從擊高麗。《北史》及《隋書·高昌傳》。十一月己卯，尚宗女華容公主。《隋書·煬帝紀》。冬，歸藩。下令國中解辮髮。《北史》及《隋書·高昌傳》。宗女，《舊唐書·高昌傳》作「戚屬宇文氏女」。《新唐書》及《唐會要》同。《元和郡縣圖志》亦作「煬帝以宇文氏女玉波爲華容公主，妻之」。
九年癸酉	十二年

續表

紀年	紀事
十年甲戌	改元義和。 伯雅以前似一君一元，《磚誌》延和十二年以後爲義和，是時伯雅尚在，是伯雅有二元也。
十一年乙亥	二年
十二年丙子	三年
義寧元年丁丑	四年
唐武德元年戊寅	五年
二年己卯	六年七月，遣使朝貢。《舊唐書·高祖紀》。《通鑑紀事本末》同。 是年，伯雅卒，子文泰立。《舊唐書·高昌傳》。 遣使告哀。命前河州刺史朱惠表往弔之。《舊史·高昌傳》。《新史》同。
三年庚辰	改元重光。 重光年號見《磚誌》者元年至三年，以所記月朔考之，知爲文泰紀元。至五年，改延壽，知文泰之世亦再改元也。 三月癸酉，遣使朝貢。《舊唐書·高祖紀》。 《紀》作「武德三年，高昌王麴伯雅遣使朝貢」。《册府元龜》九百七十同。案：伯雅已卒於武德二年，見《高昌傳》，則麴伯雅乃麴文泰之誤。

續表

紀年	紀事
四年辛巳	二年
五年壬午	三年
六年癸未	四年
七年甲申	改元延壽。 延壽年號見《磚誌》者十一，考知其元年當武德七年。 獻狗雌雄各一。《唐會要》。 《舊唐書·高昌傳》同。《冊府元龜》九百七十載此事在是年六月。《新史》作武德五年。
八年乙酉	二年
九年丙戌	三年
貞觀元年丁亥	四年貢玄狐裘。詔賜文泰妻宇文氏花鏌一具。宇文氏復貢玉盤。西域各國有所動靜，輒奏聞。《舊史·高昌傳》。《新書》傳同。 《冊府元龜》九百七十載貢事在是年閏三月。
二年戊子	五年

續表

紀年	紀事
三年己丑	六年十一月丙午，遣使朝貢。《舊史·太宗紀》。 《册府元龜》九百七十載是年二月及十一月兩遣使朝貢。《紀》失書二月貢事。
四年庚寅	七年十二月甲寅，文泰入朝。《舊史·太宗紀》。 文泰妻請預宗親，詔賜李氏，封常樂公主，下詔慰諭之。《舊唐書·高昌傳》。
五年辛卯	八年正月甲戌，詔宴文泰及羣臣。《通鑑紀事本末》。
六年壬辰	九年
七年癸巳	十年五月，遣使朝貢。《册府元龜》九百七十。
八年甲午	十一年，遣使朝貢。《舊唐書·太宗紀》。 《册府元龜》九百七十載是年朝貢在十二月。
九年乙未	十二年
十年丙申	十三年
十一年丁酉	十四年

紀年	紀事
十二年戊戌	十五年
十三年己亥	十六年 以文泰遏絶西域朝貢，復與西突厥擊伊吾，破焉耆，下書切責，徵其大臣阿史那矩。不至，遣長史麴雍來謝罪。《通鑑紀事本末》。下璽書徵文泰入朝。又稱疾不至。十二月壬申，遣吏部尚書侯君集等將兵擊之。同上。
十四年庚子	十七年，文泰聞兵臨磧口，憂懼發疾，卒，子智盛立。八月，智盛降。九月，以其地爲西州。同上。 《舊史·太宗紀》作八月平高昌，以其地置西州。 尋拜智盛左武衛將軍，封金城郡公，其君臣及豪右皆徙中國。兩《唐書·高昌傳》。 「智盛」，《元和姓纂》作「智茂」，又云「勑改名智勇」。「左武衛將軍」，《姓纂》作「右金吾大將軍」。案：智茂當是本名，《唐書》作「智盛」，殆避温王重茂諱改之也。《舊史》又謂智盛弟智湛爲右武衛中郎將、太山縣公，麟德中終於左驍衛將軍、西州刺史。天授初，其子崇裕授左武衛大將軍、交河郡王，卒，封襲遂絶。《新史》太山縣公作「天山郡公」。《元和姓纂》亦作「天山公」。《舊史》誤也。《册府元龜》九百九十一：高宗永徽二年十一月丁丑，以高昌故地置安西都護府，以尚舍奉御、天山縣公麴智湛爲左驍衛將軍兼安西都護府州刺史，往鎮撫焉。又作天山縣公。又，《新史》謂智湛尚有子昭歷，司膳卿。《姓纂》：崇裕弟瞻，司農卿、常樂公。《李嶠集》有《授高昌首領子麴元福蒲類縣主簿制》，均麴氏子姓之登朝列者，爰附記之。

續表

紀年	紀事
	麴氏有國凡九代一百四十四年而滅。《唐會要》。 兩《唐書·高昌傳》並作九世、一百三十四年，今由太和二十一年數至貞觀十四年，正得一百四十四年，可正兩《史》之誤，且可據以證《通鑑》定嘉之立在太和二十一年爲精確不可易也。至《會要》與兩《史》均謂麴氏傳國九代，而《北史》及《隋書·高昌傳》均云：嘉死子堅立，堅死子伯雅立，伯雅以後有文泰、智盛，計僅得五世。堅立於正光元年，伯雅立於仁壽元年，中間相距凡八十年，堅之享國不能如是之久。蓋當中原南北朝代屢易之時，高昌之不通朝貢者近百年，其傳襲世次史家所不知，故堅至伯雅中間數世，缺不可考。《魏書·帝紀》於此際出麴光一代，《北史》、《周書》又出玄喜及茂二代，則統合嘉、堅、光、玄喜、茂、伯雅、文泰、智盛，亦僅得八世，尚缺其一。吐魯番近出《高昌麴斌造寺碑》有「顧照武王已下五王之靈，濟愛欲之河，登解脱之岸」語，是嘉至寶茂凡六世，寶茂後一代，紀元延昌者無考，又後爲伯雅，與文泰捨智盛正合九世。而《舊史·高昌傳》稱伯雅爲嘉六世孫，則加入智盛乃得九世，與《造寺碑》不合。異日高昌故蹟，或尚有出世可據以確證高昌世系者，書以俟之。

右高昌麴氏興廢年代、世次略如右表。至諸史所述高昌疆域、制度亦有異同，間有可據故墟所得遺蹟考證之者，並附著於後。

《唐書·高昌傳》記高昌國境横八百里，縱五百里。《通典》作東西六百里，「六百」當是「八百」之譌，

《唐書》殆即據《通典》也。南北五百里。《元和郡縣圖志》及《太平寰宇記》作東西八百九十里，南北四百八十六里。《寰宇記》殆本《元和圖志》。《通典》乃政書，於道里廣狹但記大數，故於東西里數則減之，於南北則增之，不如《元和志》之詳信，《唐書》顧舍《元和志》而據《通典》，可謂疏矣。

《魏書·高昌傳》：「國有八城。」《通典》同。《隋書·高昌傳》作「十八城」。《周書·高昌傳》又作「十六城」。《册府元龜》九百五十八作「國内總有城一十六」。注一云：「八城。」《太平寰宇記》卷一百五十六「西州」下作「八城」，本《魏書》；卷一百八十「高昌」下作「十八城」，本《隋書》。一書之中，前後矛盾至此。《北史》作其國周時城有十六，隋時城有十八。殆因諸史城數不合而調停之。疑《魏書》之八城本是十八城，奪去「十」字，《周書》之十六城，「六」字又由「八」傳寫之譌也。

《唐書·高昌傳》：君集平高昌，下三州五縣二十二城，户八千，口三萬。所舉城數又多於《隋書》，意高昌至麴文泰時，城鎮之數又有增改，與《舊史》作「下三郡五縣二十二城，户八千，口三萬七千七百」，城數與《新史》同，而三州作「三郡」。今觀《高昌徐寧周妻張氏墓表》有遥遥郡，則高昌有郡，是《舊史》作「郡」信也。至户口之數，《太平寰宇記》又作「户八千四百口一萬七千七百三十」，「一萬」當是「三萬」傳寫之譌。又，此記所載户口數與兩《史》均異，當有所本。知《舊史》於户數舉大數八千，而削奇零之四百，於口數舉大數三萬七千七百，而削其奇零之三十，其於實數尚未大相遠也。《新史》則並其七千七百而亦削之，則相差遂甚。事增文省之弊，此亦其一端矣。《南史·高昌傳》不言國中城數，而曰置四十六鎮：交河、田地、高寧、臨川、橫截、柳婆、洿林、新興、寧由、始昌、篤進、白刃等鎮。《梁書・高昌傳》同，惟「寧由」作「由寧」，《册府元龜》九百五十八、九百六十一亦作「繇寧」。《麴斌造寺碑》陰有寧□縣。縣上泐一字，殆即寧由，《南史》殆誤。於四十六鎮之名，舉其十有二。《太平寰宇記》卷一百八十云：太宗以其地爲西州，以交河城爲交河縣，始昌城爲天山縣，田北當是「田地」之譌。城爲柳中縣，東鎮城爲蒲昌縣，高昌城爲高昌縣。所舉五城中，交河、始昌、田地三名即在《南史》所記十二鎮之内，是鎮即城矣。《寰宇記》謂高昌有十八城、四十六鎮，是誤複舉也。然果四十六城，則其數又倍於二十二城，多寡懸殊至此，讀史者將何所依據耶？

《北史》及《周書》載高昌官制有令尹一人，比中夏相國；次有公二人，皆王子也，一爲交河公，一爲田地公；次有左右衛；次有八長史，曰吏部、祠部、庫部、倉部、主客、禮部、户部、《周書》及《造寺碑》作「民部」，《北史》作「户部」，避唐諱改。兵部；次有五將軍，曰建武、威遠、陵江、殿中、伏波；次有八司馬，長史之副也；次有侍郎、校郎、《周書》作「校書郎」。主簿、從事，階位相次，分掌諸事；次有省事，專掌導引。《南史・高昌傳》作官有四鎮將軍，及置雜號將軍、長史、司馬、門下校郎、中兵校郎、通事舍人、通事令史、諮議、諫議、校尉、主簿。《梁書》與此同，但無諫議。《周書》載諸城各有户曹、水曹、田曹，每城遣司馬、侍郎、相監檢校，名曰城令。《北史》同，但「城令」作「令」。今以高昌古刻及所出諸墓誌考之，則有左衛大將軍及右衛將軍，《張懷寂墓誌》。即《北史》、《周書》之左右衛也，八長史中有吏部、《張懷寂墓誌》。有吏部侍郎。有庫部、《造寺碑》：庫部長史、庫部司馬。有倉部、《造寺碑》及《鞠懷粲墓表》均有倉部長史及倉部司馬。有主客，《造寺碑》有主客長史、主客司馬。祠部作「祀部」，見《造寺碑》。户部一作「民部」，《造寺碑》有民部長史、民部司馬，而《鞏妻楊氏墓表》有户曹司馬，《畫承章墓表》有户曹參軍，《毛弘墓表》有户曹主簿，殆内官作「民部」，外官作「户曹」耶？但無禮部、兵部，據諸墓表，外吏有兵曹，則内官亦當有兵部，合他八部，則當有九長史矣。而有都官《造寺碑》有都官長史、都官司馬。及田部。《麴慶瑜墓表》有田部司馬，《畫承章墓表》有田部主簿。五將軍有建武、有威遠，均見《造寺碑》。有殿中，《麴孝嵩墓表》。而未見陵江、伏波，别有冠軍、奮威、廣威、虎威、虎牙、寧朔、平漠、振武，並見《造寺碑》。明威，《徐寧周妻墓表》。建義，《張懷寂墓誌》。宣威，《汜靈岳墓表》。雲麾《侯君妻墓誌》。諸號。此外，諸史所載若侍郎，《張懷寂墓誌》有吏部侍郎，《鞏妻楊氏墓表》有王國侍郎。省事，《麴慶瑜墓表》。門下校郎、通事舍人並《造寺碑》。均見各墓表。至《麴懷粲墓表》之中兵參軍，疑即《南史》之中兵校郎，《王元祉墓表》之諮議參軍，殆即《南史》之諮議。又，《周書》載諸城各有户曹、水曹、田曹，今見於墓表者，有户曹，見畫承章及毛弘墓《表》。田曹，《史祐孝墓表》有田曹司馬，《麴斌造寺碑》有田曹參軍、田曹主簿。而未見水曹。别有客曹，《麴懷粲墓表》有客曹司馬，《張保守墓表》有客曹參軍，《張神忠墓表》有客曹主簿。兵曹，《麴那妻墓表》有兵曹司馬，《索守猪墓表》有兵曹主簿。賊曹，《任顯文墓表》有賊曹參軍。雜曹。《蘇□相墓表》有雜曹參軍。諸墓表於各曹參軍、主簿外，又有録事，《任叔達墓表》。記室，《張氏墓表》。内行，《趙榮宗墓表》。中兵諮議，注見前。五參軍及帶閣主簿，《史伯悦墓表》。内直主簿，《汜崇慶墓表》。又有功曹吏，《孟宣宗墓表》。又有殿中中郎將，《馬阿卷墓表》。鹿門子弟將、《麴孝嵩墓表》。三門將、《索妻張夫人墓表》。三門子弟將、《畫承章墓表》。三門散望將、《氾靈岳墓表》。散望將、《張買得墓表》。領兵將、《唐夫人毛氏墓誌》。廂上將、曲尺將、巷中將、並《麴孝嵩妻墓表》。内幹將、《氾靈岳墓表》。内散常侍，《唐麴善岳磚誌》。並可據以補正史氏。

瓜沙曹氏年表

唐復河湟，張氏子孫世守其地，終唐之世，西陲晏然不見兵革。及朱粱之時，後嗣中絕，衆推曹氏帥其土，世稱唐官，朝貢者又百餘年。雖所領僅瓜、沙兩州，而息民事大，保守其疆土，猶義潮遺訓也。歐、薛兩史僅附其事實於《吐蕃傳》。云卒立世次，史失其紀。《宋史》雖立《沙州傳》，而疏略又甚焉。今合歐、薛二書及《宋》、《遼》兩史《紀》、《傳》、《續資治通鑑長編》、《册府元龜》、《文獻通考》、《太平寰宇記》等書，與敦煌石室遺籍考之，其卒立世次，粗可明白。曹氏自五季以還兼事遼、宋，玉帛恒交於兩境。比勘兩史所記，其先後君長承襲，若合符契。惟敦煌遺籍中有開寶八年《歸義節度使曹延恭施捨疏》。考之諸史，是時元忠尚存。且元忠卒後，代者延禄而非延恭，殊牴牾不可通。乃尋繹再三，疑元忠之卒或在開寶八年以前，自乾德紀元以後，朝貢不至中土者十有九年。蓋西陲朝貢多爲党項所刼，至執其使者賣之他族，以易牛馬，故瓜、沙貢使或附回鶻、于闐。以至逮太平興國五年，使者入貢，始知元忠已卒，史家遽以是爲元忠卒年歟？至嗣元忠之延禄，疑或是延恭之譌，猶延恭之譌元恭，又譌爲延繼也。延恭前既爲瓜州防禦使矣，而延禄則先是固未嘗一見。然通考諸書，則均載其名，或延恭之後爲延禄，史家佚延恭一代歟？惜前籍無徵，不能決此疑矣。至曹氏之統絶於何時，諸史亦無明文。東吴曹君直舍人元忠《沙州石室文字記》謂，未嘗亡於景祐中夏人之取瓜、沙，蓋因皇祐之前尚有朝貢也。然《宋史》雖記景祐至皇祐七貢，而不言爲曹氏所使，意曹氏即絶於賢順。蓋自宗壽以篡弑得位，必不能信其民而綿其祚，是不待夏人之入，固已自取覆亡矣。景祐以後之朝貢，或爲他首領代曹氏者所遺歟？予爲此表，雖亦至皇祐之貢而止，固非謂其必出於曹氏也。去年夏，予既撰《張義潮傳》，並欲考曹氏事實，匆匆未果。今始以三日之力成之，而將表中疑不能決者，姑以意判定。書之卷端，世之考西陲史事者，幸裁正焉。甲寅八月二十日上虞羅振玉記。

往歲甲寅避地海東時爲此表，刻之《國學叢刊》中，今二十有四年矣。頃得吾鄉徐星伯先生所輯《宋會要》，見有可補正是書者，爰命長孫繼祖録出，復以三日之力手自修正，並刪訂舊序，重付影印，以就正世之治乙部之學者。丁丑中秋後二日，貞松老人。

瓜沙曹氏年表

紀年	紀事
唐同光元年癸未	
二年甲申	四月，沙州曹義金進玉三團，硇砂、羚羊角、波斯錦、茸褐、白氎、生黄金、星礬等。《册府元龜》卷九百七十二。

續表

紀年	紀事
	曹氏朝貢始見於同光時，而爲州帥則在梁世。新、舊《五代史・吐蕃傳》並稱：沙州，梁開平中，有節度使張奉，自號「金山白衣天子」。《宋史・沙州傳》：至朱梁時，張氏之後絶。州人推長史曹義金爲帥，不明記何年。其稱張奉爲節度使，殆是義潮後人之襲州帥者。伯希和氏所得敦煌石室《金山國給宋惠慶敕》稱「西漢金山國聖文神武帚」。其印文稱「金山白衣王」，即其人也。張氏是否至奉而絶，抑尚有孤幼嗣續，孤幼盡而曹代之，今不可考。予所藏石室本梁貞明六年五月所書《佛説佛名經》卷九，其後題云「敬寫大佛名經二百八十八卷，惟願城隍安泰，百姓康寧，府主尚書曹公已躬永壽，繼紹長年」云云，是義金在貞明間已主州事，張氏絶嗣當在貞明以前。惟據經題稱府主尚書，則仍是以長史爲留後，以領州事，非已爲節度。觀石室本《沙州長史曹仁貴書狀》結銜作「檢校吏部尚書」，又石室本清泰四年《陳彦□、僧龍訓等諸牒》則稱義金爲司空。尚書乃長史所加散官，司空始爲節度所加。蓋義金至同光時以長史修貢，始受命以節度領州也。又，《元龜》書曹義金作「曹義」，奪「金」字。伯希和氏言千佛洞壁題作「曹議金」，蓋無定字，猶張義潮之亦作「議潮」也。又，硇砂，《元龜》誤作「硵砂」，兹並改正。 五月乙丑，以權知歸義軍留後曹義金爲歸義軍節度使、沙州刺史、檢校司空。《舊五代史・莊宗紀》。 《元龜》卷九百八十亦言：同光中，長史曹義金遣使朝貢，靈武韓洙保薦之，乃授沙州刺史，充歸義軍節度使、瓜、沙等州處置使。
三年乙酉	

續表

紀年	紀事
四年 天成元年丙戌	正月乙酉，沙州曹義金遣使者來。《五代史記·莊宗紀》。
二年丁亥	
三年戊子	
四年己丑	
長興元年庚寅	九月，沙州曹義金進馬四百匹，玉一團。《册府元龜》卷九百七十二。《五代史記·唐明宗紀》作「十二月遣使者來」，書月不同，當是一事。
二年辛卯	正月丙子，以沙州節度使曹義金兼中書令。《舊五代史·唐明宗紀》。
三年壬辰	正月，沙州進馬七十五匹，玉三十六團。《册府元龜》卷九百七十二。
四年癸巳	
廣順清泰元年甲午	正月乙亥，沙州、瓜州遣使者來。《五代史記·唐愍帝紀》。閏正月，瓜州入貢牙將唐進、沙州入貢梁行通等各賜錦袍、銀帶等物有差。《册府元龜》卷九百七十六。 七月癸丑，檢校原誤作「簡較」，今改。刑部尚書、瓜州刺史慕容歸盈轉檢

紀年	紀事
	校尚書左僕射。《冊府元龜》卷九百六十五。 案，張氏時，歸義節度領瓜、沙、甘、肅、鄯、伊、西、河、蘭、岷、廓十一州。至五代時，則歸義但領沙、瓜二州，節度治沙州，自兼刺史，長史爲留後。瓜州刺史則治瓜州，雖統於歸義軍，亦自遣使朝貢。觀史文可知也。而石室本《曹夫人讚》、《曹良才畫像讚》尚有河西、隴右一十一州節度曹大王之稱，則但存其名，非其實矣。《舊五代史·吐蕃傳》謂，五代時，惟甘、涼、瓜、沙四州常自通於中國。甘州爲回鶻牙帳，涼、瓜、沙三州將吏猶稱唐官，而涼州亦自立守將云云。可爲五代時歸義節度但統瓜、沙二州之確證。惟在後唐時，義金雖帥歸義，而瓜州刺史尚以他姓任之，至晉以後，則主二州者莫非曹氏之子姓矣。
二年乙未	七月，沙州刺史曹義金獻馬三匹，「三」下疑有奪字。瓜州刺史慕容歸盈獻馬五十匹。《冊府元龜》卷九百七十二。
三年 晉天福元年丙申	
天福二年丁酉遼會同元年	
三年戊戌遼會同二年	冬，遣使於遼。 《遼史·太宗紀》：會同二年十一月丁亥，燉煌來貢。《屬國表》作「十二月」。
四年己亥遼會同三年	

續表

紀年	紀事
五年庚子遼會同四年	二月丁酉朔，沙州歸義軍節度使曹義金卒，贈太師，以其子元德襲其位。《舊五代史·晉高祖紀》。《文獻通考》及《宋史·沙州傳》、《宋會要·蕃夷門》並作「義金卒，子元忠嗣」。《舊五代史·吐蕃傳》則作「天福五年，義金卒，子元德立」。歐《史》同。
六年辛丑遼會同五年	
七年壬寅遼會同六年	十二月丙子，沙州曹元深、瓜州曹元忠皆遣使者附于闐使劉再昇以來。《五代史記·晉高祖紀》、《吐蕃傳》同，《舊五代史·吐蕃傳》亦同。元德之卒，史所不載。此已稱沙州曹元深，意是年元德已卒，元深時爲留後，故以元深之名遣使歟？著之俟考。
八年癸卯遼會同七年	正月庚寅，沙州留後曹元深加檢校太傅，充沙州歸義軍節度使。《舊五代史·晉少帝紀》。《文獻通考》及《宋史·沙州傳》均不載元深嗣位。《薛史·吐蕃傳》亦不載，惟見《少帝紀》。
開運元年甲辰遼會同八年	
二年乙巳遼會同九年	

續表

紀年	紀事
三年丙午遼會同十年	二月庚申，以瓜州刺史曹元忠爲沙州留後。《舊五代史·晉出帝紀》。史不言元深卒年。據薛《史》則元忠是年爲留後，意元深即卒於是年也。又考石室本《大聖毗沙門天王象題記》稱「弟子歸義軍節度使、特進、檢校太傅、譙郡曹元忠」，後署「開運四年丁未」。又天福十五年己酉刻本《金剛經》後記亦署「弟子歸義軍節度使、特進、檢校太傅兼御史大夫、譙郡開國侯」。所謂「開運四年」，乃漢高祖天福十二年，其「天福十五年」，則乾祐二年也。於時已署歸義節度，則是時元深已卒無疑。但與薛《史》授留後不合，豈在其國中所私署歟？又，日本本願寺所得石室經卷有《佛説延壽命經》，後題「廣順三年府主太保及夫人」云。其稱「太保」，與《金剛經》後記作「太傅」亦不合，存之俟考。
漢天福十二年丁未遼天禄元年	
乾祐元年戊申遼天禄二年	
二年己酉遼天禄三年	
三年庚戌遼天禄四年	
周廣順元年辛亥遼應曆元年	十月，沙州遣僧興來言朝貢事。《册府元龜》卷九百八十。
二年壬子遼應曆二年	

續表

紀年	紀事
三年癸丑遼應曆三年	
顯德元年甲寅遼應曆四年	
二年乙卯遼應曆五年	沙州節度觀察留後曹元忠遣使進方物。以元忠爲歸義軍節度使，以知瓜州曹元恭爲瓜州團練使，仍各鑄印賜之。《太平寰宇記》卷一百五十六、薛、歐兩史《吐蕃傳》、《宋史·沙州傳》、《文獻通考》。 《薛史·周本紀》作「五月戊子，以沙州留後曹元忠爲沙州節度使、檢校太尉、同平章事」。《宋會要·蕃夷門》同。又案，元恭當作「延恭」，說見下。
三年丙辰遼應曆六年	
四年丁巳遼應曆七年	
五年戊午遼應曆八年	
六年己未遼應曆九年	
宋建隆元年庚申遼應曆十年	
二年辛酉遼應曆十一年	十一月癸酉，沙州節度使曹元忠、瓜州團練使曹延繼等遣使獻玉鞍勒馬。《宋史·太祖紀》。《宋會要》同。 《續資治通鑑長編》同，惟曹延繼作其子「延敬」。案，作「延敬」是也。《宋史》作「繼」誤，說見下。

續表

紀年	紀事
三年壬戌遼應曆十二年	正月丙子，瓜沙歸義節度使曹元忠獻馬。《宋史·太祖紀》。正月，制推誠奉義保塞功臣、歸義軍節度、瓜沙等州觀察處置管勾營田押蕃落等使、特進、檢校太傅、同中書門下平章事、沙州刺史、上柱國、譙郡公、食邑一千五百户曹元忠，可依前檢校太傅兼中書令、使持節沙州諸軍事、行沙州刺史、充歸義軍節度使、瓜沙等州觀察處置管勾營田押蕃落等使，加食邑五百户，實封貳佰户，散官勳如故。又以瓜州團練使曹延敬爲本州防禦使、檢校司徒、封□□□，食邑三百户，仍改名延恭，即元忠之子也。《宋會要·蕃夷門》。 《續資治通鑑長編》、《文獻通考》、《宋史·沙州傳》同，而文較略。延敬賜名延恭，乃避宋祖諱。前之元恭，乃延恭之譌。延敬之名，一誤作「元恭」，再誤作「延繼」，幸得《宋會要》、《長編》諸書正之。
乾德元年癸亥遼應曆十三年	
二年甲子遼應曆十四年	
三年乙丑遼應曆十五年	十二月十二日，甘州、回鶻可汗、于闐王及瓜沙州皆遣使來朝，貢馬、橐駝、玉、琥珀。《宋會要·朝貢門》。
四年丙寅遼應曆十六年	

續表

紀年	紀事
五年丁卯遼應曆十七年	
開寶元年戊辰遼應曆十八年	
二年己巳遼保寧元年	
三年庚午遼保寧二年	
四年辛未遼保寧三年	
五年壬申遼保寧四年	
六年癸酉遼保寧五年	
七年甲戌遼保寧六年	
八年乙亥遼保寧七年	
太平興國元年丙子遼保寧八年	冬,遣殿直張璨齎詔諭甘沙州、回鶻可汗外甥,賜以器幣,招致名馬、美玉,以備車騎琮、璜之用。《宋史·回鶻傳》。
二年丁丑遼保寧九年	

續表

紀年	紀事
三年戊寅遼保寧十年	
四年己卯遼乾亨元年	
五年庚辰遼乾亨二年	元忠卒。三月，其子延祿《續資治通鑑長編》作「閏三月」，《皇宋十朝綱要》作「二月」，《宋會要・朝貢門》作「閏三月二十六日」。遣使裴溢的（名似）四人，來貢玉圭、玉盌、玉𨥁、波斯寶𦇭、安西細𦇭、茸褐、斜褐毛羅、金星礬等。《朝貢門》作「貢橐駞、名馬、珊瑚、琥珀、良玉」。四月，《長編》作「四月丁丑」。詔贈元忠敦煌郡王，制權歸義軍節度兵馬留後、金紫光祿大夫、檢校司空兼御史大夫、上柱國、譙縣男曹延祿可檢校太保，歸義軍節度瓜沙等州觀察處置營田押蕃落等使。又以其弟延晟爲檢校司徒、瓜州刺史，延瑞爲歸義軍衙内都虞侯，母進封秦國太夫人，妻封隴西郡夫人。《宋會要・蕃夷門》。 《續資治通鑑長編》、《文獻通考》、《宋史・沙州傳》同，而文較略。又「延晟」《長編》誤作「延晨」。考日本大谷氏所得石室本《大般若波羅密多心經》卷二百七十四、二百七十五兩卷末并有題記云：「清信弟子歸義軍節度監軍使、檢校尚書、左僕射兼御史大夫曹延晟。」後署「乾德四年丙寅歲五月一日」，亦作「延晟」。又，藉此知歸義節度有監軍使，特不知此職置於何年耳。又，考諸書皆謂元忠卒於是年，嗣位者爲延祿，而英倫司坦因博士所得石室卷軸有《開寶八年歸義節度使曹延恭施捨疏》與諸書不合，著之俟考。又，《宋史・回鶻傳》：太平興國五年，甘、沙州，回鶻可汗夜落紇密禮遏遣使裴溢的等四人，以橐駞、名馬、珊瑚、琥珀來獻，所遣使人與延祿所遣同。殆甘、沙共同派遣。當時瓜、沙以避鈔寇，往往附于闐、回鶻貢使同行也。惟《會要・蕃夷門》載瓜、沙貢品甚詳，《朝貢門》所載貢品則與回鶻同。《朝貢門》殆誤以回鶻貢品爲瓜、沙耳。

續表

紀年	紀事
六年辛巳遼乾亨三年	
七年壬午遼乾亨四年	
八年癸未遼統和元年	遣都領令狐願德入貢。《宋會要·蕃夷門》。
雍熙元年甲申遼統和二年	
二年乙酉遼統和三年	
三年丙戌遼統和四年	
四年丁亥遼統和五年	
端拱元年戊子遼統和六年	
二年己丑遼統和七年	
淳化元年庚寅遼統和八年	
二年辛卯遼統和九年	沙州僧惠崇等四人，以良玉、舍利來獻，並賜方袍，館於太平興國寺。《宋會要·蕃夷門》。

續表

紀年	紀事
三年壬辰遼統和十年	
四年癸巳遼統和十一年	
五年甲午遼統和十二年	
至道元年乙未遼統和十三年	三月，延祿遣使朝貢，制加特進檢校太尉。五月，延祿遣使來貢方物，乞賜生藥、臘、茶、供帳什物、弓箭、鐃鈸、佛經，及賜僧圓通紫衣，並從之。十月，延祿遣使上表，請以聖朝新譯諸經降賜本道，從之。《宋會要·蕃夷門》。
二年丙申遼統和十四年	
三年丁酉遼統和十五年	
咸平元年戊戌遼統和十六年	
二年己亥遼統和十七年	二月十五日，沙州節度使曹延祿遣使貢美玉、良馬。《宋會要·朝貢門》。 《宋會要·蕃夷門》同，《宋史·真宗紀》作「是歲，沙州蕃族首領來貢」。
三年庚子遼統和十八年	

續表

紀年	紀事
四年辛丑遼統和十九年	正月戊子，封歸義軍節度使曹延禄爲譙郡王。《續資治通鑑長編》、《文獻通考》及《宋史·沙州傳》、《宋會要》同。
五年壬寅遼統和二十年	八月，《宋史·真宗紀》作「七月丙子」，《宋會要·朝貢門》作「八月十一日」，《皇宋十朝綱要》作「十一月」。權歸義軍節度兵馬留後曹宗壽遣牙校陰會遷入貢，且言爲叔歸義軍節度使延禄、瓜州防禦使延瑞將見害，臣先知覺，即投瓜州。蓋以當道二州八鎮軍民，自前數有冤屈，備受艱辛，衆意請臣統領兵馬，不期内外合勢，便圍軍府，延禄等知其力屈，尋自盡。臣爲三軍所迫，權知留後，兼差弟宗以「以」字誤，下文作「宗允」，《長編》作「宗文」，《文獻通考》及《宋史·沙州傳》作「宗允」。權知瓜州訖，表求降旌節，制遏蕃戎。朝廷以其地本羈縻，而世荷王命，歲修職貢，乃授宗壽金紫光禄大夫、檢校太保、使持節、沙州刺史兼御史大夫、歸義軍節度使、瓜、沙等州觀察處置押蕃落等使，封譙郡開國侯，食邑一千户，賜竭誠奉化功臣。宗允檢校尚書左僕射、御史大夫，知瓜州軍州事。宗壽子賢順爲檢校兵部尚書、衙内都指揮使，妻紀氏紀當從《長編》作「氾」，氾氏爲西陲舊族，此誤。封濟北郡夫人。宗壽，延禄族子也。《宋會要·蕃夷門》。《續資治通鑑長編》、《宋史·真宗紀》、《皇宋十朝綱要》同，而文較略。
六年癸卯統和二十一年	

紀年	紀事
景德元年甲辰統和二十二年	四月，宗壽遣使以良玉、名馬來貢，且言本州僧惠藏乞賜師號，龍興、靈圖二寺修像計金十萬箔，願賜之。又乞鑄鐘匠及漢人之善藏珠者至當道，傳授其術。詔賜惠藏師號，量給金箔，餘不許。《宋會要·蕃夷門》。 《宋史·真宗紀》但書是歲沙州來貢，文至簡略。《宋會要·朝貢門》作「五月二十四日」，不作「四月」。
二年乙巳統和二十三年	
三年丙午統和二十四年	八月，沙州燉煌王曹壽遣使進大食國馬及美玉於遼。遼以對衣、銀器等物賜之。《遼史·聖宗紀》。 《遼史·屬國表》同，惟列此事於六月，又宗壽《遼史》作「壽」，賢順《遼史》作「順」，均避遼諱省。
四年丁未統和二十五年	五月，宗壽遣瓜、沙州節度上司孔目官陰會遷等三十五人詣闕，貢玉團、玉印、乳香、硇砂、橐駝、名馬。詔賜錦袍、金帶、器幣酬其直，仍降敕書示諭，所乞藥物、金箔量賜之。閏五月，沙州僧正會請詣闕，以延禄表乞賜金字經一藏。詔益州寫金銀字經一藏，賜之。《宋會要·蕃夷門》。 《宋史·真宗紀》但云是歲沙州來貢，文至簡略。但《會要》稱僧正會詣闕，以延禄表乞金字藏經。案，是時延禄死已久，豈延禄前曾具表擬請而未果，至是正會始持舊表奏請耶？

續表

紀年	紀事
大中祥符元年戊申統和二十六年	
二年己酉統和二十七年	
三年庚戌統和二十八年	
四年辛亥統和二十九年	
五年壬子遼開泰元年	
六年癸丑遼開泰二年	
七年甲寅遼開泰三年	四月，《長編》作「四月甲子」。以歸義軍兵馬留後曹賢順爲本軍節度使，弟賢惠《宋史·沙州傳》誤作「延惠」，《長編》等並作「賢惠」。爲檢校刑部尚書、知瓜州，歸義軍掌書記宋慶融爲檢校工部員外郎，導引歸義軍進奉主蕃部落大首領曷嵦爲檢校國子祭酒兼監察御史，以其遣使以母氏及國人陳乞故也。《長編》：賢順遣使入貢，言其父宗壽既卒。賢順又表請金字藏經洎茶藥、金箔。詔賜之。《宋會要·蕃夷門》。《續資治通鑑長編》、《文獻通考》、《宋史·沙州傳》、《皇朝類苑》引《東齋記事》並同，惟文較簡略。 四月乙亥，沙州回鶻曹順遣使來貢於遼，《遼史·聖宗紀》。回賜衣、幣。《屬國表》。

續表

紀年	紀事
八年乙卯遼開泰四年	
九年丙辰遼開泰五年	
天禧元年丁巳遼開泰六年	六月乙酉，夷离堇阿魯勃送今本誤作「迭」，據元槧本改。沙州節度使曹恭順還，授于越。《遼史·聖宗紀》。 據此知恭順曾覲遼，惟《遼史》繫此事於統和六年。案，其時歸義節度爲延禄，無恭順爲節度之理。「統和」殆「開泰」之譌。開泰六年六月爲戊辰朔，十八日正得乙酉，統和六年六月爲丙辰朔，是月小盡不能得乙酉，此其確證也。故改莅是年。恭順即「賢順」，避遼諱改恭順，亦見遼《韓椅墓誌》，《遼史》或逕省「賢」字，稱「曹順」。
二年戊午遼開泰七年	
三年己未遼開泰八年	正月壬戌，遼封沙州節度使曹順爲燉煌郡王。《遼史·聖宗紀》。 《遼宣徽南院使韓椅墓誌》：明年，奉使沙州，册主帥曹恭順爲燉煌王。
四年庚申遼開泰九年	七月甲寅，遼遣使賜沙州回鶻、燉煌郡王曹順衣物。九月乙亥，沙州回鶻、燉煌郡王曹順遣使來貢。《遼史·聖宗紀》。《屬國表》同。
五年辛酉	

續　表

紀　年	紀　事
乾興元年壬戌	
天聖元年癸亥	閏九月二十二日，歸義節度使曹賢順貢乳香、硇砂、玉。《宋會要·朝貢門》。 《宋會要》是年又書：九月十九日，沙州、大食國遣使翟來著等貢方物。《蕃夷門》又書：閏九月，沙州遣使翟來著等貢方物乳香、硇砂、玉團等。與此乃一事。殆沙州、大食同遣一使而複出也。《宋史·仁宗紀》但稱是歲沙州來貢，文甚簡略。
二年甲子	
三年乙丑	
四年丙寅	
五年丁卯	
六年戊辰	
七年己巳	
八年庚午	十一月十五日，沙州遣使貢玉、玉版、黑玉、玉鞦轡、真珠、乳香、硇砂、梧桐、樣黄礬、花蕊布、白褐馬。《宋會要·朝貢門》。

續表

紀年	紀事
九年辛未	正月十八日，《長編》作「正月己未」。沙州遣使米興、僧法輪等貢珠玉、名馬。《宋會要·朝貢門》。 《續資治通鑑長編》、《宋史·仁宗紀》同，但均不及使人名。
明道元年壬申	
二年癸酉	
景祐元年甲戌	
二年乙亥	是年夏人取瓜、沙、肅三州。《宋史·西夏傳》。
三年丙子	
四年丁丑	正月九日，沙州遣使副楊骨蓋、靡是貢玉、牛黄、棋子、褐緑、黑皮、花蕊布、琥珀、乳香、硇砂、梧桐、律黄、礬、名馬。《宋會要·朝貢門》。 《宋會要·蕃夷門》載「六月，沙州大使楊骨蓋，副使翟延順入貢」，即此事，而月日、使名不同。至此後，諸貢皆不言曹氏所遣。疑曹氏至賢順而絶，然瓜、沙之貢不因夏人有瓜、沙而不通上國，直至皇祐四年尚有朝貢。知夏人之有瓜、沙，亦等於羈縻而已。
寶元元年戊寅	

續表

紀年	紀事
二年己卯	
康定元年庚辰	四月，沙州遣人入貢方物。《宋會要·蕃夷門》。
二年 慶曆元年辛巳	二月，沙州遣大使安謂支、副使李吉入貢。《宋會要·蕃夷門》。
二年壬午	二月，沙州北亭可汗王遣大使密、副使張進零、和延進、大使曹都都、大使翟入貢。《宋會要·蕃夷門》。
三年癸未	
四年甲申	
五年乙酉	
六年丙戌	
七年丁亥	
八年戊子	

續表

紀年	紀事
皇祐元年己丑	
二年庚寅	四月，《宋會要·朝貢門》作「四月八日」。沙州符骨篤末似婆温等來貢玉。 十月，沙州遣人來貢方物。《宋會要·蕃夷門》。 《宋史·仁宗紀》作「十二月，沙州來貢」。
三年辛卯	
四年壬辰	十月十二日，沙州遣使來貢方物。《宋會要·朝貢門》。 《宋史·沙州傳》言，景祐至皇祐中，凡七貢方物，而見《本紀》者，僅皇祐二年一貢。《宋會要》「蕃夷」、「朝貢」二門所載，正得七貢，足補《宋史》之闕。

魏書宗室傳注

予弱冠有校勘全史之志，苦一人見聞有限，乃與黄仲弢提學謀分任之。定校勘爲二類：一取宋元槧校勘；一仿《元史本證》例，以本史紀、傳、表、志互校。提學任前四史，校以宋元本；予用《本證》例校前五史。提學之書竟不克就，予先成《五史斠議》，將繼是而校《魏書》，既如前五史以傳、紀、諸志互校，復取《北史》比勘。惟《魏書》多佚卷，且有佚葉，非兼據宋槧善本校之不可。友人因以粤中新刻王益吾祭酒《魏書校勘記》見贈。其自序謂見宋本，力不能致，因與同輩分校於毛本上，不啻人得一宋本。予取以校南監本，則與宋槧合者固什九。祭酒不知也，則是但可云毛本正誤而已。且所見宋本亦有佚葉，求未佚者垂三十年，卒不可得，舊稿遂置篋中。近年洛陽出元魏宗室墓誌數十，每得墨本，輒取史傳比勘。於《道武七王・廣平王連》佚篇中，補元纂子俔、俔子玕；於《孝文五王・廣平王懷傳》佚葉中，補嗣王悌、范陽王誨。其他傳誌異同甚多，舉其厓略：如《神元平文子孫傳》：元珍字金省，《誌》作「字金雀」。《昭成子孫傳》：常山王遵後嗣陪斤，《傳》稱「坐事國除」，而陪斤子《昭墓誌》則稱陪斤爲常山簡王，是爵未除，且予謚也。《道武七王傳》：陽平王熙孫吐萬，《傳》稱早卒，贈晉陽順侯，而吐萬子《顯誌》作「淮南王」；又河南曜後嗣馗，《傳》稱其出爲「東秦州刺史」，建義中，卒於州，而《誌》則載其出爲東秦州刺史，改北華州刺史，薨於河陰鑾駕之右。《太武五王傳》：廣陽王建閭孫深，《肅宗紀》及《中山王熙傳》均作「淵」，《誌》亦作「淵」，知作「深」乃後世避唐諱所改。《景穆十二王傳》：陽平王新成子順，謚莊王，而《陽平王太妃李氏墓誌》則作「惠王」；

又元衍，《傳》稱封鉅，平縣公，《誌》作「鉅平縣侯，謚文懿」，《傳》又失書其謚；京兆王子推後嗣暹，封汝陽王，子沖襲，今《元暐誌》作諱暐，字子沖，是《傳》當作「子子沖襲」；廣平王洛侯，《傳》：「後改封濟南王。弟四子獻，襲。齊受禪，爵例降。」今洛陽出《濟南王獻墓誌》，蓋文曰：「魏故濟南王元獻銘記。」《北史》：「獻子祖育，襲。武定初，墜馬薨，子勒乂，襲。齊受禪，爵例除。」是獻卒於魏，其入齊除爵者獻孫勒乂也。《昭成子孫傳》：元昭小字阿倪，不及其字，《誌》作「字幼明」。《景穆十二王傳》：南安王楨，孫熙，熙子景獻，《誌》作「諱暐，字景獻」。東平王略子景式，《略誌》作「世子規，字景式」；樂陵王胡兒以兄子永全襲，後改名思譽，《誌》作「諱思，字永全」；思譽子景略，字世彥，《誌》作「諱彥，字景略」；安定王後嗣珍平，《誌》作「諱珽，字珍平」。《獻文六王傳》：彭城王後嗣浮陽王剛弟質，《誌》作「諱文，字思質」；又劭弟子正，不舉其字，宣武王妃李氏誌作「子正，字休度」，《傳》、《誌》均不同；北海王詳子顥，顥弟頊，字寶意，《北史》「頊」作「項」，《誌》作「諱項，字幼明」，與《北史》合，而字則異；顥、項之死，據《孝莊紀》並在永安二年七月，《顥誌》作「永安三年七月廿一日」，《項誌》作「永安三年七月廿九日」，《傳》、《誌》並相差至一年。《彭城王勰傳》載勰以永平元年九月被殺，不書其日，《世宗紀》作「九月戊戌」，《誌》作「己亥」，相差一日。予既一一據以校訂，復取舊校，先將《宗室傳》寫定，並録其全文，爲注十二卷。周氏嘉猷舊撰《南北史世系表》，依據南北《史》而未校以各專史，脱漏甚多，予往歲嘗爲增補，爰先寫定《魏宗室世系表》一卷，與注並行。方今中州古刻日出不窮，剞劂之事意猶有待，而四方友人知予爲此，索觀者衆，因先付排印，以代傳鈔，續有所見，當别爲補遺。回憶校史之約，匆匆已三十餘年，人事牽阻，所成僅此。仲弢墓木已拱，而予亦年垂耳順矣。讀莊生「生有涯，而知無涯」之言，爲之長喟。當世方雅，幸裁正之。甲子六月十日，上虞羅振玉書於津沽嘉樂里寓。

魏書宗室傳注卷一

神元平文諸帝子孫列傳第二　魏書十四

上谷公紇羅，神元皇帝之曾孫也。初，從太祖自獨孤如賀蘭部招集舊户，得三百家，與弟建議，勸賀訥《北史》作「賀蘭訥」。推太祖爲主。及太祖登王位，紇羅常翼衛左右。又從征伐，有大功。紇羅有援立謀，特見優賞。及即帝位，與弟建同日賜爵爲公。卒。

子題，少以雄武知名，賜爵襄城公。從征中山，受詔徇下諸郡，撫慰新城，皆安化樂業。進爵爲王。擊慕容驎於義臺，中流矢薨。《太祖紀》：皇始二年五月甲寅，襄城公元題，進封爲王。十月乙酉，襄城王題薨。帝以太醫令陰光爲視療不盡術，伏法。

子悉襲，降爵爲襄（陽）〔城〕公。卒，贈襄城王。

建德公嬰文，神元皇帝之後也。少明辯，有決斷，太宗器之。典出納詔命，常執機要。世祖踐阼，拜護東夷校尉，進爵建德公，鎮遼西。卒。

真定侯陸，神元皇帝之後也。世祖時，以武功頗蒙恩遇，拜散騎常侍，賜爵真定侯。卒。

陸曾孫軌，字法寄，稍遷洛陽令。時天下多事，軌惟以深刻遇下，死多酷濫，識者非之。孝靜時，鄴宫創制，以軌爲營構使。除徐州刺史。軌風望既陋，又無學術，雖歷名位，時人輕之。卒於州。

武陵侯因，章帝之後也。從太祖平中原，以功封曲逆侯。世祖時，改爵武陵。

長樂王壽樂，章帝之後也。位選部尚書，南安王，改封長樂王。高宗即位，壽樂有援立功，拜太宰、大都督中外諸軍，録尚書事。矜功，與尚書令長孫渴侯争權，並伏法。《高宗紀》壽樂與長孫渴侯争權伏法，在興安元年十月。

望都公頽，昭帝之後也。隨太祖平中原，賜爵望都侯。世祖以頽美儀容，進止可觀，使迎左昭儀於蠕蠕，進爵爲公。卒。

曲陽侯素延，桓帝之後也。以小統從太祖征討諸部，初定并州，爲刺史。太祖之驚於柏肆也，并州守將封竇真爲逆，素延斬之。《太祖紀》：皇始二年，并州守將封真率其種族與徒何爲逆，將攻刺史元延，延討平之。是「素延」《紀》但作「延」，「封竇真」《紀》但作「封真」。時太祖意欲撫悦新附，悔參合之誅，而素延殺戮過多，坐免官。中山平，拜幽州刺史。豪奢放逸，左遷上谷太守。後賜爵曲陽侯。時太祖留心黄老，欲以純風化俗，雖乘輿服御，皆去彫飾，咸尚質儉，而素延奢侈過度，太祖深銜之。積其過，因徵，坐賜死。

順陽公郁，桓帝之後也。少忠正亢直。初以羽林中郎内侍，勤幹有稱。高宗時，位殿中尚書。從高宗東巡臨海，以勞賜爵順陽公。高宗崩，乙渾專權，隔絶内外，百官震恐，計無所出。郁率殿中衛士數百人從順德門入，欲誅渾。渾懼，逆出問郁曰：「君入何意？」郁曰：「不見天子，羣臣憂懼，求見主上。」渾窘怖，謂郁曰：「今大行在殯，天子諒闇，故未接百官，諸君何疑？」遂奉顯祖臨朝。後渾心規爲亂，朝臣側目，郁復謀殺渾，爲渾所誅。顯祖録郁忠正，追贈順陽王，謚曰簡。

宜都王目辰，桓帝之後也。初以羽林郎從太祖南伐至江。高宗即位，以勞累遷侍中、尚書左僕射，封南平公。《張白澤傳》：蠕蠕犯塞，顯祖引見羣臣議之。尚書僕射元目辰進曰：「若車駕親行，恐京師危懼，不如持重，固守自安。虜懸軍深入，糧無繼運，以臣量之，自退不久，遣將追擊，破之必矣。」白澤議謂鑾輿親動，賊必望麾自散。顯祖從之，遂大破虜衆。乙渾之謀亂也，目辰與兄郁議欲殺渾，事泄被誅，目辰逃隱得免。顯祖傳位，有定策勳。高祖即位，遷司徒，封宜都王，案《高祖紀》：承明元年六月戊寅，南平公目辰爲司徒，進封宜都王。非在高祖即位時。除雍州刺史，鎮長安。目辰(姓)〔性〕亢直耿介，不爲朋黨，朝臣咸憚之。然好財利，在州，政以賄成。有罪伏法，《于烈傳》：太和初，秦州刺史尉洛侯，雍州刺史、宜都王目辰，長安鎮將陳提等，貪殘不法。烈受詔案驗，咸獲贓罪，目辰等皆致大辟，提坐徙邊。又《太祖紀》目辰賜死在太和三年四月庚子。爵除。

穆帝長子六脩，《北史》作「六修」。少而兇悖。穆帝五年，遣六脩爲前鋒，與輔相衛雄、范班及姬澹等救劉琨。帝躬統大兵爲後繼。劉粲懼，焚燒輜重，突圍遁走。縱騎追之，殺傷甚衆。帝因大獵於壽陽山，陳閱皮肉，山爲變赤。及晉懷帝爲劉聰所執，穆帝遣六脩與桓帝子普根率精騎助劉琨。初，穆帝少子比延有寵，欲以爲後。六脩出居新平城，《序紀》：穆帝六年，城盛樂以爲北都，修故平城以爲南都。乃更南百里，於灅水之陽黃瓜堆築新平城，使六脩鎮之，統領南部。而黜其母。六脩有驊騮駿馬，日行五百里，穆帝欲取以給比延。後六脩來朝，穆帝又命拜比延，六脩不從。穆帝乃坐比延於己所乘步輦，使人導從出遊。六脩望見，以爲穆帝，謁伏路左，及至，乃是比延，慚怒而去，召之不還。《序紀》：穆帝九年，帝召六脩，六脩不至，帝怒討之。穆帝怒，率衆伐之。帝軍不利，六脩殺比延。帝改服微行民間，有賤婦人識帝，遂暴崩。普根先守于外，聞難，率衆來赴。攻六脩，滅之。

吉陽男比干，太祖族弟也。以司衛監討白澗丁零有功，賜爵吉陽男。後爲南道都將，戰没。

江夏公吕，太祖族弟也。從世祖平涼州有功，封江夏公，位外都大官，委以朝政，大見尊重。卒，贈江夏王，陪葬金陵。

高涼王孤，平文皇帝之第四子也。多才藝，有志略。烈帝之前元年，國有内難，昭成如襄國。後烈帝臨崩，顧命，迎昭成立之，社稷可安。及崩，羣臣咸以新有大故，内外未安，昭成在南，來未可果，比至之間，恐生變詐，宜立長君以鎮衆望。次弟屈，剛猛多變，不如孤之寬和柔順，於是大人梁蓋等殺屈，共推孤。孤曰：「吾兄居長，自應繼位，我安可越次而處大業？」乃自詣鄴奉迎，請身留爲質。石虎義而從之。昭成即位，乃分國半部以與之。薨。

子斤，失職懷怒，構寔君爲逆，死於長安。太祖時，以孤勳高，追封高涼王，謚曰神武。

斤子真樂，《太祖紀》、《太宗紀》皆作「樂真」。頻有戰功，後襲祖封。《太祖紀》：天興二年正月，分命諸將大襲高車，命鎮北將軍、高涼王樂真等七軍從西道出牛川。《傳》失載，當據補。太宗初，改封平陽王。《太宗紀》：永興元年十二月，高涼王樂真改封平陽王。薨。

子禮，襲本爵高涼王。《世祖紀》：始光四年三月丙子，遣高涼王禮鎮長安。又《丘堆傳》：奚斤追擊赫連定，爲定所擒，堆聞而棄甲走長安，復將高涼王禮棄守東走蒲阪。《傳》並失書。薨。謚懿王。

子那，襲爵，拜中都大官。驍猛善攻戰。正平初，坐事伏法。顯祖即位，追那功，《傳》不載那事蹟。《世祖紀》：太平真君六年四月庚戌，征西大將軍、高涼王那等討吐谷渾慕利延於陰平、白蘭。八月壬寅，那軍到曼頭城，慕利延西渡流沙，那急追。故西秦王慕璝世子被囊拒戰，那擊破之，被囊遁走，中山公杜豐追擒被囊，送京師。慕利延遂西入于闐。十有一月，那振旅還京師。己未，遣那及安定公韓茂率騎屯相州之陽平郡，發冀州民造橋於碻磝津。辛未，使永昌王仁、高涼王那分領，爲二道，各一萬騎，南略淮泗。七年二月，那至濟南東平陵，遷其民六千餘家於河北。五月，遣永昌王仁與那督北道諸軍同討蓋吴。八月，蓋吴爲其下人所殺，那破其黨白廣平，生擒屠各路那羅於安定，斬于京師。八年二月己卯，那等自安定討平朔方胡，攻僕渾，斬之。十一年正月乙酉，以那爲儀同三司。九月，輿駕南伐。十月，使那自青州趨下邳。十二月，那自山陽至於廣陵，所過城邑，莫不望塵奔潰，降者不可勝數。正平元年六月，有罪賜死。命子紇紹封。薨。

子大曹，性愿直。高祖時，諸王非太祖子孫者，例降爵爲公。以大曹先世讓國功重，曾祖樂真

《北史》作「真樂」。勳著前朝，改封太原郡公。卒，無子，國除。世宗又以大曹從兄子洪威紹。恭謙好學，爲潁川太守，有政績。孝静初，在潁川聚衆應關西，齊獻武王遣將討平之。

禮弟陵，世祖賜爵襄邑男。進爵爲子。卒。《元鷙墓誌》：祖陵，散騎常侍、征虜將軍、并州刺史。

子瓌，位柔玄鎮司馬。《元鷙墓誌》：父肱，散騎常侍、撫軍將軍、冀州刺史，不作「瓌」。

瓌子鷙，字孔雀。容貌魁壯，腰帶十圍，爲羽林隊仗副。高祖末，以征討有功，賜爵晉陽男。《元鷙墓誌》：太和二十年釋褐，爲給事中。尋有馬圈之勳，賜爵晉陽男。正始中，轉直寢。永平中，拜直閤，將軍如故。延昌中，拜左軍將軍，直閤如故。奉勅使詣六州一鎮，慰勞酋長而還。延昌中，詔除龍驤將軍、武衛將軍。熙平元年，除散騎常侍、撫巡六鎮大使。神龜中，詔除銀青光禄大夫，武衛如故。正光詔除金紫光禄大夫。二年，詔除使持節都督柔玄、懷荒、撫冥三鎮諸軍事，撫軍將軍、柔玄鎮大將。正光五年十二月，朝廷遣都督章武王融討胡蜀賊失利，即令王分頭討之，以融失利，乃遣代充都督，除北中郎將，將軍如故。《傳》述鷙歷官太略，據補。累遷領軍、畿部都督。《元鷙墓誌》：建義元年，大將軍尒朱榮入洛，除征北將軍、護軍將軍、領左衛將軍，詔封昌安縣開國侯，食邑八百户，即以晉陽男迴授第三息季彦。其年七月，以本官除領軍將軍、京畿都督。十月，詔除衛將軍，本官如故。案，《傳》失書昌安侯之封，亦見《孝莊紀》。

武泰元年，尒朱榮至河陰，殺戮朝士，鷙與榮共登高塚俯而觀之，自此後與榮合。元顥之逼也，鷙從駕北迎。既到河内，欲入城，鷙奏曰：「河内晝則閉門，夜引駕入，此之意趣難以測量。本圖有在，願便發邁。」帝從之，前至長子，以尒朱榮赴援，除鷙車騎將軍，封華山王。《北史》作「永安初，封華山王」。《元鷙墓誌》：永安二年，隨駕北巡，即達建州，與尒朱榮重出河陽，行幸建州。詔拜車騎大將軍、儀同三司、中軍大都督，改封華山郡王，食邑一千户，通前合一千八百户，護軍領軍如故。八月，勅營法駕仗都將。十一月，除散騎常侍、驃騎大將軍。《孝莊紀》亦作「永安二年五月丁丑，進封安昌縣侯元鷙爲華山王」，與《誌》合。莊帝既殺尒朱榮，榮從子兆爲亂，帝欲率諸軍親討，鷙與兆陰通，乃勸帝曰：「黄河萬仞，寧可卒渡。」帝遂自安。及兆入殿，鷙又約止衛兵。帝見逼，京邑破，皆由鷙之謀。《墓誌》：普泰元年四月，詔加侍中兼尚書僕射，慰勞大使，驃騎王並如故。永熙二年四月，詔除使持節都督徐州諸軍事，本將軍加開府當州大都督、徐州刺史，侍中、王如故。孝静初，入爲大司馬，加侍中。《墓誌》：天平二年三月，還京。詔除大司馬、侍中，王如故。案，《孝静紀》作「天平三年三月甲寅，爲大司馬」。又據《誌》，加侍中在前廢帝普泰元年，非孝静初。故《孝静紀》亦但作「爲大司馬」，不云「加侍中」。

鷙有武藝，木訥少言，性方厚，每息直省闥，雖暑月不解衣冠。曾於侍中高岳之席，咸陽王坦恃力使酒，陵侮一坐，衆皆下之，不敢應答。坦謂鷙曰：「孔雀老武官，何因得王？」鷙即答曰：「斬反人元愔首，是以得之。」衆皆失色，鷙怡然如故。興和三年薨，《孝静紀》作「興和二年六月壬子薨」。《墓誌》作「三年六月九日薨」。《誌》又載卒後贈冀州刺史，謚武烈。《傳》亦失書。贈假黄鉞、尚書令、司徒公。

子大器，襲爵。後與元瑾謀害齊文襄王，見害。《孝静紀》：武定八年，常侍侍講荀濟與華山王大器、元瑾密謀，於宫内爲山，而作地道，向北城。至千秋門，門者覺地下響動，以告文襄。文襄勒兵入宫，幽帝於含章殿，大器、瑾等皆見烹於市。又大器有弟季彦，爵晉陽男，見《鷙誌》。

孤孫度，太祖初賜爵松滋侯，位比部尚書。卒。

子乙斤，襲爵襄陽侯。顯祖崇舊齒，拜外都大官，甚見優重。卒。

子平，字楚國，襲世爵松滋侯。以軍功賜艾陵男。《元珍墓誌》作「征南將軍、肆州刺史、襄陽公之孫」，不作「松滋侯、艾陵男」。卒。

子萇，高祖時，襲爵松滋侯，例降侯，賜艾陵伯。《元珍墓誌》作「輔國將軍、幽州刺史、松滋公之子」，不作「艾陵伯」。《傳》不載幽州刺史，殆卒後贈官。萇性剛毅，雖有吉慶事，未嘗開口而笑。高祖遷都，萇以代尹留鎮。除懷朔鎮都大將，因別賜萇酒，雖拜飲，而顏色不泰。高祖曰：「聞公一生不笑，今方隔山〔河〕，當爲朕笑。」竟不能得。高祖曰：「五行之氣，偏有所不入；六合之間，亦何事不有。」左右見者，無不扼腕大笑。世宗時，爲北中郎將，帶河内太守。萇以河橋船絙路狹，不便行旅，又秋水汎漲，年常破壞，乃爲船路，遂廣疑〔募〕空車從京出者，率令輸石一雙，累以爲岸。橋闊，來往便利，近橋諸郡，無復勞擾，公私賴之。歷位度支尚書、侍中、雍州刺史。卒，謚曰成。萇中年以後，官位微達，乃自尊倨，閨門無禮，昆季不穆，性又貪虐，論者鄙之。

萇子子華，字伏榮，襲爵。孝莊初，除齊州刺史。先是，州境數經反逆，邢杲之亂，人不自保。而子華撫集豪右，委之管籥，衆皆感悦，境内帖然。而性甚褊急，當其急也，口不擇言，手自捶擊。長史鄭子湛，子華親友也，見侮罵，遂即去之。子華雖自悔厲，終不能改。在官不爲矯潔之行，凡有餽贈者，辭多受少，故人不厭其取。鞫獄訊囚，務加仁恕。齊人樹碑頌德。

後除濟州刺史。尒朱兆之入洛也，齊州城人趙洛周逐刺史丹陽王蕭贊，表濟南太守房士達攝行州事。洛周子元顯先隨子華在濟州，邀路改表，請子華復爲齊州刺史。子華母房氏曾就親人飲食，夜還大吐，人以爲中毒，甚憂懼，子華遂掬吐盡噉之，其母乃安。尋以母憂還都。

孝静初，除南兗州刺史。弟子思通使關西，《孝静紀》：天平四年九月，侍中元子思與其弟子華謀西入，並賜死。以子華爲弟。朝廷使右衛將軍郭瓊收之。子思謂瓊僕曰：「速可見殺，何爲久執國士！」子華謂子思曰：「〔由〕汝粗疏，令我如此。」以頭叩床，涕泣不自勝。子思以手捋鬚，顧謂子華曰：「君惡體氣。」尋與子思俱死於門下外省。

子思，字衆念，性剛暴，恒以忠烈自許。元天穆當朝權，以親從薦爲御史中尉。先是，兼尚書僕射元順奏，以尚書百揆之本，至於公事，不應送〔名〕御史。至子思，奏曰：

案《御史令》云：「中尉督司百寮；治書侍御史糾察禁内。」又云：「中尉出行，車輻前驅，除道一里，王公百辟避路。」時經四帝，前後中尉二十許人，奉以周旋，未曾暫廢。府寺臺省，並從此令。唯肅宗之世，爲臨洮舉哀，故兼尚書左僕射臣順不肯與名，又不送簿。故中尉臣酈道元舉而奏之，而順復啓云：「尚書百揆之本，令僕納言之貴，不宜下隸中尉，送名御史。」尋亦蒙勑，聽如其奏。從此迄今，便大字本作「使」。無準一。

臣初上臺，具見其事，意欲申請決議，但以權兼，未宜便爾。日復一日，遂歷炎涼。去月朔旦，臺移尚書索應朝名帳，而省稽留不送。尋復移催并主吏，忽爲尚書郎中裴獻伯後注云：「案舊事，御史中尉逢臺郎於複道，中尉下車執板，郎中車上舉手禮之。以此而言，明非敵體。」臣既見此，深爲怪愕。旋省二三，未解所以。正謂都省别被新式，改易高祖舊命，即遣移問，事何所依。又獲尚書郎中《北史》作「中郎」。王元旭報，出蔡氏《漢官》，似非穿鑿。始知裴王亦規壞典謨，兩人心欲自矯。臣案《漢書·宣秉傳》云，詔徵秉爲御史中丞，與司隸校尉、尚書令俱會殿庭，《北史》作「廷」。並專席而坐，京師號之爲「三獨坐」。又尋《魏書·崔琰傳》《晉文陽闕一字》、《傅嘏傳》，皆云既爲中丞，百寮震悚。以此而言，則中丞不揖省郎蓋已久矣，憲臺不屬都堂，亦非今日。又尋《職令》云：「朝會失時，即加彈糾。」則百官簿帳應送上臺，灼然明矣。又皇太子以下違犯憲制，皆得糾察，則令僕朝名宜付御史，又亦彰矣。不付名至，否臧何驗？臣順專執，未爲平通，先朝曲遂，豈是正法？

謹案尚書郎中臣裴獻伯、王元旭等，望班士流，早參清宦，輕弄短札，斐然若斯，苟執異端，忽焉至此，此而不綱，將隳朝令。請以見事免獻伯等所居官，付法科處。尚書納言之本，令僕百揆之要，同大字本作「司」。彼浮虛，助之《北史》作「兹」。乖失，宜明首從，節級其罪。

詔曰：「國異政，不可據之古事。付司檢高祖舊格，推處得失以聞。」尋從子思奏。仍爲元天穆所忿，遂停。《傳》叙子思歷官甚略。《出帝紀》：永熙三年九月癸巳，以衛大將軍、河南尹元子思爲使持節行臺僕射。元顥之敗，封安定縣子。孝静時，位侍中而死。

萇弟珍字金省，襲爵艾陵男。《元珍墓誌》作「字金雀」，《傳》誤作「金省」。又稱世宗即位時，楊土中動，許叛僞齊。公屯兵淮浦，與陳伯(支)〔之〕相拒。伯支敗績，壽春獲存，公有力焉。胙土晉陽男。不云襲艾陵男。世宗時，曲事高肇，遂爲帝寵昵。彭城王勰之死，珍率壯士害之。後卒於尚書左僕射。《珍誌》：太和中，選入武騎侍郎，轉直閤將軍。高祖南巡，未届衡嶺，密介南陽不恭其職。公單馬肆焉，戎城雷駭。除冠軍將軍。景明元年，轉武衛將軍。胙土晉陽男。遷平東將軍。正始中，轉衛尉卿，領左衛將軍，仍加散騎常侍、光禄勳，俄遷侍中。永平中，除車騎將軍、領軍將軍。延昌二年，遷尚書左僕射。三年五月廿二日，薨。追贈侍中、使持節驃騎大將軍、冀州刺史。

平弟長生，位游騎擊將軍。《北史》作「位游擊將軍」，「騎」字衍。卒。孝莊時，以子天穆貴盛，贈司空。

天穆，性和厚，美形貌，善射，有能名。年二十，起家員外郎。六鎮之亂，尚書令李崇、廣陽王深「深」當作「淵」。注見《深傳》。北討，天穆奉使慰勞諸軍。《北史》作以「太尉使勞諸軍」。路出秀容，尒朱榮見其法令齊整，有將領氣，深相結託，約爲兄弟。未幾，榮請天穆爲行臺，朝廷不許，改授别將，令赴秀容。是時，北鎮紛亂，所在蜂起，六鎮蕩然，無復蕃捍，惟榮當職路衝，招聚散亡。天穆爲榮腹心，除并州刺史。

及榮赴洛，天穆參其始謀，乃令天穆留後，爲之繼援。莊帝踐阼，天穆以榮之眷昵，特除太尉，封上黨王，徵赴京師。榮之討葛榮，詔天穆爲前軍都督，率京師之衆以赴之。榮擒葛榮，天穆增封，通前三萬户。尋監國史，録尚書事，開府，世襲并州刺史。《孝莊紀》：建義元年，安南將軍、并州刺史元天穆爲太尉公，封上黨王。六月，天穆爲大都督東北道諸軍事，率都督宗正珍孫等討任褒。辛亥，帝親御六戎，掃静燕代，命天穆總衆八萬爲前軍。九月己丑，詔天穆討葛榮，次於朝歌之南。十一月戊寅，以天穆爲大將軍、開府、世襲并州刺史。

初，杜洛周、鮮于脩禮爲寇，瀛冀諸州人多避亂南向。幽州前北平府主簿河間邢杲，擁率部曲，屯據鄚城，以拒洛周、葛榮，垂將三載。及廣陽王深等敗後，杲南(度)〔渡〕居青州北海界。靈太后詔流人所在皆命置大字本及《北史》皆作「置命」。屬郡縣，選豪右爲守令以撫鎮之。時青州刺史元世儁表置新安郡，以杲爲太守，未報。會臺申休疑。簡授郡縣，以杲從子子瑶資蔭居前，乃授河間太守。杲深耻恨，於是遂反。所在流人先爲土人陵忽，聞杲起逆，率來從之，旬朔之間，衆踰十萬。劫掠村塢，毒害民人，齊人號之爲「䑛榆賊」。先是，河南人常笑河北人好食榆葉，故因以號之。杲東掠光州，盡海而還。又破都督李叔仁軍。詔天穆與齊獻武王討，大破之。杲乃請降，傳送京師，斬之。增天穆邑萬户。《孝莊紀》：永安二年三月，詔天穆與齊獻武王討邢杲。四月辛丑，大破邢杲於齊州之濟南，杲降。

時元顥乘虚陷滎陽，天穆聞莊帝北巡，自畢公壘北渡，會車駕於河内。尒朱榮以天時炎熱，欲還師，天穆苦執不可，榮乃從之。莊帝還宫，加太宰，《孝莊紀》：永安二年七月甲戌，以天穆爲太宰、司徒公。羽葆、鼓吹；增邑，通前七萬户。

天穆以疏屬，本無德望，憑藉尒朱，爵位隆極，當時熏灼，朝野傾悚，王公已下每旦盈門，受納財貨，珍寶充積。而寬柔容物，不甚見疾《北史》作「忌」。於時。莊帝以其榮黨，外示寵敬，《北史》作「優寵」。詔天穆乘車馬出入大司馬門。天穆與榮相倚，情寄特甚。榮常以兄禮事之，而尒朱世隆等雖榮子姪，位遇已重，畏憚天穆，俯仰承迎。天穆曾言世隆之失，榮即加杖，其相親任如此。莊帝内畏惡之，與榮同時見殺。《孝莊紀》：永安三年九月辛卯，天柱大將軍尒朱榮、上黨王天穆自晉陽來朝。戊戌，帝殺榮、天穆於明光殿。前廢帝初，贈丞相、柱國、大將軍、雍州刺史，假黄鉞，謚曰武昭。

子儼，襲。美才貌，位都官尚書。及齊受禪，聞勑召，假病，遂怖而卒。

西河公敦，平文帝之曾孫也。太祖初，從征，被堅執鋭，名冠諸將。後從征中山，所向無前。太宗時，拜中都大官。世祖時，進爵西河公，寵遇彌篤。卒，子撥襲。

司徒石，平文帝之玄孫也。忠勇有膽略，尤善騎射。《顯祖紀》：天安元年九月，劉彧司州刺史常珍奇以懸瓠内屬。命西河公元石都督荆、豫、南雍州諸軍事，救懸瓠。《傳》失載。從世祖南討，至瓜步。《北史》作「瓜步山」。位尚書令、雍州刺史。歷比部侍郎、華州刺史，累遷征南大將軍。卒，贈司徒公。

武衛將軍謂，烈帝之第四子也。寬雅有將略，常從太祖征討有功，除武衛將軍。後謝老歸家，顯祖善禮遇之，賜几杖服物，致膳於第。卒，賜秘器。

子烏真，膂力絶人。隨太祖征伐，屢有戰功，官至鉅鹿太守。

子興都，聰敏剛毅。高宗時，爲河間太守，賜爵樂城子。爲政嚴猛，百姓憚之。顯祖初，以子丕貴重，進爵樂城侯。謝老歸家，顯祖益禮之，賜几杖服物，致膳於第。其妻婁氏，爲東陽王太妃。卒，追贈定州刺史、河間公，謚曰宣。

子提，襲父侯爵。

提弟丕，世祖擢拜羽林中郎。從駕臨江，賜爵興平子。顯祖即位，累遷侍中。丞相乙渾謀反，丕以奏聞。詔丕帥元賀、牛益得收渾，誅之，遷尚書令，改封東陽公。

高祖時，封東陽王，拜侍中、司徒公。《顯祖紀》：皇興元年正月庚子，東平王道符反。丙午，詔平昌公和其奴、東陽公元丕等討之。《高祖紀》：延興四年九月，以劉昱内相攻戰，詔將軍元蘭等五將三萬騎，及假東陽王丕爲後繼，伐蜀漢。承明元年十月乙丑，進征西大將軍、假東陽王元丕爵爲正王。太和元年三月庚子，徵征西大將軍、雍州刺史、東陽王丕爲司徒。三年九月壬子，以侍中、司徒、東陽王丕爲太尉。案，丕之東陽王由假即正，《傳》未詳，又失書雍州刺史。時有諸疑事三百餘條，勑丕制決，率皆平允。丕子超生，車駕親幸其第，特加賞賜。以執心不二，詔賜丕入八議，傳示子孫，犯至百，聽《北史》「聽」下有「斬戮」二字。責數恕之；放其同籍丁口雜使役調，永受復除；若有姦邪人方便讒毀者，即加斬戮。尋遷太尉、録尚書事。時淮南王他、淮陽王尉元、河東王苟頽並以舊老見禮，每有大事，引入禁中，乘步挽，杖于朝，進退相隨。丕、他、元三人，皆容貌壯偉，腰帶十圍，大耳秀眉，鬚鬢斑白，百寮觀瞻，莫不祗聳。唯苟頽小爲短劣，資大字本及《北史》作「姿」。望亦不逮之。高祖、文明太后重年敬舊，存問周渥，賜以珍寶。丕聲氣高朗，博記國事，饗讌之際，恒居坐端，必抗音大言，叙列既往成敗。帝、后敬納焉。然諂事要人，驕侮輕賤，每見王叡、苻承祖，常傾身下之。

時文明太后爲王叡造宅，故亦爲丕造甲第。第成，帝、后親幸之，率百官文武饗落焉。使尚書令王叡宣詔，賜丕金印一紐。太后親造《勸戒歌辭》以賜羣官，丕上疏贊謝。太后令曰：「臣哉鄰哉，鄰哉臣哉。君則亡逸於上，臣則履冰於下。若能如此，太平豈難致乎？」及丕妻段氏卒，謚曰恭妃。又特賜丕金券。

高祖、文明太后引見公卿於皇信堂，太后曰：「今京師旱儉，欲聽飢貧之人出關逐食。如欲給過所，恐稽延時日；不救災窘，若任其外出，復慮姦良難辨。卿等可議其所宜。」丕議：「諸曹下大夫以上，人各將二吏，別掌給過所，州郡亦然，不過三日，給之便訖，有何難也？」高祖從之，四日而訖。丕請立東宮，詔曰：「年尚幼小，有何急之？」丕曰：「臣年在西夕，思觀盛禮，於臣實急。」不許。後例降王爵，案，例降王爵在太和十六年正月乙丑，見《高祖紀》。封平陽郡公。求致仕，詔不許。

及車駕南伐，丕與廣陵王羽留守京師，並加使持節。詔丕、羽曰：「留守非賢莫可。太尉年尊德重，位總阿衡；羽朕之懿弟，温柔明斷。故使二人留守京邑，授以二節，賞罰在手。其祗允成憲，以稱朕心。」丕對曰：「謹以死奉詔。」羽對曰：「太尉宜專節度，臣但可副貳而已。」高祖曰：「老者之智，少者之決，何得辭也。」《北史》作「汝何得辭也」。及高祖還代，丕請作歌，詔許之。歌訖，高祖曰：「公須大字本作「傾」。朕還車，故親歌述志。今經構既有次第，故暫還舊京，願後時亦同茲適。」

及高祖欲遷都，臨太極殿，引見留守之官大議。乃詔丕等，如有所懷，各陳其志。燕州刺史穆羆進曰：「移都事大，如臣愚見，謂爲未可。」高祖曰：「卿便言不可之理。」羆曰：「北有獫狁之寇，南有荆揚未賓，西有吐谷渾之阻，東有高句麗之難。四方未平，九區未定。以此推之，謂爲不可。征伐之舉，要須戎馬，如其無馬，事不可克。」高祖曰：「卿言無馬，此理粗可。馬常出北方，廐在此置，卿何慮無馬？今代在恒山之北，爲九州之外，以是之故，遷于中原。」羆曰：「臣聞黄帝都涿鹿，以此言之，古昔聖王不必悉居中原。」高祖曰：「黄帝以天下未定，居于涿鹿；既定之後，亦遷于河南。」尚書于杲曰：「臣誠不識古事，如聞百姓之言，先皇建都於此，無何欲移，以爲不可。

中原其如是所由擬。數有篡奪。自建邑平城以來，與天地並固，日月齊明。臣雖管見膚淺，性不昭達，終不以恒代之地，而擬伊洛之美。但以安土重遷，物之常性，一旦南移，懼不樂也。」丕曰：「陛下去歲親御六軍討蕭氏，至洛，遣任城王澄宣旨，勑臣等議都洛。初奉恩旨，心情惶越。凡欲遷移，當訊之卜筮，《北史》作「廣陵王羽曰：臣思奉神規，光崇丕業，請決之卜筮」。審定吉否，然後可。」高祖謂丕曰：「往在鄴中，司徒公誕、咸陽王禧、尚書李冲等，皆欲請龜占移洛吉凶之事。朕時謂誕等曰，昔周邵卜宅伊洛，乃識至兆。今無若斯之人，卜亦無益。然卜者所以決疑，此既不疑，何須卜也。昔軒轅卜兆龜焦，卜者請訪諸賢哲，軒轅乃問天老，天老謂爲善。遂從其言，終致昌吉。然則至人之量未然，審於龜矣。朕既以四海爲家，或南或北，遲速無常。南移之民，朕自多積倉儲，不令窘乏。」丕曰：「臣仰奉慈詔，不勝喜舞。」高祖詔羣官曰：「卿等或以朕無爲移徙也。昔平文皇帝棄背率土，昭成營居盛樂；太祖道武皇帝神武應天，遷居平城。朕雖虛寡，幸屬勝殘之運，故移宅中原，肇成皇宇。卿等當奉先君令德，光迹洪規。」前懷州刺史青龍、前秦州刺史呂受恩等仍守愚固，帝皆撫而答之，辭屈而退。

帝又將北巡，丕遷太傅、《高祖紀》：太和十八年十月甲辰，以太尉、東陽王丕爲太傅。案，《傳》稱丕以例降王爵，封平陽郡公，後詔以平陽畿甸，改封新興公，不知《紀》何以於十八年仍稱平陽王。録尚書事。頻表固讓，詔斷表啓，就家拜授。及車駕發代，丕留守，詔曰：「中原始構，須朕營視，在代之事，一委太傅。」賜上所乘車馬，往來府省。

丕雅愛本風，不達新式，至於變俗遷洛，改官制服，禁絶舊言，皆所不願。高祖知其如此，亦不逼之，但誘示大理，令其不生同異。至於衣冕已行，朱服列位，而丕猶常服列在坐隅。晚乃稍加弁帶，而不能修飾容儀。高祖以丕年衰體重，亦不强責。及罷降非太祖子孫及異姓王者，雖(駮)〔較〕於公爵，而利享封邑，亦不快。疑。

高祖南征，丕表乞少留，思更圖後舉。會司徒馮誕薨，詔六軍反旆。丕又以熙薨于代都，表求鑾駕親臨。詔曰：「今洛邑肇構，跂望成勞，開闢暨今，豈有以天子之重，遠赴舅國之喪？朕縱欲爲孝，其如大孝何？縱欲爲義，其如大義何？天下至重，君臣道懸，豈宜苟相誘引，陷君不德。令、僕已下可付法官貶之。」又詔以丕爲都督，領并州刺史。後詔以平陽畿甸，改封新興公。

初，李沖又德望所屬，既當時貴要，有杖情，疑。遂與子超娶沖兄女，即伯尚妹也。丕前妻子隆同産數人，皆與別居。後得宫人，所生同宅共産。父子情因此偏。

丕父子大意不樂遷洛。高祖之發平城，太子恂留於舊京，及將還洛，隆與超等《北史》作「隆與穆泰等」。密謀留恂，因舉兵斷關，規據陘北。時丕以老居并州，雖不預其始計，而隆、超咸以告丕。丕外慮不成，口雖致難，心頗然之。及高祖幸平城，推穆泰等首謀，隆兄弟並是黨。丕亦隨駕至平城，每於測問，令丕坐觀。隆、超與元業等兄弟並以謀逆伏誅。有司奏處孥戮，詔以丕應連坐，但以先許不死之詔，躬非染逆之身，聽免死，仍爲太原百姓，其後妻二子聽隨。隆、超母弟及餘庶兄弟，皆徙敦煌。丕時年垂八十，猶自平城力載，隨駕至洛陽。高祖每遣左右慰勉之，乃還晉陽。

高祖崩，丕自并州來赴，世宗引見之。以丕舊老，禮有加焉。尋勑留洛陽。後宴于華林都亭，特令二子扶侍坐起。丕仕歷六世，垂七十年，位極公輔，而還爲民庶，然猶心戀京邑，不能自絕人事。尋詔以丕爲三老。景明四年薨，《世宗紀》：景明三年八月癸卯，以前太傅、平陽公丕爲三老。四年七月乙卯，三老、平陽公丕薨。案：是時丕以諸子叛，免死爲太原百姓，何以《紀》仍書平陽公舊封，又不書改封之新興，殊不可解。殆是史官之誤。年八十二。詔贈左光禄大夫、冀州刺史，謚曰平。

長子隆，先以反誅。《高祖紀》：太和二十年閏月丙辰，右將軍元隆大破汾州叛胡。又《穆泰傳》：隆爵安樂侯。《傳》並不載，今據補。隆弟乙升、超，據《穆泰傳》，超官驍騎將軍。亦同誅。超弟儁、《孝莊紀》：永安三年正月己丑，益州刺史長孫壽、梁州刺史元儁等，遣將與征巴州都督元景夏討嚴始欣，斬之。邕，並有軍功。儁封新安縣男，邕封涇縣男。

淮陵侯大頭，烈帝之曾孫也。善騎射，擢爲内三郎。從世祖有戰功，賜爵。高宗初，封淮陵。性謹密，帝甚重之。位寧北將軍，遷右將軍。卒，贈高平公，謚曰烈。

河間公齊，烈帝之玄孫也。少雄傑魁岸，世祖愛其勇壯，引侍左右。從征赫連昌，世祖馬蹶，賊衆逼帝，齊以身蔽捍，決死擊賊，賊乃退，世祖得上馬。是日微齊，世祖幾至危殆。世祖以微服入其城，齊固諫，不許，乃與數人從世祖入。城内既覺，諸門悉閉。世祖及齊等因入其宫中，得婦人裙，繫之槊上，世祖乘而上，因此得拔，齊有力焉。賜爵浮陽侯。從征和龍，以功拜尚書，進爵爲公。後與新興王俊討禿髮保周，討保周在太平真君元年三月，見《世祖紀》。坐事免官爵。

劉義隆將裴方明陷仇池，世祖復授齊前將軍，與建興公古弼討之，《古弼傳》：劉義隆遣其秦州刺史胡崇之屯仇池，弼與平西將軍元齊邀崇之於濁水，臨陣擒之。此作「前將軍」，殆誤。《島夷劉義隆傳》亦作「平西將軍」，惟誤「元齊」作「元濟」。遂尅仇池，威振羌氐。復賜爵河間公，《世祖紀》：延和元年八月甲戌，馮文通出城挑戰，昌黎公元丘與河間公元齊擊破之。案，《傳》稱齊復賜爵河間公在尅仇池後，尅仇池在太平真君四年，不知《紀》於十年以前，何以已預書河間公耶。與武都王楊保宗對鎮駱谷。時保宗弟文德説保宗閉險自固，有期矣，秦州主簿邊因知之，密告齊。齊晨詣保宗，呼曰：「古弼至，欲宣詔。」保宗出，齊叱左右扶保宗上馬，馳驛送臺。諸氐遂推文德爲主，求援於劉義隆。義隆遣將房亮之、苻昭、啖龍等率衆助文德。齊擊斬殺龍，擒亮之。氐遂平。以功拜内都大官。卒，謚曰敬。

長子陵，襲爵。陵性抗直，天安初，爲乙渾所害。

陵弟蘭，以忠謹見寵。高祖初，賜爵建陽子。卒於武川鎮將。《高祖紀》：延興四年九月，以劉昱内相攻戰，詔將軍元蘭等五將三萬騎，及假東陽王丕爲後繼，伐蜀漢。

子志，字猛略。少清辯强幹，歷覽書傳，頗有文才。爲洛陽令，不避强禦，與御史中尉李彪争路，俱入見，面陳得失。彪言，御史中尉避承華車蓋，駐論道劍鼓，安有洛陽縣令與臣抗衡。志言神鄉縣主，普天下之誰不編户，豈有俯同衆官，避中尉？《北史》作「趨避中尉」。高祖曰：「洛陽我之豐沛，自應分路揚鑣。自今以後，可分路而行。」及出，與彪折尺量道，各取其半。高祖謂邢巒曰：「此兒竟可，所謂王孫公子，不鏤自彫。」巒曰：「露竹霜條，故多勁節，非鸞則鳳，其在本枝也。」員外郎馮俊，昭儀之弟，恃勢恣撾所部里正。志令主吏收繫，處刑除官。由此忤旨，左遷太尉主簿。俄爲從事中郎。

車駕南征，高祖微服觀戰所，有箭欲犯帝，志以身障之。高祖便得免。矢中志目，因此一目喪明。以志行恒州事。世宗時，除荊州刺史，《肅宗紀》：熙平元年正月，荊沔都督元志大破蕭衍軍，斬其恒農太守王世定。殆任荊州時事。還朝，御史中尉王顯奏志在州日抑買良人爲婢，兼（乘）〔剩〕請供。會赦免。肅宗初，兼廷尉卿。後除揚州刺史，賜爵建忠伯。志在州威名雖減李崇，亦爲荊楚所憚。尋爲雍州刺史。

晚年耽好聲伎，在揚州日，侍側將百人，器服珍麗，冠於一時。及在雍州，逾尚華侈，聚歛無極，聲名遂損。

及莫折念生反，詔志爲西征都督討之。念生遣其弟天生屯龍口，與志相持。爲賊所乘，遂棄大衆奔還岐州。賊遂攻城。刺史裴芬之疑城人與賊潛通，將盡出之，志不聽。城人果開門引賊，鎖志及芬之送念生，見害。《肅宗紀》：正光五年六月，秦州城人莫折太提反，自稱秦王，詔雍州刺史元志討之。太提尋死，子念生代立，自稱天子。八月甲午，志大敗於隴東，退守岐州。十一月戊申，天生陷岐州，執都督元志。與《傳》所載互有詳略。前廢帝初，贈尚書僕射太保。

扶風公處真，烈帝之後也。少以壯烈聞。位殿中尚書，賜爵扶風公，委以大政，甚見尊禮。《世祖紀》：太平真君六年十一月庚午，詔殿中尚書、扶風公元處真、平陽公慕容嵩二萬騎討薛永宗。《傳》失載。吐京胡曹僕渾等叛，招引朔方胡爲援。處真與高涼王那等討滅之。討吐京胡曹僕渾事，在太平真君八年正月、二月。斬僕渾見《世祖紀》。性貪婪，在軍烈暴，坐事伏法。《世祖紀》：太平真君八年六月，西征諸將元處真等八將坐盜没軍資，所在擄掠，贓各千萬計，並斬之。

文安公泥，國之疏族也。性忠直壯烈，有智畫。太祖厚遇之，賜爵文安公，拜安東將軍，卒。子屈，襲爵。太宗時居門下，出納詔命。性明敏，善奏事，每合上旨，賜爵元城侯。《崔玄伯傳》：太宗以郡國豪右，大爲民蠹，乃優詔徵之，民多戀本，而長吏逼遣。於是輕薄少年因相扇動，所在聚結。西河、建興盜賊並起，守宰討之不能禁。太宗乃引玄伯及北新侯安同、壽光侯叔孫建、元城侯元屈等問曰：「前以兇俠亂民，故徵之京師，而守宰失於綏撫，令有逃竄。今犯者已多，不可悉誅，朕欲大赦以紓之，卿等以爲何如？」屈對曰：「民逃不罪而反赦之，似若有求於下，不如先誅首惡，赦其黨類。」玄伯謂：「若其赦而不改，誅之不晚。」太宗從之。加功勞將軍，與南平公長孫嵩、白馬侯崔玄伯《北史》作「崔密」。等並決獄訟。太宗東巡，命屈行右丞相，山陽侯奚斤行左丞相，東巡在永興四年七月，見《太宗紀》。命掌軍國，甚有聲譽。《太宗紀》：永興五年五月庚戌，遣元城侯元屈等率衆三千鎮并州。六月，護澤劉逸自號征東將軍，攻建興郡，元屈等討平之。《傳》失書。後吐京胡與離石胡出以兵《劉潔傳》作「出以眷」。等叛，置立將校，外引赫連屈丐。屈督《北史》「督」作「都」。會稽公劉潔、永安侯魏勤捍之，勤没於陳，潔墜馬，胡執送屈丐，唯屈衆猶存。太宗以屈没失二將，欲斬之。時并州刺史元六頭荒淫怠事，乃赦屈令攝州事。屈縱酒，頗廢政事，太宗積其前後失，檻車徵還，斬於市。

子磨渾，少爲太宗所知。元紹之逆也，太宗潛隱於外，磨渾與叔孫俊詐云太宗所在。紹使帳下二人隨磨渾往，規爲逆。磨渾既得出，便縛帳下詣太宗，斬之。太宗得磨渾，大喜，因爲羽翼。《長孫翰傳》：太宗之在外，翰與元磨渾等僭謀奉迎。太宗即位，翰與磨渾等拾遺左右。以勳賜爵長沙公，拜尚書，出爲定州刺史。卒。

魏收書《神元平文諸帝子孫列傳》亡，後人補以《北史》，又取《高氏小史》附益之。後卷魏收《舊史》亡者，皆放此。

魏書宗室傳注卷二

昭成子孫列傳第三　魏書十五

寔君者，昭成皇帝之庶長子也。性愚戇，安忍不仁。昭成季年，苻堅遣其行唐公苻洛等來寇南境，昭成遣劉庫仁逆戰於石子嶺。昭成時不勝，《北史》作「不豫」。元刊本亦作「不勝」。不能親勒衆軍，乃率諸部避難陰山，度漠北。高車四面寇抄，復度漠南。苻洛軍退，乃還雲中。

初，昭成以弟孤讓國，乃以半部授孤。孤卒，子斤失職懷怨，欲伺隙爲亂。是時，獻明皇帝及秦明王翰皆先終，太祖年六歲，《北史》作「年甫五歲」。昭成不豫，慕容后子閼婆等雖長，而國統未定。斤因是說寔君曰：「帝將立慕容所生，而懼汝爲變，欲先殺汝，是以頃日以來，諸子戎服，夜持兵仗，遶汝廬舍，伺便將發，吾愍而相告。」時苻洛等軍猶在君子津，夜常警備，諸皇子挾仗徬徨廬舍之間。寔君視察，以斤言爲信，乃率其屬盡害諸皇子，昭成亦暴崩。其夜，諸皇子婦及宫人奔告苻洛軍，堅將李柔、張蚝勒兵内逼，部衆離散。苻堅聞之，召燕鳳問其故，以狀對。堅曰：「天下之惡一也。」乃執寔君及斤，轘之於長安西市。

寔君孫勿期，位定州刺史，賜爵林慮侯。卒。

子六狀，真定侯。

秦明王翰，昭成皇帝第三子。少有高氣，年十五便請率騎征討，帝壯之，使領二千騎。及長統兵，號令嚴信，周旋征討，多有尅捷。建國十年卒。《北史》作「建國十五年卒」。太祖即位，追贈秦王，謚曰明。

子儀，長七尺五寸，容貌甚偉，美鬚髯，有算略，少能舞劍，騎射絶人。太祖幸賀蘭部，侍從出入。登國初，賜爵九原公。從破諸部，有謀戰功。

及太祖將圖慕容垂，遣儀觀釁。據《太祖紀》，事在登國三年。垂問儀太祖不自來之意，儀曰：「先人以來，世據北土，子孫相承，不失其舊。乃祖受晉正朔，爵稱代王，東與燕世爲兄弟。儀之奉命，理謂非失。」垂壯其對，因戲曰：「吾威加四海，卿主不自見吾，云何非失？」儀曰：「燕若不修文德，欲以兵威自强，此乃本朝將帥之事，非儀所知也。」及還，報曰：「垂死乃可圖，今則未可。」太祖作色問之。儀曰：「垂年已暮，其子寶弱而無威，謀不能決。慕容德自負才氣，非弱主之臣。釁將內起，是可計之。」太祖以爲然。後改封平原公。

太祖征衛辰，儀出別道，獲衛辰尸，傳首行宮。太祖大喜，徙封東平公。命督屯田於河北，自五原至棝陽塞外，據《太祖紀》，事在登國九年三月。分農稼，大得人心。慕容寶之寇五原，儀躡據朔方，要其還路。據《太祖紀》，在登國十年。及并州平，儀功多，遷尚書令。從圍中山。慕容德之敗也，太祖以普驎妻周氏賜儀，并其僮僕財物。尋遷都督中外諸軍事、左丞相，進封衛王。中山平，復遣儀討鄴，平之。太祖將還代都，置中山行臺，詔儀守尚書令以鎮之，遠近懷附。尋徵儀以丞相入輔。《太祖紀》：皇始元年十有一月，中山、鄴、信都三城不下，詔征東大將軍、東平公儀五萬騎南攻鄴。二年四月，以軍糧未繼，詔儀罷鄴圍，徙屯鉅鹿。五月甲寅，以儀爲驃騎大將軍、都督中外諸軍事、兗豫雍荆徐揚六州牧、左丞相，封衛王。十月丁亥，遣三萬騎赴衛王儀，將以攻鄴。天興元年正月，慕容德走保滑臺，儀克鄴，收其倉庫。詔賞將士。追德至於河，不及而還。帝慮還後山東有變，乃置行臺於中山，詔儀鎮之。三月，徵還京師。所記較《傳》爲詳。又從征高車。儀別從西北破其別部。事在天興二年正月，絶漠一千餘里，破其遺迸七部，獲二萬餘口，馬五萬匹，牛二十餘萬頭，高車二十餘萬乘，并服玩諸物。見《太祖紀》。又從討姚平，有功，賜以絹布綿牛馬羊等。儀膂力過人，弓力將十石；陳留公虔，矟大稱異。時人云：「衛王弓，桓王矟。」

世祖之初育也，太祖喜，夜召儀入。太祖曰：「卿聞夜喚，乃不怪懼乎？」儀曰：「臣推誠以事陛下，陛下明察，臣輒自安。忽奉夜詔，怪有之，《北史》作「怪則有之」。懼實無也。」太祖告以世祖生，儀起拜而歌舞，遂對飲申旦。召羣臣入，賜儀御馬、御帶、縑錦等。

先是，上谷侯岌、張袞、代郡許謙等有名于時，學博今古，初來入國，《北史》作「軍」。聞儀待士，先就儀。儀並禮之，共談當世之務，指畫山河，分别城邑，成敗要害，造次備舉。謙等歎服，相謂曰：「平原公有大才，不世之略，吾等當附其尾。」

太祖以儀器望，待之尤重，數幸其第，如家人禮。儀矜功恃寵，遂與宜都公穆崇謀爲亂，伏武士伺太祖，欲爲逆。崇子遂留在伏士中，太祖召之，將有所使。遂留聞召，恐發，踰牆告狀，太祖秘而恕之。天賜六年，天文多變，占者云「當有逆臣，伏尸流血」。太祖惡之，頗殺公卿，欲以厭當天災。儀内不自安，單騎遁走。太祖使人追執之，遂賜死，賜死在六年八月，見《太祖紀》。葬以庶人禮。儀十五子。

子纂，五歲，太祖命養於宫中。少明敏，動止有禮。太祖愛之，恩與諸皇子同。世祖踐阼，除定州刺史，封中山公，進爵爲王，《世祖紀》不載纂封中山公事，惟記即位後大赦天下，普增爵位，除禁錮，釋嫌怨。纂之受封，當在是時。至纂進爵爲王，在始平三年五月辛卯。賜步挽几以優異之。纂好酒愛佞，政以賄成，世祖殺其親嬖人。後悔過修謹，拜内大將軍。居官清約簡慎，更稱廉平。纂於宗屬最長，宗室有事，咸就諮焉。薨，謚曰簡。

纂弟良，性忠篤。太宗追録儀功，封南陽王以紹儀後。《太宗紀》良之受封在永興元年十二月戊戌，其卒在泰常元年十二月。又《紀》載泰常五年三月，南陽王意文薨。《世祖紀》又載，始光四年四月，治兵講武，分諸軍，以南陽王伏真等部攻城器械。意文殆嗣良，伏真殆嗣意文者，《傳》並失載，著之俟考。

良弟幹，機悟沉勇，善弓馬，少有父風。太宗即位，拜內將軍、都將，入備禁中。太宗出遊於白登之東北，幹以騎從。有雙鴟飛鳴於上，太宗命左右射之，莫能中。鴟旋飛稍高，幹自請射之，以二箭下雙鴟。太宗嘉之，賜御馬、弓矢、金帶一，以旌其能，軍中於是號曰「射鴟都將」。從世祖南巡，進爵新蔡公。高宗即位，拜都官尚書。卒，謚曰昭。

子禎，通解諸方之語，便騎射。世祖時，爲司衛監。從征蠕蠕，忽遇賊別部，多少不敵，禎乃就山解鞍放馬，以示有伏，賊果疑而避之。

高祖初，賜爵沛郡公。後拜南豫州刺史。太湖大字本及《北史》作「胡」。山蠻時時鈔掠，前後守牧多羈縻而已。禎乃設畫，召新蔡、襄城蠻魁三十餘人，禎盛武裝，於州西爲置酒，使之觀射。先選左右能射者二十餘人，禎自發數箭皆中，然後命左右以次而射，並中。先出一囚犯死罪者，使服軍衣，亦參射限，命射不中，禎即責而斬之。蠻魁等伏伎畏威，相視股慄。又預教左右取死囚十人，皆著蠻衣，云是鈔賊。禎乃臨坐，僞舉目瞻天，微有風動，禎謂蠻曰：「風氣少暴，似有鈔賊入境，不過十人，當在西南五十里許。」即命騎追掩，果縛送十人。禎告諸蠻曰：「爾鄉里作賊如此，合死以不？」蠻等皆叩頭曰：「合萬死。」禎即斬之。乃遣蠻還，并加慰諭。諸蠻大服，自是境無暴掠，淮南之人相率投附者三千餘家，置之城東汝水之側，名曰「歸義坊」。

初，豫州城豪胡丘生數與外交通。及禎爲刺史，丘生嘗有犯，懷恨圖爲不軌，詐以婚進城人告云：「刺史欲遷城中大家，送之向代。」共謀翻城。城人石道起以事密告禎，速掩丘生并諸預謀者。禎曰：「吾不負人，人何以叛，但丘生誑誤。若即收掩，衆必大懼。吾靜以待之，不久自當悔服。」語未訖，而城中三百人自縛詣州門，陳丘生譎誑之罪。丘生單騎逃走。禎恕而不問。

後徵爲都牧尚書。薨，贈侍中、儀同三司，謚簡公。有八子。

第五子瑞。初，瑞母尹氏，有娠致傷。後晝寢，夢一老翁具衣冠告之曰：「吾賜汝一子，汝勿憂也〔之〕。」寤而私喜。又問筮者，筮者曰：「大吉。」未幾而生瑞，禎以爲協夢，故名瑞，字天賜。位太中大夫。卒，贈太常卿。

儀弟烈，剛武有智略。元紹之逆，百寮莫敢有聲，唯烈行出外，詐附紹募執太宗。紹信之，自延秋門出，遂迎立太宗。以功進爵陰平王。《太宗紀》：永興元年十有二月，陰平公元烈進爵爲王，《傳》失記其初封。又烈以泰常五年閏月薨。薨，謚曰熹。子裘襲。《北史》「裘」作「求」。求弟道子，位下大夫。道子子洛，位羽林幢將。洛子乞，中散大夫。乞子晏，孝靜初，累遷吏部尚書，平心不撓，時論稱之。出爲瀛州刺史，在任未幾，百姓欣賴。蔣天樂之逆，見《引詔録》

送定州賜死。晏好集圖籍，家書多秘閣，諸有假借，咸不逆其意，亦以此見稱。

烈弟觚，勇略《北史》作「勇烈」。有膽氣，少與兄儀從太祖，侍衛左右。使於慕容垂，垂末年，政在羣下，遂止觚以求賂。太祖絶之。《太祖紀》：觚使垂在登國五年八月，六年七月垂止觚而求名馬，帝絶之。觚率左右數十騎，殺其衛將走歸。爲慕容寶所執，歸中山《太祖紀》：皇始二年三月，慕容寶遣使求和，請送元觚，割常山以西奉國，乞守中山以東，帝許之。已而寶背約。《傳》失書。垂待之逾厚，觚因留心學業，誦讀經書數十萬言，垂之國人咸稱重之。太祖之討中山，慕容普驎既自立，遂害觚以固衆心，太祖聞之哀慟。及平中山，發普驎柩，斬其尸，收議害觚者高霸、程同等，皆夷五族，以大刃剉殺之。乃改葬觚，追謚秦愍王，封子夔爲豫章王以紹觚。《太祖紀》夔之封在天興六年十月乙卯，其薨在太宗泰常二年十月癸丑。

常山王遵，《元昭墓誌》載曾祖兜，不作「遵」，豈遵亦名兜，或字兜耶？所叙兜歷官亦與遵不甚合。著之俟考。昭成子壽鳩之子也。少而壯勇，不拘小節。太祖初，有佐命勳，賜爵略陽公。慕容寶之敗也，別率騎七百邀其歸路，《太祖紀》在登國十年七月，惟七百騎《紀》是七萬騎。又皇始二年八月，遣遵襲中山，芟其禾菜，入郛而還。《傳》失書。由是有參合之捷。及平中山，拜尚書左僕射，加侍中，領渤海之合口。及博陵、渤海羣盜起，遵討平之。《太祖紀》遵鎮合口、平羣盜並在天興元年。又三月，代衛王儀鎮中山。遷州牧，封常山王。《太祖紀》遵進封常山王在天興元年四月壬戌。《紀》又載天興二年正月庚午，分命諸將大襲高車，命遵等三軍從東道出長川。四年十二月辛亥，詔征西大將軍、常山王遵等率衆五萬討破多蘭部帥木易于。五年二月癸丑，至安定之高平，木易于與衛辰、屈丐棄國遁走，追至隴西瓦亭，不及而還。獲其輜重庫藏，班賜將士。十有二月，蠕蠕社(崙)犯塞，詔遵追之，不及而還。《傳》於遵軍功多失書，爲補之。又多蘭部《和拔傳》作「賀蘭部」。遵好酒，《北史》作「遵好酒色」。天賜四年，坐醉亂失禮於太原公主，賜死，《太祖紀》遵賜死在天賜四年五月。葬以庶人禮。

子素，《元昭墓誌》：祖連，常山康王，不作素，而官謚均合，確爲一人。魏人名、字通用不別，殆素名而連字耶。太宗從母所生，特見親寵。少引内侍，頻歷顯官，賜爵尚安公，拜外都大官。世祖初，復襲爵。《世祖紀》：始光三年五月辛卯，南安公元素復先爵常山王，《傳》誤「南安」作「尚安」。休屠郁原等叛，素討之，斬渠率，徙千餘家於涿鹿之陽，立平原郡以處之。及平統萬，以素有威懷之略，拜假節、征西大將軍以鎮之。《世祖紀》：始光四年正月，赫連昌遣弟定率衆二萬向長安。四月，治兵講武，分諸軍，常山王素、太僕丘堆、將軍元太毗步兵三萬爲後繼。六月甲辰，昌引衆出城，大破之。昌奔上邽。辛酉，班師，留素鎮統萬。又太延五年六月，討沮渠牧犍。七月壬午，分部諸軍，命永昌王健、鉅鹿公劉潔諸軍與素二道並進。《傳》、《紀》載多漏略。後拜内都大官。高宗即位，務崇寬征，《北史》「征」作「政」。罷諸雜調。有司奏國用不足，固請復之，惟素曰：「臣聞『百姓不足，君孰與足』。」帝善而從之。詔羣臣議定皇子名，素及司徒陸麗議曰：「古帝王之制名，其體有五：有信，有義，有象，有假，有類。

伏惟陛下當盛明之運，應昌發之期，誕生皇子，宜以德命。」高宗從之。素宗屬之懿，又年老，帝每引入，訪以治國政事。固辭疾歸第。雅性方正，居官五十載，終始如一，時論賢之。薨，謚曰康，《高宗紀》素薨在和平三年九月壬辰。陪葬金陵，配饗廟庭。

長子可悉陵，年十七，從世祖獵，遇一猛虎，陵遂空手搏之以獻。世祖曰：「汝才力絶人，當爲國立事，《北史》作「立功立事」。勿如此也。」即拜内行阿干。又從平涼州。沮渠茂虔令一驍將與陵相擊，兩槊皆折。陵抽箭射之，墜馬，陵恐其救至，未及拔劍，以刀子戾其頸，使身首異處。世祖壯之，即日拜都幢將，封暨陽子。卒于中軍都將。

弟陪斤，襲爵，坐事國除。《元昭墓誌》稱昭爲征西大將軍、定州刺史、常山簡王弟三子。《傳》稱陪斤坐事國除，與《誌》不合。

陪斤子昭，《元昭墓誌》：昭字幼明。小字阿倪，尚書張彝引兼殿中郎。高祖將爲齊郡王蘭舉哀，而昭乃作宫懸。高祖大怒，詔曰：「阿倪愚駭，誰引爲郎！」於是黜彝白衣守尚書，昭遂停廢。《墓誌》：孝文皇帝即位，舉司州茂才，太和年中，遷爲主文中散殿中郎中，非其情願，聊從容自得。蓋曲諱之也。世宗時，昭從弟暉親寵用事，稍遷左丞。《墓誌》：尋除員外散騎常侍、尚書右丞，兼宗正少卿、尚書左丞。永平三年，丁太妃憂，詔以本官持節兼散騎常侍、北箱行臺。未幾，除給事黄門侍郎、司徒左長史、散騎常侍、御史中尉、平南將軍、侍中、撫軍將軍，領宗訓太僕。《傳》多失載。世宗崩，于忠執政，昭爲黄門郎，又曲事之。忠專權擅威，枉陷忠賢，多昭所指導也。靈太后臨朝，爲尚書、河南尹。聾而佷戾，理務峭急，所在患之。《墓誌》：武帝登遐，聖躬晏駕，遺勅無聞，顧命靡託。君明眸在官，張膽莅事，效等劉章，勳齊平勃，扶危定傾，安全社稷，鳴騶天府，直筆百僚。千城萬司，莫不斂手。二鮑兩傅，事絶言次，有功必録，爰發明詔，折土瀛墟，胙以山河。樂城縣公，食邑千五百户，丹書鐵券，藏之宗廟。又除度支尚書、本將軍、河南尹。時紳嫉君能，衣冠妬君美，遂萋菲交搆，收君封爵。君得之不憘，失亦無怨。案《傳》稱昭曲事于忠，忠專權擅威多昭指導，《誌》雖飾惡爲善，然亦稱其明眸張膽，凶德蓋彰彰矣。《傳》不載封爵及奪爵事，則賴《誌》知之。尋出爲雍州刺史，《墓誌》：崤函帝宅，世號國門，無德弗居，非親莫守。故詔司徒公胡國珍爲雍州刺史。珍乃言曰：臣既老矣，請避賢路，遂舉君爲散騎常侍、本將軍、雍州刺史。是昭之刺雍州，亦當緣貴戚以得之者也。在州貪虐，大爲人害。後入爲尚書，諂事劉騰，進號征西將軍。卒，贈尚書左僕射。《墓誌》：以正光三年二月廿日甲申薨，追贈散騎常侍、車騎大將軍、儀同三司、尚書左僕射、冀州刺史。納貨元叉，所以贈禮優越。

昭子玄，字彦道，以節儉知名。莊帝時，爲洛陽令。及前廢帝即位，玄上表乞葬莊帝，時議善之。後除尚書左丞。出帝即位，以孫騰爲左僕射，騰即齊獻武王心膂。仗入省，玄依法舉劾，當時咸爲玄懼，出帝重其强正，封臨淄縣子。後從帝入關。《北史》：封陳留王，位儀同三司，加開府。薨，謚曰平。

昭弟紹，字醜倫。少聰慧。遷尚書右丞。紹斷決不避强禦。世宗詔令檢趙修獄，以修佞幸，因此遂加仗罰，令其致死。帝責紹不重聞。紹曰：「修姦佞甚於董賢，臣若不因釁除之，恐陛下復被哀帝之名。」以其言正，遂不罪焉。及出，廣平王懷拜紹，賀曰：「阿翁乃皇家之正直，雖朱雲、汲黠，何以仰過。」紹曰：「但恨戮之稍晚，以爲愧耳。」卒於涼州刺史。《孝莊紀》載河陰被害諸王中有常山王邵，不知即紹之誤否。《傳》不言紹襲爵，亦不見他宗室中有封常山者，著之俟考。

陪斤弟忠，字仙德。少沉厚，以忠謹聞。高祖時，累遷右僕射，賜爵城陽公，《周書·元偉傳》：曾祖忠，尚書左僕射、城陽王。案，非太祖子孫，例降爲公，則作公者是。加侍中、鎮西將軍，有翼贊之勤，百寮咸敬之。太和四年，病篤辭退，養疾於高柳。輿駕親送都門之外，賜雜綵二百匹，羣寮侍臣執別者，莫不涕泣。及卒，皆悼惜之。謚曰宣，命有司爲立碑銘。有十七子。

子盛，字始興，襲爵，位謁者僕射。卒。《周書·元偉傳》：祖盛，通直散騎常侍、城陽公。父順，以左衛將軍從魏孝武西遷，拜中書監、雍州刺史、開府儀同三司，封濮陽王。偉在魏賜爵高陽縣伯，進南安郡王。後入周，官至襄州刺史。盛子順，《傳》失書，今補記之。又《北史》盛子懋，字伯邕，襲爵，降爲侯。從駕入關，封北平王。薨，贈尚書左僕射，謚曰貞慧。子陟，字景升，開府儀同三司。弟順，字敬叔。從孝武入關，封濮陽王，位侍中。及武帝崩，秘未發喪，諸人多舉廣平王爲嗣，順於別室垂涕謂周文曰：廣平雖親，年德並茂，不宜居大寶。周文深然之，因宣國諱，上南陽王尊號。以順爲中尉，行雍州事，又加開府儀同三司、秦州刺史。順善射，初孝武在洛，於華林園戲射，以銀酒卮容二升許，懸於百步外，命善射者十餘人共射，中者即以賜之。順發矢即中，帝大悅，并賞金帛。順仍於箭孔處鑄一銀童，足蹈金蓮，手持劖炙，遂勒背上，序其射工。子偉，字大猷，有清才，大統十六年封南安郡王。及尉遲迥代蜀，以偉爲司録，書檄文言皆偉所爲。

盛弟壽興，壽興名景，見下自爲《墓誌》。景之從兄弟曰昭、曰暉，故知景爲名而壽興爲字也。義州有元景《爲孝文造石窟碑》，稱太和廿三年，平東將軍、營州刺史元景上爲皇帝造石窟一區。殆同名而非一人也。少聰慧好學。世宗初，爲徐州刺史，在官貪虐，失於人心。其從兄侍中暉，深害其能，因譖之於帝，詔尚書崔亮馳驛檢覈。亮發日，授暉旨，遂鞭撻三寡婦，令其自誣，稱壽興壓己爲婢。壽興終恐不免，乃令其外弟中兵參軍薛修義將車十乘，運小麥經其禁之旁。壽興因踰墻出。修義以大木函盛壽興，其上加麥，載之而出。遂至河東，匿修義家。逢赦，乃出見世宗，自陳爲暉所譖，世宗亦更無所責。

初，壽興爲中庶子時，王顯在東宫，賤，因公事，壽興杖之三十。《北史》作「四十」。及顯有寵，爲御史中尉，奏壽興在家每有怨言，誹謗朝廷。因帝極飲無所覺悟，遂奏其事，令帝注可，直付壽興賜死。帝書半不成字，當時見者亦知非本心，但懼暉等威，不敢申拔。及行刑日，顯自往看之。壽興命筆自作《墓誌銘》曰：「洛陽男子，姓元名景，有道無時，其年不永。」餘文多不載。顧謂其子曰：「我棺中可著百張紙，筆兩枚，吾欲訟顯於地下。若高祖之靈有知，百日内必取顯，如遂無知，亦何足戀。」及世宗崩，顯尋被殺。壽興之死，時論亦以爲前任中尉彈高闕讒諷所致。靈太后臨朝，三公郎中崔鴻上疏理壽興，詔追雪，贈豫州刺史，謚曰莊。《北史》：子最，字幹。從孝武入關，封洛平王，位侍中兼尚書左僕射、加特進。元槧本「洛平」作「樂平」。

壽興弟益生，少亡。《北史》：子毗，字休弼。武帝之在藩邸，少親之。及即位，出必陪乘，入於卧内。及帝與齊神武有隙，時議者各有異同，或勸天子入夷，或言與齊神武決戰，或云奔梁，惟毗數人以關中帝王桑梓，殷勤叩頭請西入。策功論賞，毗與領軍斛斯椿等十三人爲首，封魏郡王。時王者邑止一千户，唯毗邑一千五百。齊神武宣告關東云：將天子西入，事起元毗，雖百赦不在原限。薨謚曰景。子緈。

忠弟德，封河間公。卒於鎮南將軍，贈曹州刺史。《北史》：德弟贊，頗有名譽，好陳軍國事宜。初置司州，以贊爲刺史，賜爵上谷侯。孝文戒贊化畿甸，可宣孝道，必令風教洽和，文禮大備。自今有不孝不悌者，比其門標，以刻其柱。又詔曰：司州刺史，官尊位重，職總京畿，選屬懿親，以允具瞻之望。但諸王年少，未閑政體，故以授贊。庶能助暉道化。今司州始立，郡縣初置，公卿以下皆有本屬，可人率子弟，用相展敬，於是賜名曰贊。詔贊乘步挽入殿門，加太子少師，遷左僕射。孝文將謀遷洛，諸公多異同，唯贊贊成大策。帝每歲南伐，執手寄以後事。卒，贈衛將軍，僕射如故。後以留守贊輔之功，進封晉陽縣伯。贊弟淑，字買仁。彎弓三百斤，善騎射。孝文時，爲河東太守。河東俗多商賈，罕事農桑，人至有年三十不識耒耜。淑下車勸課，躬往教示，二年間，家給人足。爲之謡曰：「秦州河東，杼柚代春，元公至止，田疇始理。」卒於平城鎮將，謚曰静。有七子。季海，字元泉，兄弟中最有名譽，位洛州刺史。季海妻司空李沖之女，莊帝從母也，賜爵唐郡君。政在尒朱，禍難方始，勸季海爲外官，以避纖介。及孝莊之難，季海果以在藩得免。從孝武入關，封馮翊王，位中書令、雍州刺史，遷司空，病薨，謚曰穆。子亨，字德良，一名孝才。遇周齊分隔，時年數歲，與母李氏在洛陽，齊神武以亨父在關中，禁固之。其母遂稱凍餒，得就食湯陰，託大豪李長壽携亨及孤姪數人得至長安，周文以功臣子，甚禮之。大統末，襲爵馮翊王，累遷勳州刺史，改封平涼王。

德子悝，潁川太守。卒於光州刺史，謚曰恭。

子嶷，字子仲。《前廢帝紀》：普泰元年二月，河北大使高乾邕及弟敖曹率衆夜襲冀州，執刺史元嶷。《後廢帝紀》：中興元年，以前刺史元嶷爲儀同三司。《出帝紀》：太昌元年七月，夏州徙民郭遷據宥州反，刺史元嶷棄城走。詔行臺侯景率齊州刺史尉景、濟州刺史蔡儁攻討之。城陷，遷奔蕭衍。《傳》有闕文，嶷棄宥州事正在闕文中。嶷爲冀州刺史及儀同三司，則《傳》所不載。凝字子仲，《北齊書・高乾傳》作「元仲」。郭遷，《北齊書・蔡儁傳》作「胡遷」。出帝初，授兗州刺史。于時城人王奉伯等相扇謀逆。棄城出走，懸門發斷凝要闕而出。詔齊州刺史尉景、本州刺史蔡儁各部在州士往討之，凝返，復任。封濮陽縣伯。孝静時，轉尚書令，攝選部。凝雖居重任，隨時而已。薨於瀛州刺史，贈司徒公，謚曰靖懿。

忠子暉，《北史》作「悝弟暉」。字景襲。少沉敏，頗涉文史。世宗即位，拜尚書主客郎。巡省風俗，還，奏事稱旨，爲給事黄門侍郎。

初，高祖遷洛，而在位舊貴皆難於移徙，時欲和合衆情，遂許冬則居南，夏便居北。世宗頗惑左右之言，外人遂有還北之問，至乃牓賣田宅，不安其居。暉乃請間言事。世宗曰：「先皇遷都之日，本期冬南夏北，朕欲聿遵成詔，故有外人之論。」暉曰：「先皇移都，爲百姓戀土，故發冬夏二居之詔，權寧物意耳。乃是當時之言，實非先皇深意。且比來遷人安居歲久，公私計立，無復還情。陛下終高祖定鼎之業，勿信邪臣不然之説。」世宗從之。

再遷侍中，領右衛將軍，雖無補益，深被親寵。凡在禁中要密之事，暉别奉旨藏之於櫝，唯暉入乃開，其餘侍中、黄門莫有知者。侍中盧昶亦蒙恩眄，《北史》作「昞」。故時人號曰「餓虎將軍，飢鷹侍中」。

遷吏部尚書，納貨用官，皆有定價，大郡二千匹，次郡一千匹，下郡五百匹，其餘官職各有差，天下號曰「市曹」。出爲冀州刺史，《北史》作「萬州」，殆「冀」之譌。下州之日，連車載物，發信都至湯陰間，首尾相繼，道路不斷。其車少脂角，即於道上所逢之牛生截取角，以充其用。暉撿括丁户，聽其歸首，出調絹五萬匹。然聚斂無極，百姓患之。

肅宗初，徵拜尚書左僕射，詔攝吏部選事。上疏曰：「臣聞治人之本，寔委牧守之官。得其才則政平物理，失其人則訟興怨結。自非察訪善惡，明加貶賞，將何以黜彼貪怠，陟此清勤也。竊以大使巡省，必廣迎送之費；御史馳糾，頗回威濫之刑。且暫爾往還，理不委悉，縱有簡舉，良未平當。愚謂宜令三司、八座侍中、黄門，各布耳目，外訪州鎮牧將治人，守令能不。若德教有方，清白獨著，宜以名聞，即加褒陟。若治績無效，貪暴遠聞，亦便示牒，登加貶退。如此則不出庭户，坐知四方端委，垂拱明賞審罰矣。」又表以「御史之職，鷹鸇是任，必逞爪牙，有所噬搏。若選後生年少、血氣方剛者，恐其輕肆勁直，傷物處廣。愚謂宜簡宿官經事、忠良平慎者爲之」。詔付外，依此施行。

後詔暉與任城王澄、京兆王愉、東平王匡共決門下大事。暉又上書論政要：「其一曰：御史之職，務使得賢，必得其人，不拘階秩，久於其事，責其成功。其二曰：安人寧邊，觀時而動，頃來邊將，亡遠大之略，貪萬一之功，楚梁之好未聞，而蠶婦之怨屢結，斯乃庸人所爲，鋭於姦利之所致也。平吴之計，自有良圖，不在於一城一戍也。又河北數州，國之基本，飢荒多年，户口流散。方今境上兵復徵發，即如此日，何易舉動。愚謂數年以來，唯宜静邊以恩《北史》作「息」。召役，安人勸農，惠此中夏。請嚴勑邊將，自今有賊戍求内附者，不聽輒遣援接，皆須表聞，違者雖有功，請以違詔書論。三曰：國之資儲，唯藉河北。飢饉積年，户口逃散，生長姦詐，因生隱藏，出縮老小，妄注死失。收人租調，割入於己。人困於下，官損於上。自非更立權制，善加檢括，損耗之來，方在未已。請求其議，明宣條格。」帝納之。

暉頗愛文學，招集儒士崔鴻等撰録百家要事，以類相從，名爲《科録》，凡二百七十卷，上起伏羲，迄於晉、宋，凡十四代。暉疾篤，表上之。神龜元年卒，賜東園秘器，贈使持節、都督中外諸軍事、司空公，謚曰文憲。將葬，給羽葆、班劍、鼓吹二十人，羽林百二十人。《北史》：暉子弼，字宗輔。性和厚，美容儀，以莊帝舅子壻，特封廣川縣子。天平初，累遷尚書令。弼妹爲孝武所納，以親情見委，禮遇特隆，歷中書監、録尚書事，位特進。京師弼弟子士將。

陳留王虔，昭成子紇根之子也。少以壯勇知名。登國初，賜爵陳留公。與衛王儀破黜弗部，從攻衛辰。慕容寶來寇，虔絶其左翼。寶敗，垂恚憤來桑乾。虔勇而輕敵，於陳戰没。《太祖紀》：登國四年五月，陳留公元虔使於慕容垂。六年三月，遣九原公元儀、陳留公元虔等西討黜弗部，大破之。八年五月，慕容垂討慕容永於長子。六月，永來告急，遣虔與庾岳率騎五萬東度河救之，因屯秀容，垂遂圍長子。十年七月，垂遣子寶來寇五原。八月，帝親治兵，是時虔五萬騎在東，絶其左，元儀在河北承其後，元遵塞其中山之路。十月，寶燒船夜遁。皇始元年三月，慕容垂來寇桑乾川。虔先鎮平城，時徵兵未集，虔率麾下邀擊，失利死之。《傳》多漏略。

虔姿貌魁傑，武力絶倫。每以常矟細短，大作之猶患其輕，復綴鈴於刃下。其弓力倍加常人，以其殊異於世，代京武庫常存而志之。虔常臨陣，以矟刺人，遂貫而高舉。又嘗以一手頓矟於地，馳馬僞退，敵人争取，引不能出，虔引弓射之，一箭殺二三人，摇矟之徒亡魂而散，徐乃令人取矟而去。每從征討，常先登陷(陳)〔陣〕，勇冠當時，敵無衆寡，莫敢抗其前者。及薨，舉國悲歎，爲之流涕。太祖追惜，傷慟者數焉。追謚陳留桓王，配饗廟庭，封其子悦爲朱提王。《太祖紀》：天興六年十月乙卯，封陳留王子悦爲朱提王。

悦外和内佷。太祖常以桓王死王事，特加親寵。爲左將軍，襲封。後爲宗師。悦恃寵驕矜，每謂所親王洛生之徒言曰：「一旦宫車晏駕，吾止避衛公，除此誰在吾前？」衛王儀，美鬚，爲内外所重，悦故云。初，姚興之贖狄伯支，悦送之，路由鴈門，悦因背誘姦豪，以取其意。後遇事譴，逃亡，投鴈門，規收豪傑，欲爲不軌，爲土人執送，太祖恕而不罪。太宗即位，引悦入侍，仍懷姦計，説帝云：「京師雜人不可保信，宜誅其非類者。又鴈門人多詐，并可誅之。」欲以雪其私忿。太宗不從。悦内自疑懼，懷刀入侍，謀爲大逆。叔孫俊疑之，竊視其懷有刀，執而賜死。《太宗紀》：永興元年閏十月丁亥，朱提王悅謀反，賜死。

弟崇，世祖詔令襲桓王爵。崇性沉厚。初，衛王死後，太祖欲敦宗親之義，詔引諸王子弟入宴。常山王素等三十餘人咸謂與衛王相坐，疑懼，皆出逃遁，將奔蠕蠕，唯崇獨至。太祖見之甚悅，厚加禮賜，遂寵敬之，素等於是亦安。久之，拜并州刺史，有政績。從征蠕蠕，別督諸軍出大澤，越涿邪山，威懾漠北。薨，謚曰景王。

子建，襲，降爵爲公。位鎮北將軍、懷荒鎮大將。卒。《北史》：建弟嫡子祚，字龍壽。宣武校藝，每於歲暮詔令教習講武。初，建以子罪失爵，祚欲求本封。有司奏，聽祚襲公爵，其王爵不輕，共求更議。詔從之。卒於河州刺史。節閔時贈侍中、尚書僕射。案，建弟史失其名，姑附此。又《傳》不載建因子罪失爵事，賴此補之。

建子琛，位恒、朔《北史》作「恒、肆」。二州刺史。

琛子翌，尚書左僕射。《北史》：翌子暉，字叔平，義寧公。

虔兄顗，性嚴重少言，太祖常敬之。雅有謀策，從平中山，以功賜爵蒲城侯、平盧太守，特見寵厚，給鼓吹羽儀，禮同岳牧。莅政以威信著稱。居官七年，乃以元易干代顗爲郡。時易干子萬言得寵於太祖，易干恃其子，輕忽於顗，不告其狀，輕騎卒至，排顗墜牀而據顗坐。顗不知代己，謂以罪見捕，既而知之，耻其侮慢，謂易干曰：「我更滿被代，常也；汝無禮見辱，豈可容哉！」遂搏而殺之，以狀具聞。太祖壯之。萬言累以訴請，乃詔顗輸贖。顗乃自請罪，太祖赦之，復免其贖。病卒。

子崘，世祖時襲父爵，以功除統萬鎮將。後從永昌王仁南征，別出汝陰。濟淮，劉義隆將劉康祖屯於慰武亭以邀軍路，師人患之。崘曰：「今大風既勁，若令推草車方軌並進，乘風縱煙火，以精兵自後乘之，破之必矣。」從之。斬康祖，傳首行宮。高宗即位，除秦州刺史，進爵隴西公。卒，謚定公。子琛襲爵。《高祖紀》：太和三年十有一月癸丑，進假梁郡公元嘉爵爲假王，督二將出淮陰；隴西公元琛三將出廣陵；河東公薛虎子三將出壽春。四年正月，琛等攻尅蕭道成馬頭戍。八年春正月，詔隴西公元琛、尚書陸叡爲東西二道大使，褒善罰惡，《傳》均失書。

毗陵王順，昭成子地干之子也。性疏佷。登國初，賜爵南安公。及太祖討中山，留順守京師。柏肆之敗，軍人有亡歸者，言大軍奔散，不知太祖所在。順聞之，欲自立，納莫題諫，乃止。時賀力眷等聚衆作亂於陰館，順討之不尅，《太祖紀》：皇始二年二月，賀蘭部帥附力眷、紇突鄰部帥匿物尼、紇奚部帥叱奴根聚黨反於陰館，南安公順討之，不克，死者數千。詔庾岳總萬騎，還討叱奴根等，滅之。《庾業延傳》同。《傳》誤附力眷爲賀力眷。乃從留宮自白登南入繁時故城，阻灅水爲固，以寧人心。太祖善之，進封爲王，《太祖紀》：順進封在天興元年四月壬戌。又《長孫肥傳》：姚平之寇平陽，遣肥與毗陵王順等六萬騎爲前鋒。《姚興傳》：天興五年夏，興遣其弟平率衆四萬侵平陽，陷乾壁。六月，太祖遣毗陵王順等三軍六萬騎爲先鋒。七月，車駕親征。平退守柴壁。太祖圍之，興悉舉其衆救平，太祖詔毗陵王順以精騎衝擊，獲興甲騎數百，斬首千餘級。興退南走四十餘里，太祖引還。《太祖紀》同。《傳》失書。位司隸校尉。太祖好黃老，數召諸王及朝臣親爲説之，在坐莫不祇肅，順獨坐寐欠伸，不顧而唾。太祖怒，廢之。以王薨於家。《太祖紀》：天興六年秋七月，鎮西大將軍、司隸校尉、毗陵王順有罪，以王還第。

遼西公意烈，昭成子力真之子也。先没於慕容垂，太祖征中山，棄妻子迎於井陘。及平中原，有戰獲勳，賜爵遼西公，除廣平太守。時和跋爲鄴行臺，意烈性雄耿，自以帝屬，耻居跋下，遂陰結徒黨，將襲鄴，發覺賜死。《太祖紀》：天興元年四月壬戌，廣平太守、遼西公元意烈謀反於郡，賜死，原其妻子。

子拔干，博知古今。父雖有罪，太祖以拔干宗親，委之心腹。有計略，屢效忠勤。太宗踐阼，除渤海太守，吏人樂之。賜爵武遂子。轉平原鎮將，得將士心。卒，謚曰靈公。

子受洛，襲，進爵武邑公。卒。

子叱奴，武川鎮將。

叱奴子洪超，頗有學涉。大乘賊亂之後，詔洪超持節兼黃門侍郎綏慰冀部。還，上言：「冀土寬廣，界去州六七百里，負海險遠，宜分置一州，鎮遏海曲。」朝議從之，後遂立滄州。卒於北軍將、光禄大夫。

意烈弟勃，善射御，以勳賜爵彭城公。卒，陪葬金陵。

長子粟，襲。世祖時，督諸軍屯漠南。蠕蠕闕表聞。粟亮直，善馭衆，撫恤將士，必與之同勞逸。征和龍，以功進封爲王。《世祖紀》：延和三年閏月己卯，彭城公粟進爵爲王。案，《傳》作「粟」，疑作「栗」者是。薨，陪葬金陵。

粟弟渾，少善弓馬，世祖嘉之。會有諸方使，命渾射獸三頭，發皆中之，舉坐咸以爲善。及爲宰官尚書，頗以驕縱爲失，坐事免。徙長社，爲人所害。

子庫汗，爲羽林中郎將。從北巡，有兔起乘輿前，命庫汗射之，應弦而斃。世祖悦，賜一金兔以旌其能。高宗起恭宗廟，賜爵陽豐侯。顯祖即位，復造高宗廟，拜殿中給事，進爵爲公。庫汗明於斷決，每奉使察行州鎮，折獄以情，所歷皆稱之。秦州父老詣闕乞庫汗爲刺史者，前後千餘人，朝廷許之。未及遣，遇病卒。

子古辰襲。

昭成子窟咄。昭成崩後，苻洛以其年長，逼徙長安，苻堅禮之，教以書學。因亂隨慕容永東遷，永以爲新興太守。

劉顯之敗，遣弟亢遲等迎窟咄，遂逼南界，於是諸部騷動。太祖左右于桓等謀應之，同謀人單烏干以告。太祖慮駭人心，沉吟未發。後三日，桓以謀白其舅穆崇，崇又告之。太祖乃誅桓等五人，餘莫題等七姓，悉原不問。太祖慮内難，乃北踰陰山，幸賀蘭部，遣安同及長孫賀《北史》作「長孫漢」。徵兵於慕容垂。賀《北史》作「賀曼」。亡奔窟咄，安同間行遂達中山。慕容垂遣子賀驎步騎六千以隨之。安同與垂使人蘭紇俱還，達牛川，窟咄兄子意烈捍之。安同乃隱藏於商賈囊中，至暮乃入空井，得免，仍奔賀驎。軍既不至，而稍前逼賀染干。染干陰懷異端，乃爲窟咄來侵北部。人皆驚駭，莫有固志。於是北部大人叔孫普洛節及諸烏丸亡奔衛辰。賀驎聞之，遽遣安同、朱譚等來。既知賀驎軍近，衆乃小定。

太祖自弩山幸牛川。窟咄進屯高柳。太祖復使安同詣賀驎，因尅會期。安同還，太祖踰參合，出代北與賀驎會於高柳。窟咄困迫，望旗奔走，遂爲衛辰殺之，帝悉收其衆。賀驎別帝，歸於中山。

魏收書《昭成子孫列傳》亡。

魏書宗室傳注卷三

道武七王列傳第四　魏書十六

清河王　陽平王　河南王
河間王　長樂王　廣平王
京兆王

道武皇帝十男。宣穆劉皇后生明元皇帝，賀夫人生清河王紹，大王夫人生陽平王熙，王夫人生河南王曜。河間王修、長樂王處文，二王母氏闕。段夫人生廣平王連、京兆王黎。皇子渾及聰《太祖紀》：聰以天興二年二月壬寅薨。母氏並闕，皆早薨，無後。「後」當作「傳」。

清河王紹，《北史》：字受洛拔。天興六年封。《太祖紀》：天興六年十月乙卯，立皇子紹爲清河王，加征南大將軍。

兇狠險悖，不遵教訓。好輕遊里巷，劫剥行人，斫射犬豕，以爲戲樂。太祖嘗怒之，倒懸井中，垂死乃出。太宗常以義方責之，遂與不協，恒懼其爲變。而紹母夫人賀氏有譴，太祖幽之於宫，將殺之。會日暮，未決。賀氏密告紹曰：「汝將何以救吾？」紹乃夜與帳下及宦者數人，踰宫犯禁。左右侍御呼曰：「賊至！」太祖驚起，求弓刀不獲，遂暴崩。明日，宫門至日中不開，紹稱詔召百寮於西宫端門前北面而立，紹從門扇間謂羣臣曰：「我有父，亦有兄，公卿欲從誰也？」王公已下皆驚愕失色，莫有對者。良久，南平公長孫嵩曰：「從王。」羣臣乃知宫車晏駕，而不審登遐之狀，唯陰平公元烈哭泣而去。於是朝野兇兇，人懷異志。肥如侯賀護舉烽於安陽城北，故賀蘭部人皆往赴之，其餘舊部亦率子弟招集族《北史》作「故」。人，往往相聚。紹聞人情不安，乃出布帛班賜王公以下，上者數百匹，下者十四。

先是，太宗在外，聞變乃還，潛于山中，使人夜告北新侯安同，衆皆響應。太宗至城西，衛士執送紹。於是賜紹母子死，誅帳下閹官、宫人爲内應者十數人，其先犯乘輿者，羣臣於城南都街生臠割而食之。紹時年十六。紹母即獻明皇后妹也，美而麗。初太祖如賀蘭部，見而悦之，告獻明后，請納焉，后曰：「不可，此過美不善，且已有夫。」太祖密令人殺其夫而納之，生紹，終致大逆焉。

陽平王熙，天興六年封。《太祖紀》：熙受封在天興六年十月乙卯。聰達有雅操，爲宗屬所欽重。太宗治兵於東部，詔熙督十二軍校閲，甚得軍儀，太宗嘉之，賞賜隆厚。《太宗紀》：校閲事在永興五年正月庚寅。後討西部越勤，有功。泰常六年薨。《太宗紀》：熙薨在泰常六年三月甲子。時年二十三。太宗哀慟不已，賜温明秘器，禮物備焉。熙有七子。

長子他，襲爵。《元顯墓誌》：祖大汗，司徒、淮南静王。大汗殆是他字。身長八尺，美姿貌，性謹厚，武藝過人。從世祖討山胡白龍於西河，屠其城，别破餘黨，斬首數千級。改封臨淮王，拜鎮東將軍。尋改封淮南王，除使持節、都督豫洛河南諸軍事、鎮南大將軍、開府儀同三司，鎮虎牢。威名甚著。後與武昌王提率并州諸軍討吐京叛胡曹僕渾於河西，平之。《世祖紀》平吐京胡事在太平真君八年春。拜使持節、前鋒大將軍、都督諸軍事，北討蠕蠕，破之，運軍儲於比干城。劉義隆遣將寇邊，他從征於懸瓠，破之。拜使持節、都督雍秦二州諸軍事、鎮西大將軍、開府儀同三司、雍州刺史，鎮長安。綏撫秦土，得民夷之心。時義隆寇南鄙，以他威信素著，復爲虎牢鎮都大將。高宗時，轉使持節、都督涼州諸軍事、鎮西大將軍，《顯祖紀》：他鎮涼州在和平六年五月壬子，蓋在顯祖即位後，不當云高宗時矣。儀同如故。高祖初，入爲中都大官，拜侍中，轉征西大將軍，遷司徒。《高祖紀》：他遷司徒在太和九年十二月乙卯。賜安車几杖，入朝不趨。太和十二年薨，年七十三。時高祖有事宗廟，始薦，聞薨，爲之廢祭。輿駕視臨，哀慟，詔有司監護喪事，禮賵有加。追贈平東大將軍、定州牧，司徒如故。謚曰靖王。他三子。

世子吐萬，早卒，贈冠軍、并州刺史、晉陽順侯。《元顯墓誌》：父萬，并州刺史、淮南王，與《傳》作「晉陽順侯」不合。

子顯，襲祖爵。薨，謚曰僖王。《元顯墓誌》：出身散騎常侍在通直，尋轉散騎常侍。太和二十四年薨，年四十四。詔贈使持節、都督梁州諸軍事、安西將軍、梁州刺史，散騎常侍、王如故，謚曰僖。

子世遵，襲。世宗時，拜前軍將軍、行幽州事、兼西中郎將，又行青州事。尋遷驍騎將軍。出爲征虜將軍、幽州刺史。世遵性清和，推誠化導，百姓樂之。肅宗時，以本將軍爲荆州刺史。尋加前將軍。初在漢陽，復有聲迹，《北史》：在邊境，前代以來，互相抄掠。世遵到州，不聽侵擾。其弟均，時在荆州，爲朝陽戍主。有南戍主妻，三月三日遊戲沔水側，均輒遣部曲掠取。世遵聞之，責均。遂移還本戍。吴人感荷。後頗行貨賄，散費邊儲，由是聲望有損。沔南蠻首及襄陽民望入密信引世遵，請以襄陽内附。世遵表求赴應，朝議從之，詔加世遵持節、都督荆州及沔南諸軍事、平南將軍，加散騎常侍，餘如故。遣洛州刺史伊瓫生、冠軍將軍魯陽太守崔模爲别將，率步騎二萬受世遵節度。軍至漢水，模等皆疑不渡。世遵怒，臨之以兵，模乃濟。而内應者謀泄，爲蕭衍雍州刺史所殺，築門以自固。模焚襄陽邑郭，燒殺數萬口。會是夜大風雨雪，模等班師，士卒凍死十二三。世遵及瓫生、模並坐免官。後除散騎常侍、平北將軍、定州刺史，百姓安之。孝昌元年，薨於州，贈散騎常侍、征西將軍、雍州刺史，謚曰康王。

子敬先，襲。歷諫議大夫、散騎常侍，領主衣都統。元顥入洛，莊帝北巡。敬先與叔父均等於河梁起義，爲顥所害。追贈侍中、車騎大將軍、太尉公、定州刺史。

子宣洪，襲。歷諫議大夫、光禄少卿。武定中，與元瑾謀反，誅，國除。

世遵弟均，字世平。累遷通直常侍、征虜將軍。以河梁立義之功，封安康縣開國伯，食邑五百户，除散騎常侍、平東將軍。卒，贈使持節、征東將軍、青州刺史。出帝時，復贈驃騎大將軍、儀同三司、冀州刺史。《元均墓誌》：年未弱冠，除員外散騎侍郎，令爲關右大使。黜惡旌善，睿發皇華。還，拜員外散騎常侍、寧朔將軍，尋轉冠軍將軍。屬羣飛在運，横流將及，天子旰食不怡，夙興有念，乃以公爲關中大都督。公受脤出郊，威信兼著，故欃槍所指，妖氛自息。莊帝欽咨茂績，乃除征虜將軍、通直散騎常侍。天未悔禍，釁鍾王室。元顥肆逆，敢拚神器。公志踰子房，義等包胥。投袂而起，有懷匡復，乃繕甲河梁，迎返鸞輿。至是論功封安康縣開國伯，食邑五百户，尋加散騎常侍、安東將軍。以永安二年六月二十一日，春秋五十二薨。詔贈使持節、都督冀滄幽三州諸軍事、驃騎大將軍、儀同三司、冀州刺史，謚曰孝武。均六子。《墓誌》：夫人京兆杜氏，凡所誕育七男六女。

長子忻之，性粗武，幼有氣力。釋褐定州平北府中兵參軍，稍遷尚書右中兵郎。以河渚起義之勳，賜爵東阿侯。初，孝莊之圖尒朱榮、元天穆也，忻之密啓，臨事之日，乞得侍立，手斬二人。及榮之死，百寮入賀，忻之獨蒙勞問。莊帝崩於晉陽，忻之内懼。及齊獻武王起義河北，忻之奔赴。後廢帝時，除散騎常侍、大丞相右長史。出帝初，襲先封安康縣開國伯，除撫軍將軍、北徐州刺史。便道之州，屬樊子鵠據瑕丘反，遂於中途遇害。以死王事，追贈使持節、都督定殷二州諸軍事、驃騎大將軍、司空公、定州刺史，謚曰文貞。

忻之弟慶鸞，武定末，司徒諮議參軍。

慶鸞弟慶哲，終於司農少卿，贈中軍將軍、濟州刺史。

均弟禹，容貌魁偉。起家司空參軍，轉符璽郎、太常丞、鎮遠將軍、東海太守帶峒峿戍主。禹頗好内學，每云晉地有福，孝昌末遂詣尒朱榮。建義元年，與榮同入洛。除中軍將軍、金紫光禄大夫，封鄄城縣開國伯，邑五百户，爲并州東面大都督，鎮樂平。榮死之後，爲土民王惡氈起義殺之。後贈征西將軍、雍州刺史。

子長淵，襲。武定中，南青州長史。齊受禪，爵例降。

禹弟菩薩，給事中。卒，贈濟南太守。

吐萬弟鍾葵，早卒。《梁書·元法僧傳》：父鍾葵，江陽王。此云早卒無爵，著之俟考。長子法壽，侍御中散，累遷中散大夫。出除龍驤將軍、安州刺史。法壽先令所親微服入境，觀察風俗，下車便大行賞罰，於是境内肅然。更滿還朝，吏人詣闕訴乞，肅宗嘉之，詔復州任。後徵爲太中大夫，加左將軍，遷平東將軍、光禄大夫。建義初，於河陰遇害，贈車騎將軍、相州刺史。

子慶始，大司農丞。與父同時見害。贈前將軍、廣州刺史。

慶始弟慶遵，武定末，瀛州騎府司馬。

慶遵弟慶智，美容貌，有几案才。著作佐郎、司徒中兵參軍。卒於太尉主簿。《北史》：性貪鄙，爲太尉主簿，事無大小，得物然後判，或十數錢，或二十錢，得便取之，府中號爲「十錢主簿」。

法壽弟法僧，自太尉行參軍稍轉通直郎，寧遠將軍，司徒、司馬掾，龍驤將軍，益州刺史。素無治幹，加以貪虐，殺戮自任，威怒無恒。王賈諸姓，州內人士，法僧皆召爲卒伍，無所假縱。於是合境皆反，招引外寇。蕭衍遣將張齊率衆攻逼，城門晝閉，行旅不通。法僧上表曰：「臣忝守遐方，變生慮表，賊衆侜張，所在彊盛。統內城戍悉已陷没，近州之民亦皆擾叛。唯獨州治僅存而已，亡滅之期，非旦則夕。臣自思忖，必是死人，但恐不得謝罪闕庭，既忝宗枝，累辱不淺。若死爲鬼，永曠天顔，九泉之下，實深重恨。今募使間行，偷路奔告，若臺軍速至，猶希全保。哭送使者，不知所言。」肅宗詔曰：「比勑傅豎眼倍道兼行，而猶未達，可更遣尚書郎堪幹者一人，馳驛催遣，庶令拔彼倒懸，救兹危急。」豎眼頻破張齊，於是獲全。徵拜光禄大夫，出爲平東將軍、兖州刺史，轉安東將軍、徐州刺史。《北史》：法僧本附元乂，以驕恣恐禍及己，將謀爲逆。時領主書兼舍人張文伯奉使徐州，法僧謂曰：「我欲與卿去危就安，能從我否？」文伯曰：「安能棄孝義而從叛逆也。」法僧將殺之，文伯駡曰：「僕寧死見文陵松柏，不能生作背國之虜。」法僧殺之。孝昌元年，法僧殺行臺高謨，《肅宗紀》及《北史》均作「殺行臺高諒」。反於彭城，自稱尊號，號年天啓。大軍致討，法僧攜諸子，擁掠城内及文武，南奔蕭衍。《肅宗紀》：法僧遣其子景仲歸蕭衍。《梁書·元法僧傳》二子景隆、景仲，事實見《梁書》。

鍾葵弟篤，字阿成。太子右率、北中郎將、撫冥鎮將、光禄卿。出除平北將軍、幽州刺史。卒，謚曰貞。

長子浩，字洪達。太尉長史。

他弟渾，繼叔父廣平王連。

渾弟比陵，太延五年爲司空，賜爵牂牁公。除安遠將軍、懷荒鎮大將，卒。

子天琚，襲。高祖時征虜將軍、青州刺史。從駕南征，拜後將軍，尋降公爲侯，除西中郎將。世祖時，征虜將軍、夏州刺史。卒，贈本將軍、濟州刺史。子延伯襲。卒。

河南王曜，天興六年封。《太祖紀》：曜受封在是年十月乙卯。五歲嘗射雀於太祖前，中之，太祖驚歎焉。及長，武藝絶人。與陽平王熙等並督諸軍講武，衆咸服其勇。泰常七年薨，時年二十二。有七子。

長子提，驍烈有父風。世祖時，襲爵，改封潁川王。迎昭儀于塞北，時年十六，有夙成之量，殊域敬焉。後改封武昌。《世祖紀》：提改封在太延二年閏月乙丑。拜使持節、鎮東大將軍、世祖太平真君八年，《紀》作

「征東將軍」。平原鎮都大將。在任十年，大著威名。後與淮南王他討平吐京叛胡，《世祖紀》事在太平真君八年春。遷使持節、車騎大將軍、統萬鎮都大將，賜馬百匹，羊千口，甚見寵待。太安元年薨，《高宗紀》：提以是年二月癸未薨。年四十七，謚曰成王。

長子平原，襲爵。忠果有智略。顯祖時，蠕蠕犯塞，從駕擊之，平原戰功居多。拜假節、都督齊兗二州諸軍事、鎮南將軍、齊州刺史，善於懷撫，邊民歸附者千有餘家。

高祖時，妖賊司馬小君自稱晉後，聚黨三千餘人，屯聚平陵，號年聖君，攻破郡縣，殺害長吏。平原身自討擊，殺七人，擒小君，送京師斬之。《高祖紀》事在延興元年十一月。又有妖人劉舉，自稱天子，扇惑百姓。復討斬之。《高祖紀》事在延興三年。時歲穀不登，齊民飢饉，平原以私米三千餘斛爲粥，以全民命。北州戍卒一千餘人，還者皆給路糧。百姓咸稱詠之。州民韓凝之等千餘人，詣闕頌之，高祖覽而嘉歎。

及還京師，每歲率諸軍屯於漠南，以備蠕蠕。遷都督雍秦梁益四州諸軍事、征南大將軍、開府、雍州刺史，鎮長安。太和十一年薨，贈以本官，加羽葆、鼓吹，謚曰簡王。有五子，長子和爲沙門，捨其子顯，以爵讓其次弟鑒。《北史》：初，和聘乙氏公主爲妃，生子顯，薄之，以公主故，不得遣出。因忿，遂自落髮爲沙門。既不幸其母，乃捨顯，以爵讓〔其次〕弟鑒。鑒固辭，詔許鑒身終之後，令顯襲爵，鑒乃受之。

鑒，字紹達。少有父風，頗覽書傳。沉重少言，寬和好士。拜通直散騎常侍，尋加冠軍將軍，守河南尹。車駕南伐，以鑒爲平南將軍，還，除左衛將軍，出爲征虜將軍、齊州刺史。時革變之始，百度惟新，鑒上書，上遵高祖之旨，下采齊之舊風，軌制粲然，皆合規矩。高祖覽其所上，嗟美者久之，顧謂侍臣曰：「諸州刺史皆能如此，變風易俗更有何難。」下詔褒美，班之天下，一如鑒所上。齊人愛詠，咸曰耳目更新。高祖崩後，和罷沙門歸俗，棄其妻子，納一寡婦曹氏爲妻。曹氏年齒已長，攜男女五人隨鑒至歷城，干亂政事。和與曹及五子七處受納，鑒皆順其意，言無不從。於是獄以賄成，取受狼藉，齊人苦之，鑒治名大損。

世宗初，以本將軍轉徐州刺史。屬徐兗大水，民多飢饉，鑒表加賑恤，民賴以濟。先是，京兆王愉爲徐州，王既年少，長史盧淵寬以馭下，郡縣多不奉法。鑒表曰：「梁郡太守程靈虬，唯酒是耽，貪財爲事，虐政殘民，寇盜並起，黷音悖響，盈於道路，部境呼嗟，僉焉怨酷。梁郡密邇僞畿，醜聲易布，非直有點清風，臣恐取嗤荒遠。請免所居官，以明刑憲。」詔免靈虬郡，徵還京師，於是徐境肅然。

蕭衍角城戍主柴慶宗，以城内附，鑒遣淮陽太守吴秦生率兵千餘赴之。衍淮陰援軍已來斷路，秦生屢戰破之，乘勝而進，遂尅角城。世宗詔鑒曰：「知摧角城，威謀展稱，良以欣然。此城襟帶淮滸，川路衝要，自昔經算，未能尅之，蟻固積紀，每成邊害。將軍淵規潛運，妙略克宣，闢境尅城，功著不日，據要扼喉，津徑勢阻，可謂勳高三捷，朕甚嘉焉。守御諸宜，善以量度，矜慰之使，尋當別遣。」年四十二薨，贈衛大將軍、齊州刺史，王如故，謚曰悼王。

長子伯宗，《北史》作「伯崇」。員外郎；次仲淵，蘭陵太守。並早卒。仲淵弟季偉，武定中，太尉中兵參軍。

和，字善意。鑒薨之後，與鑒子伯宗競求承襲。尚書令肇奏：「和太和中出爲沙門，讓爵於鑒。鑒後以和子顯年在弱冠，宜承基緒，求遜王爵以歸正胤。先朝詔終鑒身，聽如其請。鑒既薨逝，和求襲封。謹尋詔旨，聽傳子顯，不許其身。和先讓後求，有乖道素，請令伯宗承襲。」世宗詔曰：「和初以讓鑒，而鑒還讓其子，交讓之道，於是乎著。其子早終，可聽和襲。」尋拜諫議大夫兼太子率更令，轉通直散騎常侍兼東中郎將。肅宗時出爲輔國將軍、涼州刺史，坐事免。久之，除東郡太守。《北史》：先是郡人孫天恩家豪富，嘗與和争地，遣奴客打和垂死，至此和誣天恩與北賊來往，父子兄弟一時俱戮，資財田宅皆没於官。天恩宗從欲詣闕訴冤，以和元叉之親不敢告列。和語其郡人曰：「我覔一州亦應可得，念此小人，痛入骨髓，故乞此郡，以報宿怨。此後更不求富貴。」識者曰：「王當没於此矣。」正光四年薨，贈安東將軍、相州刺史。

子謙，字思義，襲爵。後拜前軍將軍、征蠻都督。莊帝初，於河陰遇害。贈散騎常侍、征東大將軍、儀同三司、相州刺史。子埁襲。齊受禪，爵例降。

鑒弟榮，字兹生。高祖時直寢，從駕征新野。終於羽林監。

榮弟亮，字辟邪。威遠將軍、羽林監。卒，贈河間太守。

亮弟馗，字道明。太尉府行參軍、司徒掾、鎮遠將軍、太僕少卿。出除安西將軍、東秦州刺史。建義初，卒於州，贈征東將軍、青州刺史。《元馗墓誌》：年十七，拜太尉府咸陽王參軍事，又除宣威將軍、給事中，又辟鎮遠將軍、司徒掾，又除冠軍、太僕少卿。正光之末，除君右將軍、東秦州刺史，復授安西將軍、北華州刺史、當州都督。百六箅謝，中興當璧，蘭猶共摧，玉石同粉。春秋四十七，薨於河陰鸞駕之右。詔贈使持節、征東將軍、青州刺史。《傳》載馗終於東秦州刺史。據《誌》馗亦罹河陰之難，《傳》作「卒於州」亦誤。馗有子禮宗，亦見《誌》。

河間王修，天賜四年封。《太祖紀》：修以是年二月受封。泰常元年薨，《太宗紀》：修以是年四月壬子薨。無子。世祖繼絶世，詔河南王曜之子羯兒襲修爵，改封略陽。《世祖紀》：羯兒襲爵在太平真君元年十二月。後與永昌王健督諸軍討禿髮保周於番和，徙張掖民數百家於武威，遂與諸將私自没入。坐貪暴，降爵爲公。後統河西諸軍襲蠕蠕，至於漠南。仍復王爵，加征西大將軍。正平初，有罪賜死，《世祖紀》：羯兒降爵在太平真君二年三月庚戌，復爵在七年八月，賜死在正平元年六月壬戌。爵除。

長樂王處文，天賜四年封。聰辯夙成。年十四，泰常元年薨，《太祖紀》：處文以天賜四年二月受封。《太宗紀》以泰常元年三月己丑薨。太宗悼傷之，自小斂至葬，常親臨哀慟。陪葬金陵。無子，爵除。

廣平王連，天賜四年封。始光四年薨，《太祖紀》：連以天賜四年二月受封。《世祖紀》以始光四年三月丁丑薨。無子。

世祖繼絶世，以陽平王熙之第二子渾爲南平王，以繼連後，加平西將軍。渾好弓馬，射鳥輒歷飛而殺之，《北史》作「日射兔，得五十頭」。時皆歎異焉。世祖嘗命左右分射，勝者中的籌滿，詔渾解之，三發皆中，世祖大悅。器其藝能，常引侍左右，賜馬百匹，僮僕數十人。後拜假節、都督平州諸軍事、領護東夷校尉、鎮東大將軍、儀同三司、平州刺史，鎮和龍。《世祖紀》渾鎮和龍在太延三年三月丁丑。在州綏導有方，民夷悅之。徙涼州鎮將、都督西戎諸軍事、領護西域校尉，賜御馬二匹。臨鎮清慎，恩著涼土。更滿還京，父老皆涕泣追送，若違所親。太和十一年，從駕巡方山，道薨。《元倪墓誌》：祖使持節、都督涼州及西戎諸軍事，領護西域校尉、征西大將軍、儀同三司、涼州刺史、南平王，謚曰康王。《元玕墓誌》：曾祖儀同、南平康王。是渾之謚康，《傳》失書。

子飛龍，《北史》作「飛」。襲，後賜名霄。身長九尺，腰帶十圍，容貌魁偉。雅有風則，貞白卓然，好直言正諫，朝臣憚之。高祖特垂欽重，除宗正卿、右光禄大夫，詔曰：「自今奏事，諸臣相稱可云姓名，惟南平王一人可直言其封。」遷左光禄大夫。太和十七年薨，賜朝服一具、衣一襲、東園第一秘器、絹千匹。高祖緦衰臨霄喪，哀慟左右，醮不舉樂。贈衛將軍、定州刺史，賜帛五百匹，謚曰安王。

子纂，襲。纂亦有譽於時，除恢武將軍，進平西將軍，領西中郎將，出爲安北將軍、平州刺史。景明元年，薨於平城。纂弟倪，倪子玗，今並有《墓誌》出洛陽。《倪誌》稱：君諱倪，字世弼，太祖道武皇帝之玄孫。左光禄大夫、吏部尚書、大宗正卿、領司空衛將軍、定州刺史、南平王之叔子。年廿九拜員外散騎侍郎。太和廿一年二月卒。贈寧遠將軍、敦煌鎮將。《玗誌》稱：君諱玗，字叔珍。高祖廣平王。曾祖儀同、南平康王。祖尚書、南平安王。父敦煌鎮將。起家秘書郎中，俄兼中書舍人、司州別駕，復徐司徒府從事中郎，行滎陽郡事、當郡都督，改授寧遠將軍、太尉屬除平南將軍、太中大夫、武衛將軍。天平二年四月十四日卒，當在闕文中。

子伯和，襲。永平三年薨，贈散騎侍郎，謚曰哀王。闕一板，舊誤。案：此間闕一葉，據目録，廣平連下有霄曾孫仲冏，當在伯和後。《肅宗紀》：孝昌三年正月甲申，元恒芝大敗于涇州。大隴都督、南平王仲冏，小隴都督高聿並相尋退散。《仲冏傳》既佚，可考者僅此事耳。

統卒，贈涼州刺史。

子思略，武定末，瀛州治中。

思略弟叔略，武定中，太尉主簿。

京兆王黎，天賜四年封，神䴥元年薨。《太祖紀》黎受封在天賜四年二月。《世祖紀》黎以神䴥元年正月辛未薨。子根，《北史》作「吐根」。襲，改封江陽王，加平北將軍。薨，《世祖紀》根以太延四年三月癸未薨。無子，顯祖以南平王霄第二子繼爲根後。

繼，字世仁。襲封江陽王，加平北將軍。高祖時，除使持節、安北將軍、撫冥鎮都大將，轉都督柔玄、撫冥、懷荒三鎮諸軍事、鎮北將軍、柔玄鎮大將，入爲左衛將軍兼侍中，又兼中領軍，留守洛京。尋除持節、平北將軍，鎮攝舊都。

高車酋帥樹者擁部民反叛，詔繼都督北討諸軍事，自懷朔已東悉稟繼節度。繼表：「高車頑黨，不識威憲，輕相合集，背役逃歸。計其兇戾，事合窮極，若悉追戮，恐遂擾亂。請遣使鎮別推檢，斬愆首一人，自餘加以慰喻，若悔悟從役者，即令赴軍。」詔從之。於是叛徒往往歸順。高祖善之，顧謂侍臣曰：「江陽良足大任也。」車駕北巡，至鄴而高車悉降，恒朔清定。《高祖紀》：太和二十二年八月壬子，敕勒樹者相率反叛。詔繼都督北討諸軍事以討之。十有二月甲寅，以江陽王定敕勒，乃詔班師。繼以高車擾叛，頻表請罪，高祖優詔喻之。

世宗時，除征虜將軍、青州刺史，轉平北將軍、恒州刺史，入爲度支尚書。繼在青州之日，民飢餒，爲家僮取民女爲婦妾，又以良人爲婢，爲御史所彈，坐免官爵。《世宗紀》繼坐事除名在永平三年十二月辛巳。後大將軍高肇伐蜀，世宗以繼爲平東將軍，鎮遏徐揚。世宗崩，班師。

及靈太后臨朝，繼子叉先納太后妹，復繼尚書、本封，尋除侍中、領軍將軍。又除特進、驃騎將軍，侍中、領軍如故。繼頻表固讓，許之。又詔還依前授。太師、高陽王雍，太傅、清河王懌，太保、廣平王懷及門下八座，奏追論繼太和中慰喻高車、安輯四鎮之勳，增邑一千五百户。繼又上表陳讓，詔聽減户五百。靈太后以子叉姻戚，數與肅宗幸繼宅，置酒高會，班賜有加。尋加侍中、驃騎大將軍、儀同三司、特進，領軍如故。徙封京兆王。《肅宗紀》繼復爵在延昌四年八月壬辰，進驃騎大將、儀同三司在神龜元年正月丙寅，徙封在四月甲辰。繼疾患積年，枕養于家，每至靈太后與肅宗遊幸於外，時令扶入，居守禁内。及節慶宴饗，皆力疾參焉。遷司空公，侍中如故。寬和容裕，號爲長者。

神龜末，子叉得志，轉司徒公，仍加侍中。繼以蕃王、宿宦舊貴，高祖時歷内外顯任，意遇已隆。靈太后臨朝，入居心膂，兼處門下，歷轉台司，叉又居權重，榮赫一世。繼頻表遜位，乞以司徒授崔光。詔遣侍中、安豐王延明，給事黄門侍郎盧同敦勸。繼又啓固讓，轉太保，《肅宗紀》繼遷司空在神龜二年五月戊戌，轉司徒在正光元年十二月辛酉，進太保在二年四月庚子。侍中如故。加後部鼓吹，頻表陳辭，不許。詔曰：「至節嘉辰，禮有朝慶，親尊戚老，理宜優異。王位高年宿，可依齊郡王簡故事，朝訖引坐，免其拜伏。」轉太傅，侍中如故。頻讓不許，又遣使敦勸，乃受之。時叉執殺生之柄，威福自己，門生故吏遍於省闥，拜受之日，送者傾朝，當世以爲榮，有識者爲之致懼。太官給酒膳，供賓客。又詔令乘步挽至殿庭，兩人扶侍，禮秩與丞相高陽王相埒。後除使持節、侍中、太師、大將軍、録尚書事、大都督，節度西道諸軍。及出師之日，車駕臨餞，傾朝祖送，賞賜萬計。轉太尉公，《肅宗紀》：正光五年十有一月戊申，莫折天生攻陷岐州。十有二月壬辰，詔繼爲太師、大將軍，率將討之。孝昌元年正月，天生退走入隴西，涇、岐及隴東悉平。以繼爲太尉，餘官如故。三月乙巳，詔繼班師。侍中、太師、録尚書、都督並如故。尋詔班師。繼啓求還復江陽，詔從之。《肅宗紀》復本封江陽在孝昌二年六月戊寅。

繼晚更貪婪，聚斂無已。牧守令長新除赴官，無不受納貨賄，以相託付。妻子各別請屬，至乃郡縣微吏，亦不得平心選舉。憑叉威勢，法官不敢糾擿，天下患之。叉黜，繼廢於家。初，尒朱榮之爲直寢也，數以名馬奉叉，叉接以恩意，榮甚德之。建義初，復以繼爲太師、司州牧。永安二年薨，《孝莊紀》繼爲太師、司州牧在建義元年四月癸卯。繼薨在永安元年十月壬子，與《傳》作「永安二年」不合。贈假黄鉞、都督雍華涇邠秦岐河梁益九州諸軍事、大將軍、録尚書、大丞相、雍州刺史，王如故。謚曰武烈。

叉，繼長子，字伯儁，小字夜叉。世宗時，拜員外郎。靈太后臨朝，以叉妹夫，除通直散騎侍郎。

叉妻封新平郡君，後遷馮翊郡君，拜女侍中。叉以此意勢日盛，尋遷散騎常侍、光禄少卿，領嘗食典御，轉光禄卿。叉女夭，靈太后詔曰：「叉長女年垂弱笄，奄致夭喪，悼念兼懷，可贈鄉主。」尋遷侍中，餘官如故，加領軍將軍。既在門下，兼總禁兵，深爲靈太后所信委。

太傅、清河王懌以親賢輔政，參決機事，以叉恃寵驕盈，志欲無限，懌裁之以法。叉輕其爲人，每欲斥黜之。叉遂令通直郎宋維告司染都尉韓文殊欲謀逆立懌，懌坐禁止。後窮治無實，懌雖得免，猶以兵衛守於宫西别館。久之，叉恐懌終爲己害，乃與侍中劉騰密謀。靈太后時在嘉福，未御前殿，騰詐取主食中黄門胡玄度、《北史》作「胡度」。胡定列誣懌，云許度等金帛，令以毒藥置御食中以害帝，自望爲帝，許度兄弟以富貴。騰以具奏，肅宗聞而信之，乃御顯陽殿。騰閉永巷門，靈太后不得出。懌入，遇叉於含章殿後，欲入徽章東閤，叉厲聲不聽。懌曰：「汝欲反邪？」叉曰：「元叉不反，正欲縛反人。」叉命宗士及直齋等三十人執懌衣袂，將入含章東省，使數十人防守之。騰稱詔召集公卿，議以大逆論，咸畏憚叉，無敢異者。唯僕射游肇執意不同，語在其《傳》。叉、騰持公卿議入奏，俄而事可，夜中殺懌。於是假爲靈太后辭遜之詔。叉遂與太師高陽王雍等輔政，常直禁中，肅宗呼爲姨父。

自後專綜機要，巨細決之，威振於内外，百寮重跡。相州刺史、中山王熙抗表起義，以討叉爲名，不果，見誅。叉尋遷衛將軍，餘如故。後靈太后與肅宗醼於西林園，日暮還宫，右衛將軍奚康生復欲圖叉，不克而誅，語在其《傳》。是後，肅宗徙御徽音殿，叉亦入居殿右。既在密近，曲盡佞媚，以承上旨，遂蒙寵信。出入禁中，恒令勇士持刀劍以自先後，公私行止，彌加威防。叉於千秋門外廠下施木闌檻，有時出入止息其中，腹心防守，以備竊發，人物求見者，遥對之而已。乃封其子亮平原郡開國公，食邑一千户。及拜，肅宗御南門臨觀，并賜御馬，帛千匹。

初，叉之專政，矯情自飾，勞謙待士，時事得失頗以關懷，而才術空淺，終無遠致。得志之後，便驕愎，耽酒好色，與奪任情。乃於禁中自作别庫掌握之，寶充牣其中。又曾卧婦人於食輿，以帊覆之，令人舁入禁内，出亦如之，直衛雖知，莫敢言者。輕薄趨勢之徒，以酒色事之，姑姊婦女，朋淫無别。政事怠惰，綱紀不舉，州鎮守宰多非其人。於是天下遂亂矣。《北史》：叉自知不法，恐被廢黜，乃陰遣弟洪業召武州人姬庫根等與之聚宴，遂爲誓盟，欲令爲亂，朝廷必以己爲大將軍往伐，因以共爲表裏，如此可得自立。根等然其言，乃厚遺根等，遣還州與洪業買馬。

從劉騰死後，防衛微緩，叉頗亦自寬，時宿於外，每日出遊，留連他邑。靈太后微察知之。叉積習生常，無復虞慮。其所親諫叉，叉又不納。正光五年秋，靈太后對肅宗謂羣臣曰：「隔絶我母子，不聽我往來兒間，復何用我爲？放我出家，我當永絶人間，修道於嵩高閒居寺。先帝聖鑒，鑒於未然，本營此寺者正爲我今日。」欲自下髮。肅宗與羣臣大懼，叩頭泣涕，殷勤苦請。靈太后聲色甚厲，意殊不回。肅宗乃宿於嘉福殿，積數日，遂與太后密謀圖叉。肅宗内雖圖之，外形彌密，靈太后瞋忿之言，欲得往來顯陽之意，皆以告叉。又對叉流涕叙太后欲出家，憂怖之心。如此密言，日有數四。叉殊不爲疑，乃勸肅宗從太后意。於是太后數御顯陽，二宮無復禁礙。

叉舉其親元法僧爲徐州刺史，法僧據州反叛，靈太后數以爲言，叉深愧悔。丞相、高陽王雍雖位重於叉，而甚畏憚，欲進言於肅宗，而事無因。會太后與肅宗南遊洛水，雍邀請，車駕遂幸雍第。日晏，肅宗及太后至雍內室，從者莫得而入，遂定圖叉之計。後雍從肅宗朝太后，乃進言曰：「臣不慮天下諸賊，唯慮元叉。何者？叉總握禁旅，兵皆屬之；父率百萬之衆，虎視京西；弟爲都督，總三齊之衆。元叉無心則已，若其有心，聖朝將何以抗？叉雖曰不反，誰見其心？而不可不懼。」太后曰：「然。元郎若忠於朝廷而無反心，何故不去此領軍，以餘官輔政？」叉聞之，甚懼，免冠求解。乃以叉爲驃騎大將軍、儀同三司、尚書令、侍中、領左右。叉雖去兵權，然總任內外，殊不慮有黜廢之理也。後叉出宿，遂解其侍中。旦欲入宮，門者不納。尋除名爲民。《肅宗紀》叉爲驃騎大將軍、儀同三司在孝昌元年二月。其除名爲民在四月辛卯。

初，咸陽王禧以逆見誅，其子樹奔蕭衍，衍封爲鄴王。及法僧反叛後，樹遺公卿百寮書曰：

魏室不造，姦豎擅朝，社稷阽危，綴旒非譬。元叉險慝狼戾，人倫不齒，屬籍疏遠，素無問望，特以太后姻婭，早蒙寵擢。曾不懷音，公行反噬，肆茲悖逆，人神同憤。自頃境土所傳，皆云乂狼心蠆毒，藉權位而日滋；含忍諂詐，與日月而彌甚。無君之心，非復一日；篡逼之事，旦暮必行。

抑又聞之，夫名以出信，信以制義，山川隱疾，且猶不以名，成師兆亂，巨君不臣，求之史籍，有自來矣。元乂本名夜乂，弟羅實名羅刹，夜乂、羅刹，此鬼食人，非遇黑風，事同飄墮。嗚呼魏境！離此二災。惡木盜泉，不息不飲；勝名梟稱，不入不爲。況昆季此名，表能噬物，日露久矣，始信斯言。況乃母后幽辱，繼主蒙塵，釋位揮戈，言謀王室，不在今日，何謂人臣！諸賢或奕世載德，或將相繼踵，或受任累朝，或職居機要，或姻戚匪他，或忠義是秉，俛眉逆手，見制凶威，臣節未申，徒有勤悴。

又聞自乂專政，億兆離德，重以歲時災厲，年年水旱，牛馬殪踣，桑柘焦枯，飢饉相仍，菜色滿道，妖災告譴，人皆歎息。瀍澗西北，羌戎陸梁；泗汴左右，戎漕流離。加以剖斮忠賢，殲殄宗室，哀彼本邦，一朝横潰。今既率師，將除君側。區區之懷，庶令冠屨得所，大憝同必誅之戮，魏祀無忽諸之非。

乂爲遠近所惡如此。

其後靈太后顧謂侍臣曰：「劉騰、元乂昔邀朕索鐵券，望得不死，朕賴不與。」中書舍人韓子熙《北史》作「韓子順」。曰：「事關殺活，豈計與否。陛下昔雖不與，何解今日不殺？」靈太后憮然。未幾，有人告叉及其弟爪謀反，欲令其黨攻近京諸縣，破市燒邑郭以驚動内外，先遣其從弟洪業率六鎮降户反於定州，《肅宗紀》：孝昌二年八月癸巳，賊帥元洪業斬鮮于修禮，請降，爲賊黨葛榮所殺。叉令人勾魯陽諸蠻侵擾伊闕，叉兄弟爲内應。起事有日，得其手書。靈太后以妹婿之故，未忍便決。黄門侍郎李琰之曰：「元叉之罪，具騰遐邇，豈容復停，以惑視聽。」黄門徐紇趨前欲諫，逡巡未敢。羣臣固執不已，肅宗又以爲言，太后乃從之。於是叉及弟爪並賜死於家。太后猶以妹故，復追贈叉侍中、驃騎大將軍、儀同三司、尚書令、冀州刺史。《北史》：叉子舒，秘書郎。叉死後，亡奔梁。子善，亦名善住。

叉子亮，襲祖爵。齊受禪，例降。

叉庶長子稚，秘書郎中。叉死之後，遂亡奔蕭衍。

叉弟羅，字仲綱，以儉素著稱。起家司空參軍事，轉司徒主簿，領嘗食典御、散騎侍郎、散騎常侍。雖父兄貴盛，而虚己謙退，恂恂接物。遷平東將軍、青州刺史。叉當朝專政，羅望傾四海，于時才名之士王元景、邢子才、李獎等咸爲其賓客，從遊青土。時蕭衍遣將寇邊，以羅行撫軍將軍、都督青光南青三州諸軍事。罷州，入爲宗正卿。孝莊初，除尚書右僕射、東道大使。《孝莊紀》：建義元年五月丁巳朔，以尚書右僕射元羅爲東道大使，巡行黜陟。似尚書右僕射與東道大使非一時所授。出帝時，遷尚書令，尋除使持節、驃騎大將軍、開府儀同三司、梁州刺史。羅既懦怯，孝静初，蕭衍遣將圍逼，羅以州降。叉死之後，羅通叉妻，時人穢之。或云其救命之計也。

羅弟爽，字景喆。少而機警，尤爲父所寵愛。解褐秘書郎，稍遷給事黄門侍郎、金紫光禄大夫。永熙二年卒，贈使持節、都督涇岐秦三州諸軍事、衛將軍、尚書左僕射、秦州刺史，謚曰懿。

爽子德隆，武定末，太子中庶子。

爽弟鑾，武定末，光禄卿。

爪字景邕，給事中。與兄叉同以罪誅。

繼弟羅侯，遷洛之際，以墳陵在北，遂家於燕州之昌平郡。内豐資産，唯以意得爲適，不入京師。有賓客往來者，必厚相禮遺，豪據北方，甚有聲稱。叉權重，以羅侯不樂入仕，就拜昌平太守。正光末，逆賊大俄佛保陷郡，見害。

子景遵，直寢，太常丞。

史臣曰：梟獍爲物，天實生之，知母忘父，蓋亦禽獸，元紹其人，此之不若乎！陽平以下，降年夭促，英才武略，未顯於時。（靖）〔静〕、簡二王，爲時稱首。鑒既有聲，湩亦見器。霄荷遇高祖，繼受任太和，苟無其才，名位豈徒及也。叉階緣寵私，智小謀大，任重才弱，遂亂天下，殺身全祀，不亦幸哉。

魏書宗室傳注卷四

明元六王列傳第五　魏書十七

樂平王　安定王　樂安王
永昌王　建寧王　新興王

明元皇帝七男。杜密皇后生世祖太武皇帝。大慕容夫人生樂平戾王丕。安定殤王彌闕母氏。慕容夫人生樂安宣王範。尹夫人生永昌莊王健。建寧王崇、新興王俊二王，並闕母氏。

樂平王丕，少有才幹，爲世所稱。太宗以丕長，愛其器度，特優異之。泰常七年封，拜車騎大將軍。《太宗紀》丕受封在泰常七年四月甲戌。又《世祖紀》：延和元年五月，大簡輿徒于南郊，將討馮文通。七月乙巳，車駕至和龍。八月辛巳，詔驃騎大將軍樂平王丕攻冀陽，拔之。太延元年六月戊申，詔樂平王丕等五將率騎四萬東伐文通。秋七月己卯，丕等至於和龍，徙男女六千口而還。《傳》失書。後督河西、高平諸軍討南秦王楊難當，軍至略陽，禁令齊肅，所過無私，百姓争致牛酒。難當懼，還仇池。而諸將議曰：若不誅豪帥，軍還之後，必聚而爲寇；又以大衆遠出，不有所掠，則無以充軍實，賞將士。將從之。時中書侍郎高允參丕軍事，諫曰：「今若誅之，是傷其向化之心，恐大軍一還，爲亂必速。」丕以爲然，《劉潔傳》：潔至上邽，諸將咸欲斬其豪帥以示王威，潔不聽。撫慰秦隴，秋毫無犯。又以屬之劉潔。於是綏懷初附，秋毫無犯。初，馮弘之奔高麗，世祖詔遣送之，高麗不遣，世祖怒，將討之。丕上疏，以爲和龍新定，宜優復之，使廣修農殖，以饒軍實，然後進圖，可一舉而滅。帝納之，乃止。《世祖紀》丕討難當事在太延二年七月。諫擊高麗事在九月。後坐劉潔事，以憂薨。《劉潔傳》：世祖之征也，潔私謂親人曰：「若軍出無功，車駕不返者，吾當立樂平王。」事在潔《傳》，謚曰戾王。

子拔，襲爵。後坐事賜死，《高宗紀》拔賜死在太安元年正月辛酉。國除。

丕之薨及日者董道秀之死也，高允遂著《筮論》曰：「昔明元末起白臺，其高二十餘丈，樂平王嘗夢登其上，四望無所見。王以問日者董道秀，筮之曰：『大吉。』王默而有喜色。後事發，王遂憂死，而道秀棄市。道秀若推六爻以對王曰：『《易》稱「亢龍有悔」，窮高曰亢，高而無民，不爲善也』。夫如是，則上寧於王，下保於己，福禄方至，豈有禍哉？今舍於本而從其末，咎釁之至，不亦宜乎！」《梁書・元願達傳》：願達祖明元帝，父樂平王。願達仕魏爲中書令、司州刺史。普通中，大軍攻義陽，舉州獻款，知願達乃丕子。惟《梁書》記願達降梁在普通中，而《孝莊紀》建義元年四月始記郢州刺史元願達據城南叛。建義元年，當梁大通二年，則《梁書》之「普通」乃「大通」之譌，「司州刺史」又「郢州」之譌也。

安定王彌，泰常七年封。太宗討滑臺，留守京師。薨，《太宗紀》：彌以泰常七年四月甲戌封安定王，加衛大將軍。十一月泰平王親統六軍出塞，彌與北新公安同居守。《世祖紀》彌之薨在始光元年正月丙寅。謚殤王。無子，國除。

樂安王範，泰常七年封。雅性沉厚，寬和仁恕。世祖以長安形勝之地，非範莫可任者，乃拜範都督五州諸軍事、衛大將軍、開府儀同三司、長安鎮都大將，高選才能，以爲僚佐。範謙恭惠下，推心撫納，百姓稱之。時秦土新罹寇賊，流亡者相繼，範請崇易簡之治，帝納之。於是遂寬徭，與人休息。後劉潔之謀，範聞而不告。事發，因疾暴薨。《太宗紀》：範以泰常七年四月甲戌封樂安王，加中軍大將軍。《世祖紀》範鎮長安在延和二年七月丙寅。又載六月辛巳，詔範發秦雍兵萬人，築小城於長安城内。太延五年三月丁卯，詔範遣葛那取上洛，劉義隆上洛太守鐔長生棄郡走。此二事《傳》失書。範之薨在太平真君八年八月。又《元緒墓誌》：儀同宣王範之正體。是範謚曰宣，《傳》亦失載。

長子良。《元緒墓誌》：衛大將軍，簡王梁之元子，與《傳》作「良」不合。世祖未有子，嘗曰：「兄弟之子猶子也。」親撫養之。長而壯勇多知，常參軍國大計。高宗時，襲王。拜長安鎮都大將、雍州刺史，爲内都大官。薨，《高祖紀》：良以太和元年三月壬申薨。謚曰簡王。《洛州刺史樂安王墓誌》：君諱緒，字紹宗。景明初爲宗正卿，又爲假節、督洛州諸軍事、龍驤將軍、洛州刺史。春秋五十九，以正始四年正月寢患，二月辛卯朔八日戊戌，薨於州之中堂。詔還贈本官。《益州刺史樂安哀王墓誌》：王諱悦，字慶安。年十三辟員外郎，歷尚書郎中，遷太尉屬。及靖王薨，居喪喻禮，慼憂積心，遂成結患，勉服襄王，方乃攻療，天不弔善，歷年無瘳，春秋三十六歲，在辛卯五月丙申朔十一月丙午，薨於位。天子悼焉。追贈益州刺史。冬十一月十七日，葬其考靖王陵之左。案，《傳》載樂安王範僅附子良。良傳緒，緒傳悦，《傳》並失載。《緒誌》不載其謚，據《悦誌》知謚靖。悦以辛卯薨，不書年號，以五月丙申朔考之，乃永平四年也。著之以補《傳》之闕漏。

永昌王健，泰常七年封。健姿貌魁壯，善弓馬，達兵法，所在征戰，常有大功。才藝比陳留桓王，而智略過之。從世祖破赫連昌，遂西略至木根山。討和龍，健別攻拔建德。後平叛胡白龍餘黨于西河。《太宗紀》：健以泰常七年四月甲戌封永昌王，加撫軍大將軍。《世祖紀》：車駕次木根山在神䴥四年正月，伐和龍在延和元年六月，健拔建德在八月。又《紀》載，二年正月乙卯，健督諸軍救遼西，六月遣健與尚書左僕射安原督諸軍討和龍。三年六月辛亥，健與長孫道生、古弼督諸軍討和龍，芟其禾稼，徙民而還。此三事《傳》皆失書。健平山胡白龍餘黨在太延三年七月。又《紀》載太延五年六月車駕西討沮渠牧犍。七月壬午分部諸軍，健與劉潔諸軍與常山王素二道並進，爲前鋒。八月甲午，健獲牧犍牛馬畜産二千餘萬。《傳》亦失書。世祖襲蠕蠕，越涿邪山。車駕還，詔健殿後，蠕蠕萬騎追之，健與數十騎擊之，矢不虚發，所中皆應弦而斃，遂退。威震漠北。尋從平涼州，健功居多。又討破禿髮保周，自殺，傳首京師；復降沮渠無諱。無疾薨，《世祖紀》：太平真君元年四月庚辰，沮渠無諱寇張掖，禿髮保周屯於删丹。丙戌，詔健督諸軍討保周，七月己丑，健至番禾，破保周。癸丑，保周自殺。八月甲申，無諱降。二年九月戊戌，健薨。謚曰莊王。

子仁，襲。仁亦驍勇有父風，世祖奇之。《世祖紀》：太平真君六年十有一月辛未，使永昌王仁、高涼王那分領，爲二道，各一萬騎，南略淮泗以北，徙青徐之民以實河北。七年二月，仁至高平，擒劉義隆將王章，略金鄉、方與，遷其民五千家於河北。五月，遣仁與高涼王那督北道諸軍同討蓋吴。八月吴爲其下人所殺，仁平其遺燼。十一年二月，仁大破劉義隆將劉坦之、程天祚於汝東，斬坦之，擒天祚。九月輿駕南伐。十月仁自洛陽出壽春。十二月攻懸瓠，拔之。癸未，自歷陽至於江西，所過城邑莫不奔潰。《傳》皆失書。後與濮陽王閭若文謀爲不軌，發覺，賜死，《高宗紀》：興安二年七月，濮陽王閭若文、永安王仁謀反，乙丑賜仁死於長安。國除。

建寧王崇，泰常七年封，拜輔國將軍。從討北虜有功。《太宗紀》：崇以泰常七年四月甲戌封建寧王，加輔國大將軍。《傳》脱「大」字。《世祖紀》：太延五年六月，長樂王嵇敬，輔國大將軍、建寧王崇二萬人屯漠南，以備蠕蠕。《劉潔傳》：潔與建寧王崇督諸軍，於三城胡部中簡兵六千，將以戍姑臧。胡不從命，千餘人叛走。潔與崇擊誅之。《傳》失書。高宗時，封崇子麗濟南王。後與京兆王杜元寶謀逆，父子並賜死。《高宗紀》麗受封在興安二年正月辛巳，謀反賜死在二月己未。

新興王俊，泰常七年封，拜鎮東大將軍。少善騎射，多才藝。坐法，削爵爲公。《太宗紀》：俊以太常七年四月甲戌封新興王，加鎮軍大將軍。《傳》誤作「鎮東」。《世祖紀》俊削爵在太平真君二年三月庚戌。俊好酒色，多越法度。又以母先遇罪死，而己被貶削，恒懷怨望，頗有悖心。後事發，賜死，國除。

魏書宗室傳注卷五

太武五王列傳第六　魏書十八

晉王　東平王　臨淮王
廣陽王　南安王

太武皇帝十一男。賀皇后生景穆皇帝。越椒房生晉王伏羅。舒椒房生東平王翰。弗椒房生臨淮王譚。伏椒房生楚王當從《北史》作「廣陽王」。建。閭左昭儀生南安王余。其小兒、貓兒、虎頭、龍頭並闕母氏，皆早薨。《世祖紀》：太延二年四月甲申，皇子小兒、苗兒並薨，不作「貓兒」。《高宗紀》：虎頭、龍頭薨於興光元年八月乙丑。無傳。

晉王伏羅，真君三年封，《世祖紀》：受封在真君三年十月己卯。加車騎大將軍。後督高平、涼州諸軍討吐谷渾慕利延。軍至樂都，謂諸將曰：「若從正道，恐軍聲先振，必當遠遁。若潛軍出其非意，此鄧艾擒蜀之計也。」諸將咸難之，伏羅曰：「夫將軍，制勝萬里，擇利，專之可也。」遂間道行。至大母橋，慕利延衆驚奔白蘭，慕利延兄子拾寅走(阿)〔河〕，斬首五千餘級，降其一萬餘落。《世祖紀》事在太平真君五年。八年薨。無子，國除。

東平王翰，真君三年封秦王，拜侍中、中軍大將軍，參典都曹事。忠貞雅正，百僚憚之。太傅高允以翰年少，作《諸侯箴》以遺之，翰覽之大悦。後鎮枹罕，以信惠撫衆，羌戎敬服。改封東平王。《世祖紀》翰受封在真君三年十月己卯，改封在正平元年十二月丁丑。世祖崩，諸大臣等議欲立翰，而中常侍宗愛與翰不協，矯太后令立南安王余，遂殺翰。

子道符，襲爵，中軍大將軍。顯祖踐阼，拜長安鎮都大將。皇興元年，謀反，司馬段太陽討斬之，傳首京師。《顯祖紀》：皇興元年，道符司馬段太陽攻道符，斬之，傳首京師。道符兄弟皆伏誅。是道符有兄弟同反，《傳》失書。

臨淮王譚，真君三年封燕王，拜侍中，參都曹事。後改封臨淮王。《世祖紀》改封在正平元年十二月丁丑。世祖南討，授中軍大將軍。先是劉義隆以鄒山險固，有榮胡家，乃積糧爲守禦之備。譚率衆攻之，獲米三十萬以供軍儲。義隆恃淮之阻，素不設備。譚造筏數十，潛軍而濟，賊衆驚潰，遂斬其將胡崇，賊首萬餘級。《世祖紀》：太平真君十一年十二月車駕至淮。詔刈萑葦，作筏數萬而濟。義隆盱眙守將臧質閉門拒守。將軍胡崇之率衆二萬援盱眙。燕王譚大破之，梟崇之等，斬首萬餘級。崇之，《傳》作「崇」。《島夷·劉義隆傳》亦作「崇之」，但作「斬崇之等及他首數千級」，不作「萬餘級」。薨，謚宣王。《高宗紀》興安元年十一月癸未薨。

子提，襲。爲梁州刺史，以貪縱削除，加罰，徙配北鎮。《高祖紀》提配北鎮在太和十二年十一月。久之，提子員外郎穎免冠請解所居官，代父邊戍，高祖不許。後詔提從駕南伐，至洛陽，參定遷都之議。尋卒。以預參遷都功，追封長鄉縣侯。世宗時，贈雍州刺史，謚曰懿。

提子昌，字法顯。好文學，居父母喪，哀號孺慕，悲感行人。世宗時，復封臨淮王，未拜而薨。贈齊州刺史，謚曰康王，追封濟南王。

子彧，字文若，《元彧墓誌》作「字文舉」。紹封。彧少有才學，時譽甚美。侍中崔光見彧，退而謂人曰：「黑頭三公，當此人也。」

少與從兄安豐王延明、中山王熙並以宗室博古文學齊名，時人莫能定其優劣。尚書郎范陽盧道將《北史》作「盧思道」。謂吏部清河崔休曰：「三人才學雖無優劣，然安豐少於造次，中山皂白太多，未若濟南風流沉雅。」時人爲之語曰：「三王楚琳琅，未若濟南備圓方。」彧姿制閑裕，吐發流靡，《北史》元槧本作「美」。琅邪王誦，有名人也，見之未嘗不心醉忘疲。拜前軍將軍、中書侍郎。奏郊廟歌辭，時稱其美。除給事黄門侍郎。彧本名亮，字仕明，時侍中穆紹與彧同署，避紹父諱，啓求改名。詔曰：「仕明風神運吐，常自以比荀文若，可名彧，以取定體相倫之美。」彧求復本封，詔許，復封臨淮，寄食相州魏郡。又長兼御史中尉，彧以爲倫叙得之，不謝。領軍于忠忿，言之朝廷曰：「臨淮雖復風流可觀，而無骨鯁之操，中尉之任，恐非所堪。」遂去威儀，單車而還，朝流爲之歎息。累遷侍中、衛將軍、左光禄大夫兼尚書左僕射，攝選。《肅宗紀》：彧復本封在延昌四年壬辰。正光五年三月，沃野鎮人破落汗拔陵聚衆反，詔彧爲鎮軍假征北將軍，都督北征諸軍事以討之。五月，彧敗於五原，削除官爵。七月戊午，復本封。孝昌元年正月，徐州刺史元法僧據城反，詔彧及尚書李憲爲都督以討之。十二月以彧爲征南大將軍，率衆討魯陽蠻。二年八月丙子，以彧爲儀同三司。《傳》皆失書。

是時，蕭衍遣將圍逼溫湯，進彧以本官爲東道行臺。會尒朱榮入洛，殺害元氏。彧撫膺慟哭，遂奔蕭衍。《孝莊紀》彧奔蕭衍在建義元年四月，其返國在七月。衍遣其舍人陳建孫迎接，并觀彧爲人。建孫還報，稱彧風神閑儁。衍亦先聞名，深相器待，見彧於樂遊園，因設宴樂。彧聞樂聲，歔欷，涕淚交下，悲感傍人，衍爲之不樂。自前後奔叛，皆希旨稱魏爲僞，唯彧上表啓，常云魏臨淮王。衍體彧雅性，不以爲責。及知莊帝踐阼，彧以母老請還，辭旨懇切。衍惜其人才，又難違其意，遣其僕射徐勉私勸彧曰：「昔王陵在漢，姜維相蜀，在所成名，何必本土。」彧曰：「死猶願北，況於生也。」衍乃以禮遣。彧性至孝，事父母盡禮，自經違離，不進酒肉，容貌憔悴，見者傷之。累除位尚書令、大司馬兼禄尚書。

莊帝追崇武宣王爲文穆皇帝，廟號肅祖，母李妃爲文穆皇后，將遷神主於太廟，以高祖爲伯考。彧表諫曰：「漢祖創業，香街有太上之廟；光武中興，南頓立舂陵之寢。元帝之於光武，疏爲絶服，猶尚身奉子道，入繼大宗。高祖之於聖躬，親實猶子。陛下既纂洪緒，豈宜加伯考之名？且漢宣之繼孝昭，斯乃上後叔祖，豈忘宗承考妣，蓋以大義斯奪。及金德將興，宣王受寄，自茲而降，世秉威權。景王意存毁冕，文王心規裂冠，雖祭則魏主，而權歸晉室，昆之與季，實傾曹氏。且子元宣王冢胤，文王成其大業。故晉武繼文祖宣，景王有伯考之稱。以今類古，恐或非儔。又臣子一例，義彰舊典，禘祫失序，著譏前經。高祖德溢寰中，道超無外。肅祖雖勳格宇宙，猶曾奉贄稱臣。穆皇后禀德坤元，復將配享乾位，此乃君臣並筵，嫂叔同室，歷觀墳籍，未有其事。」

時莊帝意鋭，朝臣無敢言者，唯彧與吏部尚書李神儁並有表聞。詔報曰：「文穆皇帝勳格四表，道邁百王，是用考循舊軌，恭上尊號。王表云漢太上於香街，南頓於舂陵。漢高不因瓜瓞之緒，光武又無世及之德，皆身受符命，不由父祖，别廟異寢，於理何差？文穆皇帝天睠人宅，歷數有歸，朕忝承下武，遂主神器，既帝業有統，漢氏非倫。若以昔况今，不當移寢，則魏太祖、晉景帝雖王跡已顯，皆以人臣而終，豈得與餘帝别廟，有闕餘序。疑。漢郡國立廟者，欲尊高祖之德，使饗遍天下，非關太廟神主，獨在外祠薦。漢宣之父，亦非勳德所出，雖不追尊，不亦可乎？伯考之名，自是尊卑之稱，何必準古而言非類也。復云君臣同列，嫂叔共室，當以文穆皇帝昔遂臣道，以此爲疑。《禮》：『天子元子猶士。』禘祫豈不得同室乎？且晉文、景共爲一代，議者云世限七，主無定數。昭穆既同，明有共室之理。《禮》既有祔，嫂叔何嫌。《禮》，士祖禰一廟，豈無婦舅共室也？若專以共室爲疑，容可更議遷毀。」莊帝既逼諸妹之請，此辭意黄門侍郎常景、中書侍郎邢子才所替成也。

又追尊兄彭城王爲孝宣皇帝。彧又面諫曰：「陛下中興，意欲憲章前古，作而不法，後世何觀？歷尋書籍，未有其事。願割友于之情，使名器無爽。」帝不從。及神主入廟，復勑百官悉陪從，一依乘輿之式。彧上表，以爲爰自中古，迄於下葉，崇尚君親，褒明功懿，乃有皇號，終無帝名。今若去帝，直留皇名，求之古義，少有依準，又不納。

尒朱榮死，除彧司徒公。尒朱世隆率部北叛，詔彧防河陰。及尒朱兆率衆奄至，彧出東掖門，爲賊所獲。見兆，辭色不屈，爲羣胡所毆薨。《孝莊紀》彧除司徒公在永安三年十一月乙亥，爲尒朱兆所殺在十二月甲辰。出帝贈太師、太尉公、雍州刺史。《墓誌》：詔贈使持節、侍中、太保、領太尉公、録尚書事、大將軍、都督定相二州諸軍事、定州刺史。《北史》作「孝武帝末，贈大將軍、太師、太尉公、録尚書事，謚曰文懿」。

彧美風韻，善進止，衣冠之下，雅有容則。博覽羣書，不爲章句。所著文藻雖多亡失，猶有傳於世者。然居官不能清白，所進舉止於親婭，爲識者所譏。無子。

弟孝友，少有時譽，襲爵淮陽王，累遷滄州刺史。爲政温和，好行小惠，不能清白，而無所侵犯，百姓亦以此便之。孝静帝宴齊文襄王於華林園，孝友因醉自譽，又云陛下許賜臣能。帝笑曰：「朕恒聞王自道清。」文襄曰：「臨淮王雅旨舍罪。」於是君臣俱笑而不罪。

孝友明於政理，嘗奏表曰：

令制：百家爲黨族，二十家爲閭，五家爲比鄰。百家之内，有帥二十五，徵發皆免，苦樂不均。羊少狼多，復有蠶食。此之爲弊久矣。京邑諸坊，或七八百家，唯一里正、二史，庶事無闕，而況外州乎？請依舊置，三正之名不改，而百家爲四閭，閭二比。計族省十二丁，得十二匹貲絹。略計見管之户，應二萬餘族，一歲出貲絹二十四萬匹。十五丁出一番兵，計得一萬六千兵。此富國安人之道也。

古諸侯娶九女，士有一妻二妾。《齊書・元孝友傳》作「一妻一妾」。《晉令》：諸王置妾八人，郡公、侯妾六人，《官品令》第一、第二品有四妾，第三、第四有三妾，第五、第六有二妾，第七、第八有一妾。所以陰教聿修，繼嗣有廣。廣繼嗣，孝也；修陰教，禮也。而聖朝忽棄此數，由來漸久。將相多尚公主，王侯亦娶后族，故無妾媵，習以爲常。婦人多幸，生逢今世，舉朝略是無妾，天下殆皆一妻。設令人彊志廣娶，則家道離索，身事迍邅，内外親知，共相嗤怪。凡今之人，通無準節。父母嫁女則教之以妒；姑姊逢迎，必相勸以忌。持制夫爲婦德，以能妒爲女工。自云受人欺，《齊書》作「自云不受人欺」，此奪「不」字。畏他笑我。王公猶自一心，已下何敢二意。夫妒忌之心生，則妻妾之禮廢；妻妾之禮廢，則姦淫之兆興。斯臣之所以毒恨者也。請以王公第一品娶八，通妻以備九女；稱事二品備七；三品、四品備五；五品、六品則一妻二妾。限以一周，悉令充數，若不充數及待妾非禮，使妻妒加捶撻，免所居官。其妻無子而不娶妾，斯則自絶，無以血食祖父，請科不孝之罪，離遣其妻。

臣之赤心，義唯家國，欲使吉凶無不合禮，貴賤各有其宜，省人帥以出兵丁，立倉儲以豐穀食，設賞格以擒姦盜，行典令以示朝章，庶使足食足兵，人信之矣。又冒申妻妾之數，正欲使王侯、將相、功臣子弟、苗胤滿朝，傳祚無窮，此臣之志也。

詔付有司議奏不同。

孝友又言：「今人生爲皁隷，葬擬王侯，存没異途，無復節制，崇壯丘壠，盛飾祭儀，鄰里相榮，稱爲至孝。又夫婦之始，王化所先，共食合瓢，足以成禮。而今之富者彌奢，同牢之設，甚於祭槃。累魚成山，山有林木，林木之上，鸞鳳斯存。徒有煩勞，終成委棄，仰惟天意，其或不然。請自兹以後，若婚葬過者，《北史》及《齊書》作「若婚葬過禮者」。此奪「禮」字。以違旨論，官司不加糾劾，即與同罪。」

孝友在尹積年，以法自守，甚著聲稱。然性無骨鯁，善事權勢，爲正直者所譏。齊受禪，爵例降。《北史》：天保初，準例降爵，封臨淮縣公，拜光禄大夫。二年冬，被詔入晉陽宫。出，與元暉業同被害。

昌弟孚，字秀和。少有令譽，侍中游肇、并州刺史高聰、司徒崔光等見孚，咸曰：「此子當準的人物，恨吾徒衰暮，不及見耳。」累遷兼尚書右丞。靈太后臨朝，宦者干政，孚乃總括古今名妃賢后，凡爲四卷，奏之。遷左丞。

蠕蠕主阿那瓌既得返國，其人大饑，相率入塞，阿那瓌上表請臺賑給。詔孚爲北道行臺，詣彼賑恤。孚陳便宜，表曰：

皮服之人，未嘗粒食。宜從俗因利，拯其所無。昔漢建武中，單于款塞，時轉河東米糒二萬五千斛，牛羊三萬六千頭以給之。斯即前代和戎、撫新、柔遠之長策也。乞以牸牛産羊餬其口命。且畜牧繁息，是其所便，毛血之利，惠兼衣食。

又尚書奏云，如其仍住七州，隨寬置之。臣謂人情戀本，寧肯徙内。若依臣請，給賑雜畜，愛本重鄉，必還舊土。如其不然，禁留益損。假令逼徙，事非久計。何者？人面獸心，去留難測，既易水草，痾恙將多，憂愁致困，死亡必甚。兼其餘類尚在沙磧，脱出狂悖，翻歸舊巢，必殘掠邑里，遺毒百姓。亂而方塞，未若杜其未萌。

又貿遷起於上古，交易行於中世，漢與胡通，亦立關市。今北人阻饑，命懸溝壑，公給之外，必求市易，彼若願求，宜見聽許。

又云：

營大者不計小名，圖遠者弗拘近利。雖戎狄衰盛，歷代不同，叛服之情，略可論討。周之北伐，僅獲中規；漢氏外攘，裁收下策。昔在代京，恒爲重備，將帥勞止，甲士疲力。前世苦之，計未能致。今天祚大魏，亂亡在彼。朝廷垂天覆之恩，廓大造之德。鳩其散亡，禮送令返。宜因此時，善思遠策。

竊以理雖萬變，可以一觀；來事雖懸，易以往卜。昔漢宣之世，呼韓款塞，漢遣董忠、韓昌領邊郡士馬，送出朔方，因留衛助。又光武時，亦令中郎將(段)〔段〕彬置安集掾史，隨單于所在，參察動静。斯皆守吉之元龜，安邊之勝策。計今朝廷成功，不減曩時；蠕蠕國敝，亦同疇日。宜準昔成謨，略依舊事。借其所閑地，聽使田牧；粗置官屬，示相慰撫；嚴戒邊兵，以見保衛。馭以寬仁，縻以久策。使親不至矯詐，疏不容叛反。今北鎮諸將舊常云一人代外邏，因令防察。所謂「天子有道，守在四夷」者也。

又云：

> 先人有奪人之心，待降如受彊敵。武非專外，亦以防内。若從處分割配，諸州鎮遼遠，非轉輸可到，悔叛之情，變起難測。又居人畜業，布在原野，戎夷性貪，見則思盜。防彼肅此，少兵不堪，渾流之際，易相干犯。驅之還本，未必樂去，配州内徙，復不肯從。既其如此，爲費必大。

朝廷不許。

孚持白虎幡勞阿那瓌於柔玄、懷荒二鎮間。阿那瓌衆號三十萬，陰有異意，遂拘留孚，載以輼車，日給酪一升，肉一段。每集其衆，坐孚東廂，稱爲行臺，甚加禮敬。《肅宗紀》：正光四年二月己卯，以蠕蠕主阿那瓌率衆犯塞，遣尚書左丞元孚兼尚書，爲北道行臺，持節喻之。四月，阿那瓌執元孚，驅掠畜牧北遁。阿那瓌遂南過至舊京，後遣孚等還，因上表謝罪。有司以孚事下廷尉，丞高謙之云孚辱命，處孚流罪。

後拜冀州刺史，孚勸課農桑，境内稱爲慈父，鄰州號曰神君。先是，州人張孟都、張洪建、馬潘、崔獨憐、張叔緒、崔醜、張天宜、崔思哲等八家皆屯保林野，不臣王命，州郡號曰「八王」。孚至，皆請入城，願致死效力。後爲葛榮所陷，爲榮所執。《肅宗紀》：孝昌三年十一月己丑，葛榮攻陷冀州，執刺史元孚。兄祐爲防城都督，兄(子)子禮爲(禄)〔録〕事參軍，榮欲先害子禮，孚請先死以贖子禮，叩頭流血，榮乃捨之。又大集將士議其死事，孚兄弟各誣己引過，爭相爲死。又孟都、潘、紹等數百人皆叩頭就法，請活使君。榮曰：「此魏之誠臣義士也。」凡同禁五百人皆得免。榮卒，還，除冀州刺史。

元顥入洛，授孚東道行臺、彭城郡王，孚封顥逆書送朝廷，天子嘉之。顥平，封孚萬年鄉男。

永安末，樂器殘缺，莊帝命孚監儀注，孚上表曰：「昔太和中，中書監高閭、太樂令公孫崇修造金石，數十年間，乃奏成功。時大集儒士，《北史》作「生」。考其得失。太常卿劉芳請别營造，久而方就。復召公卿量校合否，論者沸騰，莫有適從。登被旨勑，並見施用。往歲大軍入洛，戎馬交馳，所有樂器，亡失垂盡。臣至太樂署，問太樂令張乾龜等，云承前以來，置宫懸四箱，簨簴六架。東北架編黄鍾之磬十四，雖器名黄鍾，而聲實夷則，考之音制，不甚諧韻。姑洗懸於東北，太簇編於西北，蕤賓列於西南，並皆器象差位，調律不和。又有儀鍾十四，虚懸架首，初不叩擊，今便删廢，以從正則。臣今據《周禮》鳧氏修廣之規，磬氏倨句之法，吹律求聲，叩鍾求音，損除繁雜，討論實録，依十二月爲十二宫，各準辰次，當位懸設，月聲既備，隨用擊奏，則會還相爲宫之義，又得律吕相生之體。今量鍾磬之數，各以十二架爲定。」奏可。于時搢紳之士，咸往觀聽，靡不咨嗟歎服而返。太傅、録尚書長孫承業妙解聲律，特復稱善。

後從出帝入關。《北史》：除尚書左僕射、扶風郡王，尋監國史，歷位司空兼尚書令、太保。時蠕蠕主與孚相識，先請見孚，然後遣女，於是乃使孚行。蠕蠕君臣見孚，莫不(懼)〔歡〕悦，奉皇后來歸。孚性機辯，好酒，貌短而禿。周文帝偏所眷顧，嘗於室内置酒十瓨，瓨餘一斛，上皆加帽，欲戲孚。孚適入室，見即驚喜，曰：「吾兄弟輩甚無禮，何爲竊入王家，匡坐相對，宜早還宅也。」因持酒歸。周文撫掌大笑。後遇風患，手足不隨，口不能言，乃左手畫地作字，乞解所任。三奏不許。遷太傅。薨，帝親臨，百官赴弔。贈大司馬、録尚書事，謚曰文簡。子端嗣。位大行臺、尚書、華州刺史，性疏很，頗以基地驕物，時論鄙之。

廣陽王建閭，《世祖紀》：太平真君三年十月己卯，封建爲楚王。正平元年十二月丁丑，封楚王建爲廣陽王。《高宗紀》：興安元年十有一月癸未，廣陽王建薨。均稱「建」，不作「建閭」，《北史》亦作「建」。真君三年封楚王，後改封廣陽王。薨，謚曰簡王。

子石侯，襲。薨，《顯祖紀》：石侯以皇興四年二月薨。謚曰哀王。

子遺興，襲。薨，謚曰定王。無子。

石侯弟嘉，少沉敏，喜愠不形於色，兼有武略。高祖初，拜徐州刺史，甚有威惠。後封廣陽王，以紹建閭《北史》無「閭」字。後。高祖南伐，詔嘉斷均口。嘉違失指授，令賊得免。帝怒，責之曰：「叔祖定非世孫，何太不上類也！」《高祖紀》：太和三年十一月癸丑，進假梁郡公元嘉爵爲假王，督二將出淮陰。四年三月丙午，詔馮熙督衆迎還假梁郡王嘉等諸軍。閏月，蕭道成角城戍主〔請〕舉城内屬。八月丁酉，詔徐州刺史、假梁郡王嘉赴接之。九月，嘉破蕭道成將盧紹之、玄元度於朐山，其下蔡戍主棄城遁去。五年二月假梁郡王嘉大破道成將，俘獲三萬餘口送京師。九年二月己亥，以廣陽王建第二子紹建後，爲廣陽王。二十三年三月庚辰，車駕南伐。丁酉，車駕至馬圈。詔鎮南大將軍、廣陽王嘉斷均口，邀陳顯達歸路。戊戌，頻戰破之，顯達等宵遁。己亥，收其戎資億計，班賜六軍。諸將追奔及於漢水，斬獲及赴水而死者十八九。案，《傳》於嘉武功多失書，兹據《紀》補之。及將大漸，遺詔以嘉爲尚書左僕射，與咸陽王禧等輔政。遷司州牧，嘉表請於京四面築坊三百二十，各周一千二百步，乞發三正復丁，以充兹役，雖有暫勞，姦盜永止。詔從之。拜衛大將軍、尚書令，除儀同三司。《世宗紀》嘉加儀同三司在正始元年十二月乙丑。

嘉好飲酒，或沉醉，在世宗前言笑自得，無所顧忌。帝以其屬尊年老，常優容之。與彭城、北海、高陽諸王每入宴集，極懽彌夜，數加賞賜。帝亦時幸其第。性好儀飾，車服鮮華，既居儀同，又任端首，出入容衛，道路榮之。後遷司空，轉司徒。

嘉好立功名，有益公私，多所敷奏，帝雅委付之。愛敬人物，後來才俊未爲時知者，侍坐之次，轉加談引，時人以此稱之。薨，《世宗紀》嘉遷司空在正始四年九月己未，轉司徒在永平二年十月癸丑，薨於四年三月壬戌。遺命薄葬。世宗悼惜之，贈侍中、太保，謚曰懿烈。《元湛墓誌》：祖嘉，冀州刺史、廣陵懿烈王。冀州刺史當是卒後追贈。

嘉後妃，宜都王穆壽孫女，司空從妹也，聰明婦人。及爲嘉妃，多所匡贊，光益家道。

子深，《肅宗紀》及《元湛墓誌》均作「淵」，《傳》作「深」，乃史官避唐諱改。字智遠，襲爵。肅宗初，拜肆州刺史。預行恩信，胡人便之，劫盜止息。後爲恒州刺史，在州多所受納，政以賄成，私家有馬千匹者必取百四，以此爲恒。《中山王熙傳》：熙起兵請誅元叉，表中載恒州刺史廣陽王淵，則淵亦與熙同謀。《傳》失載。累遷殿中尚書，未拜，坐淫城陽王徽妃于氏，爲徽表訟，詔付丞相、高陽王雍等宗室議決其罪，以王還第。

及沃野鎮人破六韓拔陵反叛，臨淮王彧討之，失利，詔深爲北道大都督，受尚書令李崇節度。《肅宗紀》在正光五年五月壬申。 時東道都督崔暹敗於白道，深上書曰：

邊豎構逆，以成紛梗，其所由來非一朝也。昔皇始以移防爲重，盛簡親賢，擁麾作鎮，配以高門子弟，以死防遏，不但不廢仕宦，至乃偏得復除。當時人物，忻慕爲之。及太和在歷，僕射李沖當官任事，涼州土人悉免厮役，豐沛舊門，仍防邊戍。自非得罪當世，莫肯與之爲伍。征鎮驅使，但爲虞候白直，一生推遷，不過軍主。然其往世房分留居京者得上品通官，在鎮者便爲清途所隔。或投彼有北，以御魑魅，多復逃胡鄉。乃峻邊兵之格，鎮人浮遊在外，皆聽流兵捉之。於是少年不得從師，長者不得遊宦，獨爲匪人，言者流涕。

自定鼎伊洛，邊任益輕，唯底滯凡才，出爲鎮將，轉相模習，專事聚斂。或有諸方姦吏，犯罪配邊，爲之指蹤，過弄官府，政以賄立，莫能自改。咸言姦吏爲此，無不切齒憎怒。

及阿那瓌背恩，縱掠竊奔，命師追之，十五萬衆度沙漠，不日而還。邊人見此援師，便自意輕中國。尚書令臣崇時即申聞，求改鎮爲州，將允其願，抑亦先覺。朝廷未許。而高闕戍主率下失和，拔陵殺之，爲逆命，攻城掠地，所見必誅。王師屢北，賊黨日盛。此段之舉，指望銷平。

其崔暹隻輪不反，臣崇與臣逡巡復路。今者相與還次雲中，馬首是瞻，未便西邁，將士之情，莫不解體。今日所慮，非止西北，將恐諸鎮尋亦如此，天下之事，何易可量。

時不納其策。東西部勅勒之叛，朝議更思深言，遣兼黃門侍郎酈道元爲大使，欲復鎮爲州，以順人望。會六鎮盡叛，不得施行。深後上言：「今六鎮俱叛，二部高車亦同惡黨，以疲兵討之，不必制敵。請簡選兵，或留守恒州要處，更爲後圖。」

及李崇徵還，深專總戎政。拔陵避蠕蠕，南移渡河。先是，別將李叔仁以拔陵來逼，請求迎援，深赴之，前後降附二十萬人。深與行臺元纂表求恒州北別立郡縣，安置降户，隨宜賑賚，息其亂心。不從，詔遣黃門侍郎楊(置)〔昱〕分散之於冀、定、瀛三州就食。深謂纂曰：「此輩復爲乞活矣，禍亂當由此作。」既而鮮于修禮叛於定州，杜洛周反於幽州，其餘降户猶在恒州，遂欲推深爲主。深乃上書乞還京師，令左衛將軍楊津代深爲都督，以深爲侍中、右衛將軍、定州刺史。時中山太守趙叔隆、別駕崔融討賊失利，臺使劉審考覈，未訖，會賊逼中山，深乃令叔隆防境。審馳驛還京，云深擅相放縱。城陽王徽與深有隙，因此構之，乃徵深爲吏部尚書兼中領軍。及深至都，肅宗不欲使徽、深相憾，勅因宴會令相和解。徽銜不已。

後河間王琛等爲鮮于修禮所敗，乃除深儀同三司、大都督，章武王融爲左都督，裴衍爲右都督，並受深節度。《肅宗紀》在孝昌二年五月丁未。徽因奏靈太后構深曰：「廣陽以愛子握兵在外，不可測也。」乃勑章武王等潛相防備。融遂以勑示深，深懼，事無大小，不敢自決。靈太后聞之，乃使問深意狀。乃具言曰：

往者元叉執權，移天徙日，而徽託附，無翼而飛。今大明反政，任寄唯重，以徽褊心，銜臣切骨。臣以疏滯，遠離京輦，被其構阻，無所不爲。然臣昔不在其後，自此以來，翻成陵谷。徽遂一歲八遷，位居宰相；臣乃積年淹滯，有功不録。

自徽執政以來，非但抑臣而已，北征之勳，皆被擁塞。將士告捷，終無片賞，雖爲表請，多不蒙遂。前留元摽據于盛樂，後被重圍，析骸易子，倒懸一隅，嬰城二載。賊散之後，依階乞官，徽乃盤退，不允所請。而徐州下邳戍主賈勳，法僧叛後，暫被圍逼，固守之勳，比之未重，乃立得州，即授開國。天下之事，其流一也，功同賞異，不平謂何。又驃騎李崇，北征之日，啓募八州之人，聽用關西之格。及臣在後，依此科賞，復言北道征者不得同於關西。定襄陵廟之至重，平城守國之要鎮，若計此而論功，亦何負於秦楚？但以嫉臣之故，便欲望風排抑。

然其當途以來，何直退勳而已，但是隨臣征者，即便爲所嫉。統軍袁叔和曾經省訴，徽初言有理，又聞北征隸臣爲統，應時變色。復令臣兄子仲顯異端訟臣，緝緝翩翩，謀相誹謗。言臣惡者，接以恩顔；稱臣善者，即被嫌責。甄琛曾理臣屈，乃視之若仇讎；徐紇頗言臣短，即待之如親戚。又驃騎長史祖瑩，昔在軍中，妄增首級，矯亂戎行，蠹害軍府，獲罪有司，避命山澤。直以謗臣之故，徽乃還雪其罪。臣府司馬劉敬，比送降人，既到定州，翻然背叛。賊如決河，豈其能擁。且以臣府參寮，不免身首異處。徽既怒遷，捨其元惡。及胥徒。從臣行者莫不悚懼。頃恒州之人乞臣爲刺史，徽乃斐然言不可測。及降户結謀，臣頻表啓，徽乃因執言此事。及向定州，遠彼奸惡，又復論臣將有異志。翻覆如此，欲相陷没。致令國朝遽賜遷代。賊起之由，誰使然也？徽既優幸，任隆一世，慕勢之徒，於臣何有。是故餘人攝選，車馬填門，及臣居邊，賓遊罕至。臣近比爲慮其爲梗，是以孜孜乞赴京闕。屬流人舉斧，元戎垂翅，復從後命，自安無所，僶俛先驅，不敢辭事。及臣出都，行塵未滅，已聞在後復生異議。言臣將兒自隨，證爲可疑之兆，忽稱此以構亂。悠悠之人，復傳音響，言左軍臣融、右軍臣衍，皆受密勑，伺察臣事。徽既用心如此，臣將何以自安！

竊以天步未夷，國難猶梗，方伯之任，於斯爲急。徽昔臨藩，乃有人譽，及居端右，蔑爾無聞。今求出之爲州，使得申其利用。徽若外從所長，臣無内慮之切。脱蒙。闕公私幸甚。

深以兵士頻經退散，人無鬭情，連營轉栅，日行十里。行達交津，隔水而陳。賊修禮常與葛榮謀，後稍信朔州人毛普賢，榮常銜之。普賢昔爲深統軍，及在交津，深使人諭之，普賢乃有降意。又使録事參軍元晏説賊程殺鬼，果相猜貳，葛榮遂殺普賢、修禮而自立。榮以新得大衆，上下未安，遂北度瀛州，深便率衆北轉。榮東攻章武王融，戰敗於白牛邏。《肅宗紀》：孝昌二年九月辛亥，葛榮敗都督、廣陽王淵、章武王融於博野白牛邏。融没於陣。《傳》誤作「白牛還」。深遂退走，趨定州。聞刺史楊津疑其有異志，乃止於州南佛寺。停三日《北史》作「二日」。夜，乃召都督毛謚等六七人，臂肩爲約，危難之際，期相拯恤。謚疑深意異，乃密告津云，深謀不軌。津遣謚討深，深走出，謚叫噪追躡。深與左右行至博陵郡界，逢賊遊騎，乃引詣葛榮。賊徒見深，頗有喜者。榮新自立，内惡之，乃害深。莊帝追復王爵，贈司徒公，謚曰忠武。《元湛墓誌》：父淵，司徒公、雍州刺史、廣陽忠武王。雍州刺史當是卒後追贈。

子湛，字士淵《湛誌》作「字士深」。少有風尚。莊帝初，襲封。孝静初，累遷冀州刺史，《傳》述湛歷官甚略。《墓誌》載：除羽林監，又轉散騎郎在通直。及遭不造，殆將毀滅，乃襲爵爲廣陽王，除通直散騎常侍，轉給事黄門侍郎，又爲持節督膠州軍事、左將軍、膠州刺史，又兼侍中，行河南尹，尋除使持節、都督冀州諸軍事、中軍將軍、冀州刺史，又除侍中，軍號仍本，又以本官行洛州事，又除太常卿，王如故。未幾，還，爲侍中，又以本官行司州牧，又除驃騎將軍，仍侍中，俄以本官監典書事。所在聚斂，風政不立。《孝静紀》：天平四年十月，寶炬遣其子大行臺元季海、大都督獨孤如願逼洛州，刺史廣陽王湛棄城退還，季海、如願遂據金墉。《傳》失書。入爲侍中，後行司州牧。時齊獻武王作相，以湛頗有器望，啓超拜太尉公。薨，《孝静紀》拜太尉公在興和正月乙酉，薨於武定二年五月丁酉。贈假黄鉞、大司馬、尚書令，謚曰文獻。《元湛墓誌》：追贈使持節、假黄鉞、侍中、太傅、大司馬、尚書令、都督定殷瀛幽四州諸軍事、驃騎大將軍、定州刺史，王如故，謚曰文獻。初，湛名位漸重，留連聲色，始以婢紫光遺尚書郎中宋遊道，後乃私耽，出爲冀州，竊而攜去。遊道大致紛紛，乃云紫光湛父所寵，湛母遺己，將致公文。久乃停息，論者兩非之。

湛弟瑾，尚書祠部郎。後謀殺齊文襄，事泄，合門伏法。《孝静紀》：武定八年，荀濟與華山王大器、元瑾謀，於宫内爲山，作地道向北城。至千秋門，門者覺地下響動，以告文襄。乃幽帝於含章堂，大器、瑾等見烹於市。湛子法輪，紫光所生也。齊王矜湛覆滅，乃啓原之，復其爵土。

南安王余，真君三年封吴王，後改封南安王。《世祖紀》余受封在真君三年十月己卯，改封在正平元年十二月。又真君十一年九月癸巳，皇太子北伐，吴王余留守京都。《傳》亦失書。世祖暴崩，中常侍宗愛矯皇太后令迎余而立之，然後發喪。大赦，改年爲永平。余自以非次而立，厚賞羣下，取悦於衆。爲長夜之飲，聲樂不絶，旬月之間，帑藏空罄。尤好弋獵，出遊無度，邊方告難，余不恤之，百姓憤惋，而余宴如也。宗愛權恣日甚，内外憚之。余疑愛將謀變，奪其權，愛怒，因余祭廟，夜殺余。高宗葬以王禮，謚曰隱。

魏收書《太武五王列傳》亡。

魏書宗室傳注卷六

景穆十二王列傳第七上　魏書十九

陽平王　京兆王　濟陰王
汝陰王　樂良王　廣平王

景穆皇帝十四男。恭皇后生文成皇帝。袁椒房生陽平幽王新成。尉椒房生京兆康王子推、濟陰王小新成。陽椒房生汝陰靈王天賜。樂良厲王萬壽、廣平殤王洛侯，母並闕。孟椒房生任城康王雲。劉椒房生南安惠王楨、城陽康王長壽。慕容椒房生章武敬王太洛。尉椒房生樂陵康王胡兒。孟椒房生安定靖王休。趙王深早薨，《高宗紀》：趙王深以興光元年八月甲戌薨。無傳，母闕。魏舊太子後庭未有位號，高宗即位，恭宗宫人有子者，並號爲椒房。

陽平王新成，太安三年封，拜征西大將軍。後爲内都大官。薨，《高宗紀》：新成以太安三年五月己巳封，和平元年六月甲午，督統萬、高平諸軍出南道，討吐谷渾。《顯祖紀》：和平六年十月，被徵入朝。皇興四年十二月甲辰，薨。謚曰幽。《元欽墓誌》：陽平哀王之季子，與《傳》謚幽不合。《陽平王太妃李氏墓誌》：魏故使持節、大將陽平幽王之母，則亦作「幽」，與《傳》合。

長子安壽，襲爵。高祖賜名頤。累遷懷朔鎮大將，都督三道諸軍事，北討。詔徵赴京，《高祖紀》頤奉命北討在太和十六年八月乙未。勗以戰伐之事。對曰：「當仰仗廟算，使呼韓同渭橋之禮。」帝嘆曰：「壯哉王言！朕所望也。」未發，遭母憂，詔遣侍臣以金革敦喻。既殯而發，與陸叡集三道諸將議軍途所詣。於是中道出黑山，東道趨士盧河，西道向侯延河。軍過大磧，大破蠕蠕。頤入朝，詔曰：「王之前言，果不虛也。」後除朔州刺史。及恒州刺史穆泰謀反，遣使推頤爲主。頤密以狀聞，泰等伏誅，帝甚嘉之。世宗景明六年，薨於青州刺史，《世宗紀》：頤以景明元年十一月丁巳薨。《傳》作「六年」誤。謚曰莊王。《陽平王太妃李氏墓誌》：太妃李氏，陽平幽王之妃，使持節、大將軍、青定二州刺史、陽平惠王之母。與《傳》謚莊王不合。傳國至孫宗胤，肅宗時，坐殺叔父賜死，爵除。新成弟六子飂，近有墓誌出洛陽，載飂字遺興，内都大達官、夏州刺史。陽平王弟六子也。弱冠拜奉車都尉，高宗朝除羽林監，又爲步兵校尉，遷左中郎將，加顯武將軍，春秋四十五。延昌三年八月二十七日癸卯，薨，贈使持節、冠軍將軍，燕州刺史。《傳》遺其人，附著於此。

頤弟衍，字安樂，賜爵廣陵侯。位梁州刺史，表請假王，以崇威重。詔曰：「可謂無厭求也，所請不合。」轉徐州刺史，至州病重，帝勑徐成伯乘傳療。疾差，成伯還，帝曰「卿定名醫」，賚絹三千匹。成伯辭，請受一千。帝曰：「《詩》云『人之云亡，邦國殄瘁』。以是而言，豈惟三千匹乎？」其爲帝所重如此。後所生母雷氏卒，表請解州。詔曰：「先君餘尊之所厭，禮之明文，季末陵遲，斯典或廢。侯既親王之子，宜從餘尊之義，便可大功。」後卒於雍州刺史，謚曰康侯。衍性清慎，所在廉潔，又不營産業，歷牧四州，皆有稱績，亡日無斂屍具。子暢。《北史》：子暢，字叔暢。從孝武帝入關，拜鴻臚，封博陵王。大統三年東討，没於陣。子敏，嗜酒多費，家爲之貧。位儀同三司，改封南武縣公。

暢弟融，字叔融。貌甚短陋，驍武過人。莊帝謀殺尒朱榮，以融爲直閤將軍。及尒朱兆入洛，融逃人間。《北史》：後從孝武入關，封魏興王，位侍郎、殿中尚書。

衍弟欽，字思若。位中書監、尚書右僕射，儀同三司。欽色尤黑，故時人號爲「黑面僕射」。欽淫從兄麗妻崔氏，爲御史中尉封回劾奏，(過)〔遇〕赦免。尋除司州牧。《傳》記欽歷官甚略。《元欽墓誌》稱：太和中，出身元士，俄遷正員郎，尋轉左中郎將。景明初，除司徒、右長史。正始末，爲輔國將軍、尚書吏部郎中，又授散騎常侍、給事黄門侍郎，除大鴻臚卿，尋授度支尚書，轉大宗正卿、七兵尚書，又加撫軍將軍，仍尚書，遂丁太妃憂。服闋，除鎮南將軍、金紫光禄大夫，又遷衛大將軍、中書監，又除尚書右僕射，加車騎大將軍、儀同三司，復授宗師、侍中、尚書左僕射、驃騎大將軍，仍儀同。《誌》又稱：既如壠右，匪民荆蠻蠢服，蔓草將延，淫根待滅。皇帝詶咨鷹揚，僉屬終歸，遂以公爲大將軍、二道都督。公乃仰稟庿勝之規，俯荷推轂之寄。長旌西指，函雍風靡。秉鉞南麾，荒夷草偃。洪勳茂績，簡在帝心。振旅旋旆，除司州牧，仍驃騎將軍、儀同三司。以病乞解，蒙授侍中、特進、左光禄大夫，復除侍中、司空公、開國侯，食邑五百戶。欽少好學，早有令譽，時人語曰：「皇宗略略，壽安、思若。」及晚年貴重，不能有所匡益，識者輕之。欽曾託青州人高僧壽爲子求師，師至，未幾逃去。欽以讓僧壽。僧壽性滑稽，反謂欽曰：「凡人絶粒，七日乃死，始經五朝，便爾逃遁，去食就信，實有所闕。」欽乃大慚，於是待客稍厚。後除司空公，封鉅平縣公。於河陰遇害，贈假黄鉞、太師、太尉公。《誌》稱鉅平縣開國侯，非縣公。《誌》又稱贈侍中、太師、太尉、尚書令、驃騎大將軍、定州刺史，謚曰文懿。

子子孝，字季業。早有令譽，年八歲，司徒崔光見而異之曰：「後生領袖，必此人也。」《北史》：孝武帝入關，不及從駕。後赴長安，封義陽王。子孝，美容儀，善笑謔，好酒愛士，縉紳歸之，賓客常滿，終日無倦。性又寬慈，敦睦親族，乃置學館於私第，集羣從子弟，晝夜講讀，并給衣食與諸子同。後歷尚書令、柱國大將軍。子孝以國運漸移，深自貶晦，日夜縱酒。後例降爲公，復姓拓拔氏，未幾卒。子賓，嗣。又《周書·元偉傳》附録元氏之仕周者，有柱國大將軍、特進、尚書令、少師、義陽王元子孝。

京兆王子推，太安五年封。位侍中、征南大將軍、長安鎮都大將。子推性沉雅，善於綏接，秦雍之人服其威惠。入爲中都大官，察獄有稱。顯祖將禪位於子推，以大臣固諫，乃傳高祖。高祖即位，拜侍中、本將軍、開府儀同三司、青州刺史，未至，道薨。《高祖紀》子推出爲青州刺史在承明元年十一月，薨於太和元年七月壬辰。

子太興，襲。拜長安鎮都大將，以黷貨，削除官爵。後除秘書監，還復前爵，拜統萬鎮將，改封西河。《高祖紀》太興削爵在太和十四年十月庚辰，復封西河在二十年十一月乙酉。後改鎮爲夏州，仍以太興爲刺史。除守衛尉卿。初，太興遇患，請諸沙門行道，所有資財，一時布施，乞求病愈，名曰「散生齋」。及齋後，僧皆四散，有一沙門方云乞齋餘食。太興戲之曰：「齋食既盡，唯有酒肉。」沙門曰：「亦能食之。」因出酒一斗，羊脚一隻，食盡猶言不飽。及辭出後，酒肉俱在，出門追之，無所見。太興遂佛前乞願，向者之師當非俗人，若此病得差，即捨王爵入道。未幾便愈，遂請爲沙門，表十餘上，乃見許。時高祖南討在軍，詔皇太子於四月八日爲之下髮，施帛二千匹。既爲沙門，更名僧懿，居嵩山。太和二十二年終。

子昴，字伯暉，襲。薨。《汝陽王元睟墓誌》：祖使持節、征南大將軍、雍汾二州刺史、西河王。是太興卒贈雍、汾二州刺史。又《元悰墓誌》：祖雍州康王，拂衣獨往，脱屣千乘。父青州驅車，不息褰帷萬里。是太興薨謚康，贈雍州刺史。昴謚穆，贈青州刺史。惟《元遥墓誌》稱遥爲京兆康王第二子。《元定誌》稱京兆康王第四子。遥、定爲太興弟，則又似「康」爲子推謚矣。著之俟考。

子悰，字魏慶，襲。孝静時，累遷太尉、録尚書事、司州牧、青州刺史。《元悰墓誌》：初爲中書侍郎，又轉武衛將軍、大宗正卿、滎陽太守。又爲使持節、都督北華州諸軍事、安西將軍、北華州刺史。又除侍中、衛將軍、金紫光禄大夫，進拜驃騎大將軍、左光禄大夫如故。又以本將軍爲司州牧，遷太尉公。又加侍中、録尚書事，復爲司州牧、驃騎大將軍、開府儀同三司，除使持節、都督青州諸軍事、本將軍、青州刺史，開府儀同如故。所記歷官，可補《紀傳》之略。惟《誌》不載遷拜年月，《孝静紀》

以司州牧遷太尉在天平二年二月壬午，以録尚書事復爲司州牧在三年五月丙辰。薨於州，贈假黄鉞、太傅、司徒公，謚曰文。《孝静紀》及《墓誌》均作興和四年十一月薨。又《傳》作謚文，《誌》作謚文靖，追贈使持節、侍中、太傅、司徒公、假黄鉞、都督定瀛滄三州諸軍事、驃騎大將軍、定州刺史。悰寬和有度量，美容貌，風望儼然，得喪之間，不見於色。性清儉，不營産業，身死之日，家無餘財。

昂弟仲景，性嚴峭。莊帝時，兼御史中尉，京師肅然。每向臺，恒駕赤牛，時人號「赤牛中尉」。太昌初，爲河南尹，奉法無私。時吏部尚書樊子鵠部下縱横，又爲盜竊，仲景密加收捕，悉獲之，咸即行決，於是豪貴寒心。《出帝紀》：太昌元年九月甲寅，以車騎大將軍、河南尹元仲景爲驃騎大將軍、儀同三司。出帝將西行，授仲景中軍大都督，留京師。齊獻武王欲至洛陽，仲景遂棄妻子而遁。《北史》：追駕至長安，仍除尚書右僕射，封順陽王。仲景既失妻子，乃娶故尒朱天光妻也列氏，本倡女，有美色，仲景甚重之。經數年，前妻叔袁紇氏自洛陽間行至，也列遂徙居異宅。久之，有奸事露，詔仲景殺之。仲景寵情愈至，謬殺一婢，蒙其屍而厚葬以代焉。列徙於密處，人莫知其詐。仲景三子，濟、鍾、奉，叔袁紇氏生也，皆以宗室，早歷清官。仲景以列尚在，恐妻子漏之，乃謀殺袁紇。紇先覺，復欲陰害列。列謂從奴曰：若袁紇殺我，必投我厠中，我告丞相，冀或不死，若不理首愆，猶埋我好地爾，爲我告之。奴遂告周文帝，周文依奏，詔笞仲景一百，免右僕射，以王歸第。也列以自告而逐之，仲景猶私不已。又有告者，詔重笞一百，付宗正，官爵盡除。仲景仍通焉。後周文帝以其歷任有令名，且杖策追駕，乃奏復官爵。也列、袁紇于是同居。大統五年，除幽州刺史。仲景多内亂，後就州賜死。

仲景弟暹，字叔照。莊帝初，除南兗州刺史，在州猛暴，多所殺害。元顥入洛，暹據州不屈。莊帝還宫，封汝陽王，《孝莊紀》暹受封在永安二年七月己卯。遷秦州刺史。先時，秦州城人屢爲反覆，暹盡誅之，存者十一二。普泰元年，除涼州刺史，貪暴無極。欲規府人及商胡富人財物，詐一臺符，誑諸豪等云欲加賞，一時屠戮，所有資財生口，悉没自入。《出帝紀》：永熙三年六月丁卯，汝陽王暹守石濟。《傳》失書。孝静時，位侍中、録尚書事。薨，《孝静紀》暹拜録尚書事在天平四年正月丁巳，薨於興和元年六月戊申。贈太師、録尚書。《汝陽王元睟墓誌》：父使持節、侍中、太師、録尚書事、都督定冀瀛殷四州諸軍事、定州刺史、汝陽文獻王。是暹贈定州刺史，謚文獻。

子沖，襲。無子，國絶。《元睟墓誌》：王諱睟，字子沖。《傳》誤脱「子」字，又失其名。睟仕至散騎侍郎，以武定三年閏月卒。《傳》亦失書。

太興弟遥，字太原。《元遥墓誌》作「字修遠，京兆王第二子」。有器望，以左衛將軍從高祖南征，賜爵饒陽男。《元遥墓誌》：出身爲下大夫，及七祖神遷，苻鼎從洛，百禮創源，官方改授，除員外散騎常侍兼武衛將軍，親寵歲加，腹心唯密。轉北中郎將兼侍中，所以襟帶京門，絹釐樞近。太和中，高祖治兵樊鄧，復攝左衛將軍，暨龍旌返旆，饗士論功，除左衛將軍、饒陽男。世宗初，遭所生母憂，表請解任，詔以餘尊所厭，不許。《元遥墓誌》：景明初，除平西將軍、涇州刺史，即被徵爲七兵尚書，又遷中領軍，出拜鎮東將軍、冀州刺史，入除護軍，加右光禄大夫。延昌中，淮泗不静，加公征南大將軍、都督南征諸軍事。《世宗紀》：正始三年五月壬午，詔尚書元遥率衆南討。延昌三年十有一月乙卯，以中護軍元遥爲征南將軍、東道都督，鎮遏梁楚。與《誌》略同。《傳》多失書。又誤書光禄護軍、冀州刺史諸除授在肅宗時。

肅宗初，累遷左光禄大夫，仍領護軍。遷冀州刺史。遥以諸胡先無籍貫，姦良莫辨，悉令造籍。

又以諸胡設籍，當欲税之，以充軍用。胡人不願，乃共構遥，云取納金馬。御史按驗，事與胡同，遥坐除名。遥陳枉不已，勑有司重究，乃披雪。遷右《北史》作「左」。光禄大夫。

時冀州沙門法慶既爲妖幻，遂説(渤)〔勃〕海人李歸伯，歸伯合家從之，招率鄉人，推法慶爲主。法慶以歸伯爲十住菩薩、平魔軍司、定漢王，自號「大乘」。殺一人者爲一住菩薩，殺十人爲十住菩薩。又合狂藥，令人服之，父子兄弟不相知識，唯以殺害爲事。於是聚衆殺阜城令，破(渤)〔勃〕海郡，殺害吏人。刺史蕭寶夤遣兼長史崔伯驎討之，敗於煑棗城，伯驎戰没。凶衆遂盛，所在屠滅寺舍，斬戮僧尼，焚燒經像，云新佛出世，除去舊魔。詔以遥爲使持節、都督北征諸軍事，帥步騎十萬以討之。法慶相率攻遥，遥並擊破之。遥遣輔國將軍張虯等率騎追掩，討破，擒法慶并其妻尼惠暉等，斬之，傳首京師。後擒歸伯，戮於都市。《肅宗紀》遥以延昌四年七月丁未任征北大將，討法慶斬法慶在九月壬寅。

初，遥大功昆弟皆是恭宗之孫，至肅宗而本服絶，故除遥等屬籍。遥表曰：「竊聞聖人所以南面而聽天下，其不可得變革者，則親也，尊也。四世而緦服窮，五世而袒免，六世而親屬竭矣。去兹以往，猶繫之以姓而弗别，綴之以食而弗殊。又《律》云議親者，非唯當世之屬親，歷謂先帝之五世。謹尋斯旨，將以廣帝宗，重磐石。先皇所以變兹事條，爲此别制者，太和之季，方有意於吴蜀，經始之費，慮深在初，割減之起，蹔出當時也。且臨淮王提，分屬籍之始，高祖賜帛三千匹，所以重分離；樂良王長命，亦賜縑二千匹，所以存慈眷。此皆先朝殷勤克念，不得已而然者也。古人有言，百足之蟲至死不僵者，以其輔己者衆。臣誠不欲妄親太階，苟求潤屋，但傷大宗一分，則天子屬籍不過十數人而已。在漢，諸王之子不限多少，皆列土而封，謂之曰侯，至於魏晉，莫不廣胙河山，稱之曰公者，蓋惡其大宗之不固，骨肉之恩疏矣。臣去皇上，雖是五世之遠，於先帝便是天子之孫，高祖所以國秩禄賦復給衣食，后族唯給其賦不與衣食者，欲以別外內、限異同也。今諸廟之感，在心未忘；行道之悲，倏然已及。其諸封者，身亡之日，三年服終，然後改奪。今朝廷猶在遏密之中，便議此事，實用未安。」詔付尚書博議以聞。尚書令任城王澄、尚書左僕射元暉奏同遥表。靈太后不從。卒，謚曰宣公。《墓誌》：春秋五十一，熙平二年九月薨於第。贈車騎大將軍、儀同三司、雍州刺史，謚曰宣。

遥弟恒，字景安，粗涉書史。恒以《春秋》之義，爲名不以山川，表求改名芝。《肅宗紀》：孝昌二年六月丙子，以衛大將軍、西道都督元恒芝爲車騎大將軍、儀同三司。三年正月甲申，元恒芝大敗於涇州。武泰元年四月己亥，恒芝遇害。均作「恒芝」，不作「芝」。歷位太常卿、中書監、侍中。後於河陰遇害。贈太傅、司徒公，謚曰宣穆公。遥尚有弟定，字泰安，有《墓誌》，近出洛陽，稱：景穆皇帝之孫，使持節、侍中、征南大將軍、都督五州諸軍事、青雍二州刺史。故京兆康王第四子，廣平内史、前河間王。

濟陰王小新成，和平二年封。《高宗紀》：小新成以和平二年七月戊寅受封，加征東大將軍，鎮平原。頗有武略。厙莫奚侵擾，詔新成率衆討之。新成乃多爲毒酒，賊既漸逼，便棄營而去。賊至，喜而競飲，聊無所備。遂簡輕騎，因醉縱擊，俘馘甚多。後位外都大官。薨，《顯祖紀》小新成以皇興元年二月薨。贈大將軍，謚曰惠公。

子鬱，字伏生，襲。位開府。爲徐州刺史，以黷貨賜死，《齊書・元弼傳》：魏司空鬱之子。是鬱官至司空。《高祖紀》其賜死在太和十五年六月丁未。《元鑽遠墓誌》：祖濟陰康王。是鬱後曾追謚，《傳》失書也。國除。

長子弼，字邕明，《齊書・元弼傳》作「字輔宗」。剛正有文學。位中散大夫。以世嫡應襲先爵，爲季父尚書僕射麗因于氏親寵，遂奪弼王爵，横授同母兄子誕。於是弼絶棄人事，託疾還私第。世宗徵爲侍中，弼上表固讓。入嵩山，以穴爲室，布衣蔬食，卒。建義元年，子暉業訴復王爵。永安三年，追贈尚書令、司徒公，謚曰文獻。《元鑽遠墓誌》：父文王，才藻富麗，一代文宗。「文王」殆「文獻」之省。初，弼嘗夢人謂之曰：「君身不得傳世封，其紹先爵者，君長子紹遠也。」弼覺，即語暉業。終如其言。

暉業，少險薄，多與寇盗交通。長乃變節，涉子史，亦頗屬文，而慷慨有志節。歷位司空、太尉《孝莊紀》：永安二年二月壬寅，詔散騎常侍、濟陰王暉業兼行臺尚書，督都督李德龍、丘大千鎮梁國。四月元顥攻陷考城，執行臺元暉業、都督丘大千。《孝静紀》：天平二年三月辛酉，以濟陰王暉業爲司空。八月辛卯，坐事免。武定二年九月甲申，以開府儀同三司、濟陰王暉業爲太尉。加特進，領中書監，録尚書事。齊文襄嘗問之曰：「比何所披覽？」對曰：「數尋伊霍之《傳》，不讀曹馬之書。」暉業以時運漸謝，不復圖全，唯事飲啗，一日三羊，《齊書・元暉業傳》作「一日一羊」。三日一犢。又嘗賦詩云：「昔居王道泰，濟濟富羣英。今逢世路阻，狐兔鬱縱横。」齊初，降封美陽縣公，開府儀同三司、特進。暉業之在晉陽也，無所交通，居常閑暇，乃撰《魏藩王世家》，《齊書·暉業傳》作「家世」。號爲《辨宗室録》，四十卷，行於世。《北史》：天保二年從駕至晉陽，於宫門外罵元(弼)〔韶〕曰：「爾不及一老嫗，背負璽與人，何不打碎之？我出此言，知即死，然爾亦詎得幾時？」文宣聞而殺之。并斬臨淮公孝友。孝友臨刑驚惶失措，暉業神色自若，仍鑿冰沉其屍。又暉業尚有弟永業，近有《墓誌》出洛陽，稱：君諱鑽遠，字永業。恭宗景穆皇帝之玄孫，祖濟陰康王，父文王。辟爲員外散騎侍郎，轉兗州司馬，值僞賊孔熾，逼迫墉隍，君内定不世之謀，外騁必勝之略；神功洞發，寇賊冰消。蒙賞廣川縣開國侯，遷中書侍郎，不拜。俄轉東太原太守，轉爲齊州東魏郡太守。降年不永，春秋三十有二，以永熙二年二月二十七日終於位。追贈使持節、都督齊州諸軍事、平南將軍、齊州刺史，賻錢三萬，祭以太牢，謚曰武侯。

暉業弟昭業，頗有學尚，位諫議大夫。莊帝將幸洛南，昭業立於閶闔門外，扣馬諫，帝避之而過，後勞勉之。位給事黄門侍郎、衛將軍、右光禄大夫。卒，謚曰文侯。

鬱弟偃，字仲琁，位太中大夫。卒。

子誕，字曇首。初，誕伯父鬱以貪汙賜死，爵除。景明三年，誕訴云，伯鬱前朝之封，正以年長襲封，以罪除爵。爵由謬襲，襲應歸正。詔以偃正元妃息曇首，濟陰王嫡孫，可聽紹封，以纂先緒。誕既襲爵，除齊州刺史。在州貪暴，大爲人患，牛馬騾驢，無不逼奪。家之奴隸，悉迫取良人爲婦。有沙門爲誕採藥，還而見之，誕曰：「師從外來，有何消息？」對曰：「唯聞王貪，願王早代。」誕曰：

「齊州七萬户，吾至來，一家未得三十錢，何得言貪？」後爲御史中尉元纂所糾，會赦免。薨，謚曰靜王。

子撫，字伯懿，襲。莊帝初，爲從兄暉業訴奪王爵。

偃弟麗，字寶掌。位兼宗正卿、右衛將軍，遷光禄勳，宗正、右衛如故。時秦州屠各王法智推州主簿吕苟兒爲主，號建明元年，置立百官，攻逼州郡。涇州人陳瞻亦聚衆自稱王，號聖明元年。詔以麗爲使持節、都督、秦州刺史，與别駕楊椿討之。苟兒率衆十餘萬屯孤山，列據諸險，圍逼州城。麗出擊，大破之，便進軍水洛。賊徒逆戰，麗夜擊走之。行秦州事李韶破苟兒于孤山，乘勝追奔三十里，獲其父母妻子，斬賊王五人，其餘相繼歸降，諸城之圍，亦悉奔散。苟兒率其王公三十餘人詣麗請罪。《世宗紀》麗受命討吕苟兒在正始三年二月戊午，平賊在七月庚辰。椿又斬瞻。麗因平賊之勢，枉掠良善七百餘人。世宗嘉其功，詔有司不聽追檢。

拜雍州刺史，爲政嚴酷，吏人患之。其妻崔氏誕一男，麗遂出州獄囚死及徒流案未申臺者，一時放免。遷冀州刺史，入爲尚書左僕射。帝問曰：「聞公在州殺戮無理，枉濫非一，又大殺道人。」對曰：「臣在冀州可殺道人二百許人，亦復何多？」帝曰：「一物不得其所，若納諸隍，況殺道人二百而言不多。」麗脱冠謝，賜坐。卒，謚曰威。

子顯和，少有節操，歷司徒記室參軍。司徒崔光每見之曰：「元參軍風流清秀，容止閑雅，乃宰相之器。」除徐州安東府長史。刺史元法僧叛，顯和與戰被擒，執手命與連坐。顯和曰：「顯和與阿翁同源別派，皆是磐石之宗，一朝以地外叛，若遇董狐，能無慚德。」遂不肯坐。法僧猶欲慰喻，顯和曰：「乃可死作惡鬼，不能生爲叛臣。」及將殺之，神色自若。建義初，贈秦州刺史。

汝陰王天賜，和平三年封，拜鎮南大將軍、虎牢鎮都大將。《高祖紀》：天賜以和平二年七月戊寅封汝陰王，加征南大將軍、鎮虎牢。《傳》誤作「和平三年」。後爲内都大官。高祖初，殿中尚書胡莫寒簡西部敕勒豪富兼丁者爲殿中武士，而大納財貨，簡選不平。衆怒，殺莫寒及高平假鎮將奚陵，於是諸部敕勒悉叛。詔天賜與給事中羅雲督諸軍討之。前鋒敕勒詐降，雲信之，副將元伏曰：「敕勒色動，恐將有變，今不設備，將爲所圖。」雲不從。敕勒輕騎數千襲殺雲，天賜僅得自全。《顯祖紀》天賜討敕勒在皇興五年四月。後除征北大將軍、護匈奴中郎將。累遷懷朔鎮大將，《高祖紀》：承明元年七月甲辰，以汝陰王天賜爲征西大將軍、儀同三司。《元壽安墓誌》亦作「征西大將軍，領護西戎校尉、儀同三司、涼州鎮都大將」。《元始和墓誌》作「征西大將軍、儀同三司」。坐貪殘，恕死，削除官爵。《高祖紀》天賜削爵在太和十三年六月。卒，高祖哭於思政觀，贈本爵，葬從王禮，謚曰靈王。《高祖紀》：太和二十年十一月乙酉，復封前汝陰王天賜孫景和爲汝陰王。《傳》失載景和續爵，並佚其名，今據補。

子逞，字萬安。卒於齊州刺史，謚曰威。《元始和墓誌》：冠軍將軍、驍騎將軍逞之元子，字靈光，春秋十有七。以正始三年七月十二日薨。是逞尚有子始和，因早卒未仕，故《傳》不載。

逞子慶和，東豫州刺史。爲蕭衍將所攻，舉城降之。衍以爲北道總督、魏王。至項城，朝廷出師討之，望風退走。《肅宗紀》慶和降南在孝昌三年九月，受魏封。《孝静紀》在天平元年閏月。爲元晏敗走在二年正月。六月，堯雄又破之於南頓。衍責之曰：「言同百舌，膽若䶄鼠。」遂徙合浦。

逞弟汎，字普安。自元士稍遷營州刺史。性貪殘，人不堪命，相率逐之，汎走平州。後除光禄大夫、宗正卿，封東燕縣男。於河陰遇害。

天賜第五子修義，字壽安，《元壽安墓誌》作「諱壽安，字修義」。涉獵書傳，頗有文才，爲高祖所知。自元士稍遷左將軍、齊州刺史。修義以齊州頻喪刺史，累表固辭。詔曰：「修短有命，吉凶由人，何得過致憂憚，以乖維城之寄。違凶就吉，時亦有之，可聽更立館宇。」於是移理東城。修義爲政，寛和愛人，在州四歲，不殺一人，百姓以是追思之。遷秦州刺史。肅宗初，表陳庶人禧、庶人愉等，請宥前愆，賜葬陵域。靈太后詔曰：「收葬之恩，事由上旨，藩岳何得越職干陳！」在州多受納。

累遷吏部尚書。及在銓衡，唯事貨賄，授官大小，皆有定價。時中散大夫高居者，有旨先叙，時上黨郡缺，居遂求之。修義私已許人，抑居不與。居大言不遜，修義命左右牽曳之。居對大衆呼天唱賊。人問居曰：「白日公庭，安得有賊？」居指修義曰：「此座上者，違天子明詔，物多者得官，京師白劫，此非大賊乎？」修義失色。居行罵而出。後欲邀車駕論修義罪狀，左僕射蕭寶夤諭之，乃止。

二秦反，假修義兼尚書右僕射、西道行臺、行秦州事，爲諸軍節度。《傳》叙壽安仕履甚略。《墓誌》載：年十七以宗室起家，除散騎侍郎在通直，俄轉揚州任城王開府司馬，還爲司空府長史，入補散騎常侍，出行相州事，仍除持節、督齊州諸軍事、左將軍、齊州刺史，復授使持節、都督秦州諸軍事、右將軍、秦州刺史。以奏課第一就加平西將軍。徵爲太常卿，遷安南將軍、都官尚書。又授殿中尚書，加撫軍將軍，遷鎮東將軍、吏部尚書，轉衛大將軍，加散騎常侍，尚書如故。既而隴右虔劉阻兵稱亂，以公愛結民心，威足龕敵，改授使持節、開府、假驃騎大將軍兼尚書右僕射，行秦州事，本官如故。爲西道行臺，即除使持節、散騎常侍、都督雍州諸軍事、衛大將軍、開府、雍州刺史。俾六輔匪戎，三秦載底，公實有力焉。復以本官加開府儀同三司、秦州都督兼尚書左僕射、西道行臺、行秦州事。《誌》不載除授年月。《肅宗紀》壽安爲西道行臺在正光五年七月甲寅。修義性好酒，每飲連日，遂遇風病，神明昏喪，雖至長安，竟無部分之益。元志敗没，賊東至黑水，更遣蕭寶夤討之，以修義爲雍州刺史。卒於州，贈司空，《墓誌》：軍次汧城，彌留寢疾，薨於軍所。詔追贈使持節、侍中、司空公、都督冀瀛滄三州諸軍事，領冀州刺史。諡曰文。修義弟固近有《墓誌》出洛陽，稱：公諱固，字全安，景穆皇帝之孫，使持節、征西大將軍、儀同三司、汝陰王第六子。太和中，釋褐太子舍人，轉給事中，除通直散騎侍郎、散騎侍郎兼大宗正少卿，遷太子庶子、通直散騎常侍、宗正少卿，復加冠軍將軍兼將作大匠，俄正大匠，常侍如故。重除宗正少卿，大匠如故。出爲征虜將軍、東秦州刺史。不行，加左將軍，轉安南將軍、大宗正卿。還，領大匠，遷撫軍將軍、衛尉卿，行河南尹，轉中軍將軍、右衛將軍，加散騎常侍。出爲鎮北將軍、定州刺史，常侍如故。後除金紫光禄大夫、太常卿，鎮北，常侍如故。以孝昌三年歲次丁未，九月辛酉朔二日壬戌，薨於位。有詔追贈使持節、車騎大將軍、儀同三司、雍州刺史。《傳》失書。《誌》載固息靜藏，年九歲。

子均，位給事黄門侍郎。《北史》：均後入西魏，封安昌王，位開府儀同三司。薨，贈司空，謚曰平。子則，字孝規，襲爵。位義州刺史。仕周爲小冢宰、江陵總管。子文都。則弟矩，字孝矩。西魏時，襲祖爵始平縣公，拜南豐州刺史。隋賜爵洵陽郡公，官至涇州刺史，謚曰簡，子無竭嗣。矩次弟雅，字孝方。仕隋至集、沁二州刺史，封順陽郡公。雅弟褒，字孝整，隋原州總管。

樂良王萬壽，和平三年封，拜征東大將軍，鎮和龍。性貪暴，徵還，道憂薨。謚曰厲王。《高祖紀》萬壽受封在和平二年七月戊寅，非三年。加征北大將軍，非征（南）〔東〕。以三年正月癸未薨。

子康王樂平，襲。薨。《高宗紀》樂平以太和三年四月癸未薨。

子長命，襲。坐殺人賜死，國除。《世宗紀》長命賜死在正始三年三月己卯。

子忠，肅宗時復前爵，《肅宗紀》：孝昌元年二月，詔復樂良王本爵，以其子忠紹之。位太常少卿。出帝汎舟天淵池，命宗室諸王陪宴。忠愚而無智，性好衣服，遂著紅羅襦，繡作領，碧紬袴，錦爲緣。帝謂曰：「朝廷衣冠，應有常式，何爲著百戲衣？」忠曰：「臣少來所愛，情存綺羅，歌衣舞服，是臣所願。」帝曰：「人之無良，乃至此乎！」《孝静紀》：興和四年六月丙申，復前侍中、樂浪王爵。則忠曾經削爵，《傳》於削爵、復爵皆失書。《紀》之「樂浪」，乃「樂良」之誤。

廣平王洛侯，和平二年封。薨，《高宗紀》洛侯以和平二年七月戊寅受封，十月薨。謚曰殤。無子，後以陽平幽王第五子匡後之。

匡字建扶，性耿介，有氣節。高宗器之，謂曰：「叔父必能儀形社稷，匡輔朕躬，今可改名爲匡，以成克終之美。」

世宗即位，累遷給事黄門侍郎。茹皓始有寵，百寮微憚之。世宗曾於山陵還，詔匡陪乘，又命皓登車。皓褰裳將上，匡諫止，世宗推之令下，皓恨匡失色。當時壯其忠謇。世宗親政，除肆州刺史。匡既忤皓，懼爲所害，廉慎自修，甚有聲績。遷恒州刺史，徵爲大宗正卿、河南邑中正。

匡奏親王及始蕃、二蕃王妻悉有妃號，而三蕃已下皆謂之妻，上不得同爲妃名，而下不及五品已上有命婦之號，竊爲疑。詔曰：「夫貴於朝，妻榮於室，婦女無定，升從其夫。三蕃既啓王封，妃名亦宜同等。妻者，齊也，理與己齊，可從妃例。」自是三蕃王妻名號始定。後除度支尚書。匡表引樂陵、章武之例，求紹洛侯封，詔付尚書議。尚書奏聽襲封，以明興絶之義。

匡與尚書令高肇不平，常無降下之色。時世宗委政於肇，朝廷傾憚，唯匡與肇抗衡。先自造棺，置於廳事，意欲輿棺詣闕，論肇罪惡，自殺切諫。肇聞而惡之。後因與太常劉芳議争權量，遂與肇聲色。御史中尉王顯奏匡曰：

自金行失御，羣僞競興，禮壞樂崩，彝倫攸斁。大魏應期，奄有四海。高祖孝文皇帝以睿聖統天，克復舊典。乃命故中書監高閭廣旌儒林，推尋樂府，依据六經，參諸國志，以黍裁寸，將均周漢舊章。屬雲構中遷，尚未云就。高祖睿思玄深，參考經記，以一黍之大，用成分體，準之爲尺，宣布施行。

暨正始中，故太樂令公孫崇輒自立意，以黍十二爲寸，别造尺度，定律刊鍾。皆向成訖，表求觀試。時敕太常卿臣芳，以崇造既成，請集朝英，議其得否。芳疑崇尺度與先朝不同，察其作者，於經史復異，推造鮮據，非所宜行。時尚書令臣肇、清河王懌等以崇造乖謬，與《周禮》不同，遂奏臣芳依《周禮》更造，成訖量校，從其善者。而芳以先朝尺度，事合古典。乃依前詔書，以黍刊寸，並呈朝廷，用裁金石。于時議者，多云芳是，唯黄門侍郎臣孫惠蔚與崇扶同。二途參差，頻經考議。而尚書令臣肇以芳造。崇物故之後，而惠蔚亦造一尺，仍云扶，以比崇尺，自相乖背。量省二三，謂芳爲得。而尚書臣匡表云劉孫二尺，長短相傾，稽考兩律，所容殊異。言取中黍，校彼二家，云並參差，抑中無所，自立一途，請求議判。當時議者，或是於匡。兩途舛駮，未即時定。肇又云，權斛斗尺，班行已久，今者所論，豈喻《北史》作「踰」。先旨。宜仰依先朝故尺爲定。

自爾以後，而匡與肇厲言都座，聲色相加，高下失其常倫，噂競無復彝序。匡更表列，據己十是，云芳十非。又云：「肇前被勅旨，共芳營督，規立鍾石之名，希播製作之譽。乃憑樞衡之尊，藉舅氏之勢，與奪任心，臧否自己。阿黨劉芳，遏絶臣事，望勢雷同者接以恩言，依經按古者即被怒責。雖未指鹿化馬，移天徙日，實使蘊藉之士，聳氣坐端；懷道之夫，結舌筵次。」又言：「芳昔與崇競，恒言自作，今共臣論，忽稱先朝。豈不前謂可行，輒欲自取，後知錯謬，便推先朝。殊非大臣之體，深失爲下之義。復考校勢臣之前，量度偏頗之手，臣必刖足内朝，抱璞人外。」矯言肆意，彰於朝野。

然匡職當出納獻替所在，斗尺權度，正是所司。若己有所見，能練臧否，宜應首唱義端，早辨諸惑，何故默心隨從，不關一言，見芳成事，方有《北史》作「出」。此語。計芳才學，與匡殊懸，所見淺深，不應相匹。今乃始發，恐此由心，借智於人，規成虚譽。況匡表云：「所據銅權，形如古誌，明是漢作，非莽别造。」及案《權銘》云：「黄帝始祖，德布於虞，虞帝始祖，德布於新。」若莽佐漢時事，寧有銘僞新之號哉。又尋《莽傳》云，莽居攝，即變漢制度。考校二證，非漢權明矣。復云：「芳之所造，又短先朝之尺。」臣既比之，權然相合。更云：「芳尺與千金堰不同。」臣復量比，因見其異。二三浮濫，難可據準。又云：「共構虚端，妄爲疑似，託以先朝，云非己製。」

臣按此欺詐，乃在於匡，不在於芳。何以言之？芳先被勑，專造鍾律，管籥優劣，是其所裁，權斛尺度，本非其事。比前門下索芳尺度，而芳牒報云：「依先朝所班新尺，復應下黍，更不增損，爲造鍾律，調正分寸而已。」檢匡造時在牒後一歲，芳於爾日，匡未共爭，已有此牒，豈爲詐也？計崇造寸，積黍十二，羣情共知；而芳造寸，唯止十黍，亦俱先朝詔書。以黍成寸，首尾歷然，寧有輒欲自取之理？肇任居端右，百寮是望，言行動静，必副具瞻。若恃權阿黨，詐託先詔，將指鹿化馬，徙日移天，即是魏之趙高，何以宰物。肇若無此，匡既誣毁宰相，訕謗明時。豈應談議之間，便有指鹿之事；可否之際，輕生刖足之言。趙高矯惑，事屬衰秦；卞和抱璞，時遇暴楚。何宜以濟濟之朝，而有斯謗者哉！阻惑朝聽，不敬至甚，請以肇、匡並禁尚書，推窮其原，付廷尉定罪。

詔曰：「可。」有司奏匡誣肇，處匡死刑。世宗恕死，降爲光禄大夫。

又兼宗正卿，出爲兗州刺史。匡臨發，帝引見於東堂勞勉之。匡猶以尺度金石之事，國之大經，前雖爲南臺所彈，然猶許更議，若議之日，願聽臣暫赴。世宗曰：「劉芳學高一時，深明典故，其所據者，與先朝尺乃寸過一黍，何得復云先朝之意也？兗州既所執不經，後議之日，何待赴都也。」

肅宗初，入爲御史中尉。匡嚴於彈糾，始奏于忠，次彈高聰等免官，靈太后並不許。以違其糾惡之心，又慮匡辭解，欲奬安之，進號安南將軍，後加鎮東將軍。

匡屢請更權衡不已，於是詔曰：「謹權審度，自昔令典，定章革歷，往代良規。匡宗室賢亮，留心既久，可令更集儒貴，以時驗決。必令權衡得中，令寸籥不舛。」又詔曰：「故廣平殤王洛侯，體自恭宗，茂年薨殞，國除祀廢，不祀忽諸。匡親同若子，私繼歲久，宜樹維城，永兹磐石，可特襲王爵，封東平郡王。」《肅宗紀》匡受詔參定權衡在熙平二年正月庚寅，襲爵在二月丁未。匡所制尺度訖，請集朝士議定是非。詔付門下、尚書、三府、九列議定以聞。太師、高陽王雍等議曰：「伏惟高祖創改權量已定，匡今新造，微有參差，且匡云所造尺度與《漢志》王莽權斛不殊。又晉中書監荀勖云，後漢至魏，尺長於古四分有餘。於是依《周禮》，積黍以起度量，惟古玉律及鍾，遂改正之。尋勖所造之尺，與高祖所定毫釐略同。及侍中崔光得古象尺，于時亦準議令施用。仰惟孝文皇帝，德邁前王，睿明下燭，不刊之式，事難變改。臣等參論，請停匡議，永遵先皇之制。」詔從之。

匡每有奏請，尚書令、任城王澄時致執奪，匡剛隘，内遂不平。先所造棺猶在僧寺，乃復修事，將與澄相攻。澄頗知之。後將赴省，與匡逢遇，騶卒相撾，朝野駭愕。澄因是奏匡罪狀三十餘條，廷尉處以死刑。詔付八座議，《北史》無「座」字。特加原宥，削爵除官。《肅宗紀》：神龜二年八月己未，御史中尉、東平王匡坐事削除官爵。三公郎中辛雄奏理之。後特除平州刺史，徙青州刺史，尋爲關右都督兼尚書行臺。遇疾還京。孝昌初，卒，謚曰文貞。後追復本爵，改封濟南王。《肅宗紀》匡復爵改封在孝昌三年二月丁未。

第四子獻，襲。齊受禪，爵例降。《北史》：子祖育，襲。武定初，墜馬薨。子勒（乂）〔叉〕襲。齊受禪，爵例（除）

〔降〕。案，洛陽近出《元猷墓誌》，蓋文曰：「魏故濟南王元猷銘記。」是猷没於魏世，且猷子祖育亦没於武定初。至齊除爵者，乃猷孫勒(义)〔叉〕也。《傳》記載殊舛，爲舉正之。

魏收書《景穆十二王列傳》卷上亡。

魏書宗室傳注卷七

景穆十二王列傳第七中　魏書十九

任城王

任城王雲，年五歲，恭宗崩，號哭不絕聲。世祖聞之而呼，抱之泣曰：「汝何知而有成人之意也。」和平五年封，《高宗紀》雲受封在和平五年正月丁亥。拜使持節、侍中、征東大將軍、和龍鎮都大將。顯祖時，拜都督中外諸軍事、中都坐大官，聽理民訟，甚收時譽。

延興中，顯祖集羣僚，欲禪位於京兆王子推。王公卿士莫敢先言。雲進曰：「陛下方隆太平，臨覆四海，豈得上違宗廟，下棄兆民。父子相傳，其來久矣，皇魏之興，未之有革。皇儲正統，聖德夙章。陛下必欲割捐塵務，頤神清曠者，冢副之寄，宜紹寶曆，若欲捨儲，輕移宸極，恐非先聖之意，駭動人情。又，天下是祖宗之天下，而陛下輒改神器，上乖七廟之靈，下長姦亂之道，此是禍福所由，願深思慎之。」太尉源賀又進曰：「陛下今欲外選諸王而禪位于皇叔者，臣恐春秋蒸嘗，昭穆有亂，脱萬世之後，必有逆饗之譏，深願思任城之言。」東陽公元丕等進曰：「皇太子雖聖德夙彰，然實沖幼。陛下富於春秋，始覽機政，普天景仰，率土傒心，欲隆獨善，不以萬物爲意，其若宗廟何，其若億兆何！」顯祖曰：「儲宮正統，受終文祖，羣公相之，有何不可。」於是傳位於高祖。

後蠕蠕犯塞，雲爲中軍大都督，從顯祖討之，遇於大磧。事具《蠕蠕傳》。後仇池氏反，以雲爲征西大將軍討平之。除都督徐兗二州緣淮諸軍事、征東大將軍、開府、徐州刺史。雲以太妃蓋氏薨，表求解任。顯祖不許，雲悲號動疾，乃許之。性善撫綏，得徐方之心，爲百姓所追戀。送遺錢貨，一無所受。顯祖聞而嘉之。復拜侍中、中都大官，賜帛千匹，羊千口。出爲冀州刺史，仍本將軍。雲留心政事，甚得下情，於是合州請户輸絹五尺、粟五升以報雲恩。高祖嘉之，還使持節、都督陝西諸軍事、征南大將軍、長安鎮都大將、雍州刺史。雲廉謹自修，留心庶獄，挫抑豪彊，羣盜息止，州民頌之者千有餘人。文明太后嘉之，賜帛千匹。太和五年，薨於州。《高祖紀》雲薨在太和五年四月甲寅。遺令薄葬，勿受賵襚。諸子奉遵其旨。喪至京師，車駕親臨，哭之哀慟，贈以本官，謚曰康。陪葬雲中之金陵。

雲長子澄，字道鎮，《北史》作「鏡」。少而好學。及康王薨，澄居喪以孝聞。襲封，加征北大將軍。高祖時，蠕蠕犯塞，加澄使持節、都督北討諸軍事以討之。蠕蠕遁走，《高祖紀》澄討蠕蠕在太和十九年十二月乙卯。又以氐羌反叛，除都督梁益荆三州諸軍事、征南大將軍、梁州刺史。文明太后引見澄，誡厲之，顧謂中書令李沖曰：「此兒風神吐發，德音閑婉，當爲宗室領袖。是行使之必稱我意。卿但記之，我不妄談人物也。」梁州氐帥楊仲顯、婆羅、楊卜兄弟及符叱盤等，自以居邊地險，世爲山狡。澄至州，量彼風俗，誘導懷附。表送婆羅，授仲顯循城鎮副將，楊卜廣業太守，叱盤固道鎮副將，自餘首帥各隨才而用之，款附者賞，違命加誅，於是仇池帖然，西南款順。加侍中，賜衣一襲，乘《北史》「乘」下有「黄」字。馬一匹，以旌其能。

後轉征東大將軍、開府、徐州刺史，甚有聲績。朝於京師，引見於皇信堂。高祖詔澄曰：「昔鄭子產鑄刑書，而晉叔向非之。此二人皆是賢士，得失竟誰？」對曰：「鄭國寡弱，攝於彊鄰，民情去就，非刑莫制。故鑄刑書以示威，雖乖古式，合今權道，隨時濟世，子產爲得。而叔向譏議，示不忘古，可與論道，未可語權。」高祖曰：「任城當欲爲魏之子產也。」澄曰：「子產道合當時，聲流竹素。臣既庸近，何敢庶幾。今陛下以四海爲家，宜文德以懷天下，但江外尚阻，車書未一，季世之民，易以威伏，難以禮治。愚謂子產之法，猶應暫用，大同之後，便以道化之。」高祖心方革變，深善其對，笑曰：「非任城無以識變化之體，朕方創改朝制，當與任城共萬世之功耳。」

後徵爲中書令，改授尚書令。蕭賾使庾蓽來朝，蓽見澄音韻遒雅，風儀秀逸，謂主客郎張彝曰：「往魏任城以武著稱，今魏任城乃以文見美也。」時詔延四廟之子，下逮玄孫之胄，申宗宴於皇信堂，不以爵秩爲列，悉序昭穆爲次，用家人之禮。高祖曰：「行禮已畢，欲令宗室各言其志，可率賦詩。」特令澄爲七言連韻，與高祖往復賭賽，遂至極權，際夜乃罷。

後高祖外示南討，意在謀遷，齋於明堂左个，詔太常卿王諶，親令龜卜，易筮南伐之事，其兆遇革。高祖曰：「此是湯武革命，順天應人之卦也。」羣臣莫敢言。澄進曰：「《易》言『革者更也』，將欲應天順人，革君臣之命，湯武得之爲吉。陛下帝有天下，重光累葉。今曰卜征，乃可伐叛，不得云革命。此非君人之卦，未可全爲吉也。」高祖厲聲曰：「《象》云『大人虎變』，何言不吉也。」澄曰：「陛下龍興既久，豈可方同虎變！」高祖勃然作色曰：「社稷我社稷，任城而欲沮衆也！」澄曰：「社稷誠知陛下之社稷，然臣是社稷之臣子，豫參顧問，敢盡愚衷。」高祖既鋭意必行，惡澄此對，久之乃解，曰：「各言其志，亦復何傷。」車駕還宫，便召澄，未及昇階，遥謂曰：「向者之革卦，今更欲論之。明堂之忿，懼衆人競言，阻我大計，故厲色怖文武耳，想解朕意也。」乃獨謂澄曰：「今日之行，誠知不易。但國家興自北土，徙居平城，雖富有四海，文軌未一，此間用武之地，非可文治，移風易俗，信爲甚難。崤函帝宅，河洛王里，因兹大舉，光宅中原，任城意以爲何如？」澄曰：「伊洛中區，均天下所據，陛下制御華夏，輯平九服，蒼生聞此，應當大慶。」高祖曰：「北人戀本，忽聞將移，不能不驚擾也。」澄曰：「此既非常之事，當非常人所知，唯須決之聖懷，此輩亦何能爲也。」高祖曰：「任城便是我之子房。」加撫軍大將軍、太子少保，又兼尚書左僕射。及駕幸洛陽，定遷都之策，高祖詔曰：「遷移之旨，必須訪衆，當遣任城馳驛向代，問彼百司，論擇可否。近日論革，今真所謂革也，王其勉之。」既至代都，衆聞遷詔，莫不驚駭。澄援引今古，徐以曉之，衆乃開伏。澄遂南馳還報，會車駕於滑臺。高祖大悦曰：「若非任城，朕事業不得就也。」從幸鄴宮，除吏部尚書。

及幸代，車駕北巡，留澄銓簡舊臣。初，魏自公侯以下，迄於選臣，動有萬數，冗散無事。澄品爲三等，量其優劣，盡其能否之用，咸無怨者。駕還洛京，復兼右僕射。

高祖至北邙，遂幸洪池，命澄侍昇龍舟，因賦詩以序懷。高祖曰：「朕昨夜夢一老公，頭鬢皓白，正理冠服，拜立路左。朕怪而問之，自云晉侍中嵇紹，故此奉迎。神爽卑懼，似有求焉。」澄對曰：「晉世之亂，嵇紹以身衛主，殞命御側，亦是晉之忠臣；比干遭紂兇虐，忠諫剖心，可謂殷之良士。二人俱死於王事，墳塋並在於道周。然陛下徙御瀍洛，經殷墟而弔比干，至洛陽而遺嵇紹，當是希恩而感夢。」高祖曰：「朕何德，能幽感達士也。然實思追禮先賢，標揚忠懿，比干、嵇紹皆是古之誠烈，而朕務濃於比干，禮略於嵇紹，情有愧然。既有此夢，或如任城所言。」於是求其兆域，遣使弔祭焉。

蕭鸞既殺蕭昭業而自立，昭（葉）〔業〕雍州刺史曹虎請以襄陽内附。分遣諸將，車駕將自赴之。豫州又表，虎奉誠之使不復重來。高祖引澄及咸陽王禧、彭城王勰、司徒馮誕、司空穆亮、鎮南李沖等議之。高祖曰：「比得邊州表云，襄陽慕化，朕將鳴鑾江沔，爲彼聲勢。今復表稱，更無後信，於行留之計，竟欲如何？」禧等或云宜行，或言宜止。高祖曰：「衆人紛紜，意見不等，朕莫知所從。必欲盡行留之勢，使言理俱暢者，宜有客主，共相起發。任城與鎮南爲應留之議，朕當爲宜行之論，諸公俱坐聽得失，長者從之。」於是高祖曰：「二賢試言留計也。」沖對曰：「臣等正以徒御草創，人斯樂安，内而應者未審，不宜輕爾動發。」高祖曰：「襄陽款問，似當是虚。亦知初遷之民，無宜勞役。脱歸誠有實，即當乘其悦附，遠則有會稽之會，近則略平江北。如其送款是虚，且可遊巡淮楚，問民之瘼，使彼土蒼生，知君德之所在，復何所損而惜此一舉？脱降問是實，而停不撫接，不亦稽阻款誠，毁朕大略也。」澄曰：「降問若審，應有表質。而使人一返，静無音問，其詐也可見。今代遷之衆，人懷戀本，細累相攜，始就洛邑，居無一椽之室，家闕儋石之糧，而使怨苦即戎，泣當白刃，恐非歌舞之師也。今兹區宇初構，又東作方興，正是子來百堵之日，農夫肆力之秋，宜寬彼逋誅，惠此民庶。且三軍已援，無稽赴接。苟其款實，力足納撫，待剋平襄沔，然後動駕。今無故勞涉，空爲往返，恐挫損天威，更成賊膽，願上覽盤庚始遷之艱難，下矜詩人《由庚》之至詠，輯寧新邑，惠康億兆。」而司空亮以爲宜行，公卿皆同之。澄謂亮曰：「公在外見旌鉞既張而有憂色，每聞談論不願此行，何得對聖顔更如斯之語也。面背不同，事涉欺佞，非所謂論道之德，更失國士之體，或有傾側，當由公輩佞臣。」李沖曰：「任城王可謂忠於社稷，願陛下深察其言。臣等在外，皆憚征行，唯貴與賤，不謀同辭，仰願聖心，裁其可否。」高祖曰：「任城適以公等從朕，有如此論。不從朕者，何必皆忠而通識安危也。小忠是大忠之賊，無乃似諸？」澄曰：「臣既愚闇，不識大理，所可言者雖涉小忠，要是竭盡微款，不知大忠者竟何據？」高祖曰：「任城脱居台鼎之任，欲令大忠在己也。」澄曰：「臣誠才非台弼，智闕和鼎，脱得濫居公鉉，庶當官而行，不負愚志。」高祖大笑。澄又謂亮曰：「昔汲黯於漢武前面折公孫食脱粟飯，臥布被，云其詐也。于時公孫謙讓下之。武帝歎汲黯至忠，公孫長者，二人稱賢。公既道均昔士，願思長者之言。」高祖笑曰：「任城欲自比汲黯也。且所言是公，未知得失所在，何便謝司空也。」駕遂南伐。

五等開建，食邑一千户。後從征至懸瓠，以篤疾還京。駕餞之汝濆，賦詩而别。車駕還洛，引見王公侍臣於清徽堂。高祖曰：「此堂成來，未與王公行宴樂之禮。後東閤廡堂粗復始就，故今與諸賢欲無高而不升，無小而不入。」因之流化渠。高祖曰：「此曲水者亦有其義，取乾道曲成，萬物無滯。」次之洗煩池。高祖曰：「此池中亦有嘉魚。」澄曰：「此所謂『魚在在藻，有頒其首』。」高祖曰：「且取『王在靈沼，於牣魚躍』。」次之觀德殿。高祖曰：「射以觀德，故遂命之。」次之凝閑堂。高祖曰：「名目要有其義，此蓋取夫子閑居之義。不可縱奢以忘儉，自安以忘危，故此堂後作茅茨堂。」謂李沖曰：「此東曰步元廡，西曰遊凱廡。此堂雖無唐堯之君，卿等當無愧於元、凱。」沖對曰：「臣既遭唐堯之君，不敢辭元、凱之譽。」高祖曰：「光景垂落，朕同宗則有載考之義，卿等將出無遠，何得默爾，不示德音。」即命黄門侍郎崔光、郭祚，通直郎邢巒、崔休等賦詩言志。燭至，公卿辭退。李沖再拜上千萬歲壽。高祖曰：「卿向以燭至致辭，復獻千萬之壽，朕報卿以《南山》之詩。」高祖曰：「燭至辭退，庶姓之禮；在夜載考，宗族之義。卿等且還，朕與諸王宗室，欲成此夜飲。」

又從幸鄴。還洛，以出納之勞，增邑五百户。坐公事免官。尋兼吏部尚書。恒州刺史穆泰在州謀反，推朔州刺史、陽平王頤爲主。頤表其狀。高祖召澄入見凝閑堂，曰：「適得陽平表，曰穆泰謀爲不軌，招誘宗室。脱或必然，遷京甫爾，北人戀舊，南北紛擾，朕洛陽不立也。此事非任城不辦，可爲我力疾向北。如其弱也，直往擒翦；若其勢彊，可承制發并肆兵以殄之。雖知王患既是國家大事，不容辭也。」澄曰：「泰等愚惑，正戀本爲此，非有遠圖。臣誠怯弱，不憚是輩，雖復患惙，豈敢有辭。謹當罄盡心力，繼之以死，願陛下勿憂。」高祖笑曰：「得任城此行，朕復何憂也。」遂授節、銅虎、竹使符，御仗左右，仍行恒州事。行達鴈門，太守夜告泰已握衆西就陽平，城下聚結，唯見弓仗。澄聞便速進。時右丞孟斌曰：「事不可量，須依勑召并肆兵，然後徐動。」澄曰：「泰既構逆，應據堅城，而更迎陽平，度其所爲，似當勢弱。泰既不相拒，無故發兵非宜也。但速往鎮之，民心自定。」遂倍道兼行，出其不意。又遣治書侍御史李煥先赴，至即擒泰，民情怡然。窮其黨與，罪人皆得，鉅鹿公陸叡、安樂侯元隆等百餘人皆獄禁。具狀表聞，《高祖紀》澄案治穆泰在太和二十年十二月。高祖覽表大悦，召集公卿以下以表示之，曰：「我任城可謂社稷臣也，尋其罪案，正復皋陶斷獄，豈能過之。」顧謂咸陽王等曰：「汝等脱當其處，不能辦此。」車駕尋幸平城，勞澄曰：「任城此行，深副遠寄。」對曰：「陛下威靈遠被，罪人無所逃刑，臣何勞之有。」引見逆徒，無一人稱枉。時人莫不歎之。高祖顧謂左右曰：「昔仲尼云：『聽訟吾猶人也，必也使無訟乎。』然聖人之聽訟，殆非常人所匹，必也無訟，今日見之矣。」以澄正尚書。

車駕南伐，留澄居守，復兼右僕射。澄表請以國秩一歲租布帛助供軍資，詔受其半。高祖幸鄴，值高車樹者反叛，車駕將親討之。澄表諫不宜親行。會江陽王繼平之，乃止。高祖還洛，引見公卿。高祖曰：「營國之本，禮教爲先。朕離京邑以來，禮教爲日新以不？」澄對曰：「臣謂日新。」高祖曰：「朕昨入城，見車上婦人冠帽而着小襦襖者，若爲如此，尚書何爲不察？」澄曰：「著猶少於不著者。」高祖曰：「深可怪也！任城意欲令全著乎？一言可以喪邦者，斯之謂歟？可命史官書之。」又曰：「王者不降佐於蒼昊，皆拔才而用之。朕失於舉人，任許一羣婦人輩奇事，當更銓簡耳。任城在省，爲舉天下綱維，爲當署事而已？」澄曰：「臣實署事而已。」高祖曰：「如此便一令史足矣，何待任城。」又曰：「我遣舍人宣詔，何爲使小人聞之？」澄曰：「時雖有幹吏，去榜亦遠。」高祖曰：「遠則不聞，聞則不遠。既得聞詔，理故可知。」於是留守羣臣遂免冠謝罪。尋除尚書右《北史》作「左」。僕射。

蕭寶卷遣其太尉陳顯達入寇漢陽。是時高祖不豫，引澄入見清徽堂。詔曰：「顯達侵亂，沔陽不安，朕不親行，莫攘此賊。朕疾患淹年，氣力惙敝，如有非常，委任城大事。是役任城必須從朕。」澄涕泣對曰：「臣謹當竭股肱之力，以命上報。」遂從駕南伐。高祖崩，澄受顧命。

世宗初，有降人嚴叔懋告尚書令王肅遣孔思達潛通寶卷，圖爲叛逆，寶卷遣俞公喜送敕於肅，公喜還南，肅與裴叔業馬爲信。澄信之，乃表肅將叛，輒下禁止。咸陽、北海二王奏澄擅禁宰輔，免官歸第。

尋出爲平西將軍、梁州刺史。辭以母老。除安東將軍、相州刺史，復固辭。改授安西將軍、雍州刺史。尋徵赴季秋講武。除都督淮南諸軍事、鎮南大將軍、開府、揚州刺史。下車封孫叔敖之墓，毁蔣子文之廟。頻表南伐，世宗不許。又辭母老，乞解州任，寢而不報。加散騎常侍。

澄表曰：「臣參訓先朝，藉規有日，前言舊軌，頗亦聞之。又昔在恒代，親習皇宗，熟秘序疑。庭無闕日。臣每於侍坐，先帝未嘗不以《書》、《典》在懷，《禮經》爲事，周旋之則，不輟於時。自鳳舉中京，方隆禮教，宗室之範，每蒙委及，四門之選，負荷銓量。自先皇升遐，未遑修述，學宮虚荷四門之名，宗人有闕四時之業，青衿之緒，於兹將廢。臣每惟其事，竊所傷懷。伏惟聖略宏遠，四方罕務，宴安之辰，於是乎在。何爲太平之世，而令子衿之歎興焉；聖明之日，而使宗人之訓闕焉。愚謂可敕有司，修復皇宗之學，開闢四門之教，使將落之族，日就月將。」詔曰：「胄子崇業，自古盛典，國均之訓，無應久廢，尚書更可量宜修立。」澄又表母疾解州任，不聽。

蕭衍將張囂之寇陷夷陵戍，澄遣輔國將軍成興步騎赴討，大破之，復夷陵，囂之遁走。《島夷・蕭衍傳》澄復夷陵戍在景明三年。張囂之，《衍傳》作「張囂」。又遣長風戍主奇道顯攻蕭衍陰山戍，破之，斬其戍主龍驤將軍、都亭侯梅興祖。仍引攻白槀戍，又破之，斬其寧朔將軍、關内侯吴道爽。澄表曰：「蕭衍頻斷東關，欲令巢湖汎溢。湖周回四百餘里，東關合江之際，廣不過數十步，若賊計得成，大湖傾注者，則淮南諸戍必同晉陽之事矣。又吴楚便水，且灌且掠，淮南之地，將非國有。壽陽去江五百餘里，衆庶惶惶，並懼水害。脱乘民之願，攻敵之虚，豫勒諸州，纂集士馬，首秋大集，則南瀆可爲飲馬之津，霍嶺必成徙倚之觀，事貴應機，經略須早。縱混一不可必果，江西自是無虞。若猶豫緩圖，不加除討，關塞既成，襄陵方及，平原民戍定爲魚矣。」詔發冀、定、瀛、相、并、濟六州二萬人，馬一千五百匹，令仲秋之中畢會淮南，并壽陽先兵三萬，委澄經略。

先是朝議有南伐之意，以蕭寶夤爲東揚州刺史據東城，陳伯之爲江州刺史戍陽石，以澄總督二鎮，授之節度。至是勒兵進討。以東關水衝，大峴險要，東關綴水，陽石、合肥有急懸之切，不圖大峴，則歷陽有乘險之援，淮陵陸道，九山水路，並宜經略。於是遣統軍傅豎眼、王神念等進次大峴、東關、九山、淮陵，皆分部諸將，倍道據之，總勒大衆，絡繹相接。而神念尅其關要、潁川二城，斬衍軍主費尼。而寧朔將軍韋惠、龍驤將軍李伯由仍固大峴。澄遣統軍党法宗、傅豎眼等進軍尅之，遂圍白塔、牽城，數日之間，便即逃潰。衍清溪戍望風散走。衍徐州刺史司馬明素率衆三千，欲援九山；徐州長史潘伯鄰《蕭衍傳》作「憐」。規固淮陵；寧朔將軍王燮負險焦城。法宗進克焦城，破淮陵，擒明素，斬伯鄰。其濟陰太守王厚彊、廬江太守裴邃即亦奔退。詔澄曰：「將軍文德内昭，武功外暢；奮揚大略，將蕩江吴。長旌始舒，賊徒慴氣；鋭旅方馳，東關席卷。想江湖弭波在旦夕耳。所送首虜，並已聞之。」

初，澄出討之後，衍將姜慶真襲據壽春外郭，齊王蕭寶夤擊走之。長史韋續坐免官，澄以在外無坐。遂攻鍾離。又詔：「鍾離若食盡，三月已前，固有可剋，如至四月，淮水泛長，舟行無礙，宜善量之。前事捷也，此實將軍經略，勳有常焉。如或以水盛難圖，亦可爲萬全之計，不宜昧利無成，以貽後悔也。」蕭衍冠軍將軍張惠紹、游擊將軍殷暹、驍騎將軍趙景悦、龍驤將軍張景仁等率衆五千，送糧鍾離。澄遣統軍王足、劉思祖等邀擊惠紹等，大破之，獲惠紹、殷暹、景仁及其屯騎校尉史文淵等軍主以上二十七人。既而遇雨，淮水暴長，引歸壽春。還既狼狽，失兵四千餘人。頻表解州，世宗不許。有司奏軍還失路，奪其開府，又降三階。時蕭衍有移，求换張惠紹。澄表請不許，詔付八座會議。尚書令、廣陽王嘉等奏宜還之，詔乃聽還。後果復寇邊。

轉澄鎮北大將軍、定州刺史。初，民中每有横調，百姓煩苦，前後牧守未能蠲除，澄多所省減，民以忻賴。又明黜陟賞罰之法，表減公園之地，以給無業貧口，禁造布絹不任衣者。母孟太妃薨，居喪毁瘠，當世稱之。服闋，除太子太保。

於時高肇當朝，猜忌賢戚。澄爲肇間構，常恐不全，乃終日昏飲，以示荒敗。所作詭越，時謂爲狂。

世宗夜崩，時事倉卒，高肇擁兵於外，肅宗沖幼，朝野不安。澄疏斥不預機要，而朝望所屬，領軍于忠、侍中崔光等奏澄爲尚書令，於是衆心忻服。又加散騎常侍、驃騎大將軍，尋遷司空，《肅宗紀》澄爲尚書令在延昌四年正月庚申，遷司空在八月己丑。加侍中，俄詔領尚書令。

初，正始之末，詔百司普昇一級，而執事者不達旨意，刺史、守、令限而不及。澄奏曰：「竊惟雲構鬱起，澤及百司，企春望榮，內外同慶。至於賞陟，不及守宰，爾來十年，冤訟不絶。封回自鎮遠、安州入爲太尉長史，元匡自征虜、恒州入作宗卿，二人遷授，並在先詔。應蒙之理，備在於斯。兼州佐停私之徒，陪臣郡丞之例，尚蒙天澤下降，榮及當時。然參佐之來，皆因府主，今府主不霑，佐官獨預，棄本賞末，愚謂未允。今計刺史、守、宰之官，請準(封回)〔回、匡〕悉同汎限，上允初旨百司之章，下覆訟者元元之心。」詔曰：「自今已後，內外之事，嘗經先朝者，不得重聞。」澄奏曰：「臣聞堯懸諫諍之鼓，舜置誹謗之木，皆所以廣耳目於芻蕘，達四聰於天下。伏惟太祖開基，化隆自遠，累聖相承，於今九帝。重光疊照，汚隆必同，與奪隨時，道無恒體。思過如渴，言重千金，故稱無諱之朝，邁蹤三五。高祖沖年纂曆，文明協統，變官易律，未爲違典。及慈聖臨朝，母儀寓縣，爰發慈令，垂心滯獄，深枉者仰日月於九泉，微屈者希曲照於盆下。今乃格以先朝，限以一例，斯誠奉遵之本心，實乖元元之至望。在於謙挹，有乖舊典。謹尋抱枉求直，或經累朝。毫釐之差，正之宜速；謬若千里，駟馬弗追。故禮有損益，事有可否，父有諍子，君有諫臣，琴瑟不調，理宜改作。是以防川之論，小決則通；鄉校之言，擁則敗國。矧伊陳屈，而可抑以先朝。且先朝屈者，非故屈之，或有司愛憎，或執事濁僻，空文致法，以誤視聽。如此冤塞，彌在可哀。僭之與濫，寧失不經，乞收今旨，還依前詔。」詔曰：「省奏，深體毗贊之情，三皇異軌，五代殊風，一時之制，何必詮改。必謂虛文設旨，理在可申者，何容不同來執。可依往制。」

澄表上《皇誥宗制》并《訓詁》各一卷，意欲皇太后覽之，思勸戒之益。又奏利國濟民所宜振舉者十條。一曰律度量衡，公私不同，所宜一之。二曰宜興學校，以明黜陟之法。三曰宜興滅繼絶，各舉所知。四曰五調之外，一不煩民，任民之力，不過三日。五曰臨民之官，皆須黜陟，以旌賞罰。六曰逃亡代輸，去來年久者，若非伎作，任聽即住。七曰邊兵逃走，或實陷没，皆須精檢；三長及近親，若實隱之，徵其代輸，不隱勿論。八曰工商世業之户，復徵租調，無以堪濟，今請免之，使專其業。九曰三長禁姦，不得隔越相領，户不滿者，隨近并合。十曰羽林虎賁，邊方有事，暫可赴戰，常戍宜遣蕃《北史》作「番」。兵代之。靈太后下其奏，百僚議之，事有同否。

時四中郎將兵數寡弱，不足以襟帶京師，澄奏宜以東中帶滎陽郡，南中帶魯陽郡，西中帶恒農郡，北中帶河内郡，選二品、三品親賢兼稱者居之，省非急之作，配以彊兵，如此則深根固本、彊幹弱枝之義也。靈太后初將從之，後議者不同，乃止。澄又重奏曰：「固本宜彊，防微在豫，故雖有文事，不忘武功。況今南蠻仍獷，北妖頻結，來事難圖，勢同往變。脱暴勃忽起，振動關畿，四府羸卒，何以防擬。平康之世，可以寄安，遺之久長，恐非善策。如臣愚見，郎將領兵，兼總民職，省官實禄，於是乎在。求還依前增兵益號，將位既重，則念報亦深，軍郡相依，則表裏俱濟，朝廷無四顧之憂，姦宄絶窺覦之望矣。」卒不納。又以流人初至遠鎮，衣食無資，多有死者，奏并其妻子給糧一歲，從之。尋以疾患求解任，不許。

蕭衍於浮山斷淮爲堰，以灌壽春，乃除使持節、大將軍、大都督、南討諸軍事，勒衆十萬，將出彭宋，尋淮堰自壞，不行。

澄以北邊鎮將選舉彌輕，恐賊虜闚邊，山陵危迫，奏求重鎮將之選，修警備之嚴，詔不從。賊虜入寇，至於舊都，鎮將多非其人，所在叛亂，犯逼山陵，如澄所慮。澄奏都城府寺猶未周悉，今軍旅初寧，無宜發衆，請取諸職人及司州郡縣犯十杖已上、百鞭已下收贖之物，絹一匹，輸磚二百，以漸修造。詔從之。太傅、清河王懌表奏其事，遂寢不行。

澄又奏曰：「臣聞賞必以道，用防淫人之姦；罰不濫及，以戒良士之困。刑者，侀也。每垂三宥，秉律執請，不得已而用之。是故小大之獄，察之以情，一人呼嗟，或虧王道。刑罰得失，乃興廢之所由也。竊聞司州牧、高陽王臣雍拷殺奉朝請韓元昭、前門下録事姚敬賢，雖因公事，理實未盡。何者？太平之世，草不横伐，行葦之感，事驗隆周。若昭等狀彰，死罪以定，應刑於都市，與衆棄之；如其疑似不分，情理未究，不宜以三清九流之官杖下便死，輕絶民命，傷理敗法。往年州《北史》「州」上有「在」字，此奪。於大市鞭殺五人，及檢贓狀，全無寸尺。今復酷害，一至於此。朝野云云，咸懷驚愕。若殺生《北史》作「生殺」。在下，虐專於臣，人君之權，安所復用。自開古以來，明明之世，未聞斯比也。武王曰：『吾不以一人之命而易天下。』蓋重民命也。請以見事付廷尉推究，驗其爲劫之狀，察其拷殺之理，使是非分明，幽魂獲雪。」詔從之。

澄當官而行，無所回避。又奏墾田授受之制八條，甚有綱貫，大便於時。前來尚書文簿，諸曹須，則出借。時公車署以理冤事重，奏請真案。澄執奏以尚書政本，特宜遠慎，故凡所奏事，閣道通之，蓋以秘要之切，防其宣露，寧有古制所重，今反輕之，内猶設禁，外更寬也。宜繕寫事意，以付公車。詔從之。西域嚈噠、波斯諸國各因公使，並遺澄駿馬一匹。澄請付太僕，以充國閑。詔曰：「王廉貞之德，有過楚相，可勑付廐，以成君子大哉之美。」

御史中尉、東平王匡奏請取景明元年以來内外考簿、吏部除書、中兵勳案并諸殿最，欲以案校竊階盗官之人，靈太后許之。澄表曰：

臣聞三季之弊，由於煩刑；火德之興，在於三約。是以老聃云「法令滋彰，盗賊多有」，又曰「其政察察，其民缺缺」，又曰「天網恢恢，疏而不漏」。是故欲求治本，莫若省事清心。昔漢文斷獄四百，幾致刑措，省事所致也。蕭曹爲相，載其清静畫一之歌，清心之本也。今欲求之於本，宜以省事爲先，使在位羣官，纂蕭曹之心，以毗聖化。如此，則上下相安，遠近相信，百司不怠，事無愆失。豈宜擾世教以深文，烹小鮮以煩手哉。

臣竊惟景明之初暨永平之末，内外羣官三經考課。逮延昌之始，方加黜陟。五品以上，引之朝堂，親決聖目；六品以下，例由敕判。自世宗晏駕，大宥三行，所以蕩除故意，與物更始。革世之事，方相窮覈，以臣愚見，謂爲不可。

又尚書職分，樞機出納。昔魏明帝卒至尚書門，陳矯亢辭，帝慚而返。夫以萬乘之重，非所宜行，猶屈一言，慚而回駕，羣官百司而可相亂乎？故陳平不知錢穀之數，邴吉不問僵道之死，當時以爲達治，歷代用爲美談。但宜各守其職，思不出位，潔己以勵時，靖恭以致節。又尋御史之體，風聞是司，至於冒勳妄考，皆有處别，若一處有風謡，即應攝其一簿，研檢虚實，若差舛不同，僞情自露，然後繩以典刑，人孰不服。豈有移一省之案，取天下之簿，尋兩紀之事，窮革世之尤，如此求過，誰堪其罪！斯實聖朝所宜慎重也。

靈太后納之，乃止。

後遷司徒公，《肅宗紀》澄遷司徒在神龜二年五月戊戌。侍中、尚書令如故。澄又表曰：

伏惟世宗宣武皇帝命將授旗，隨陸啓顙；運籌制勝，淮漢自賓。節用勞心，志清六合，是故纘武修文，仍世彌盛。陛下當周康靖治之時，豈得晏安於玄默。然取外之理，要由内彊；圖人之本，先在自備。蕭衍雖虐使其民，而窺覦不已。若遇我虛疲，士民凋窘，賊衍年老志張，思播虺毒，此之弗圖，恐受其病。伏惟陛下妙齡在位，聖德方昇；皇太后總御天機，乾乾夕惕。若留意於負荷，忿車書之未一。進賢拔能，重官人之舉；摽賞忠清，旌養人之器；修干戈之用，畜熊虎之士；愛時鄙財，輕寶重穀。七八年間，陛下聖略方剛，親王德幹壯茂，將相膂力未衰，愚臣猶堪戎伍，荷戈帶甲之衆蓄鋭於今，燕弧冀馬之盛充牣在昔；又賊衍惡積禍盈，勢不能久，子弟闇悖，釁逆已彰，亂亡之兆，灼然可見。兼弱有徵，天與不遠，大同之機，宜須蓄備。昔漢帝力疾，討滅英布；高皇臥病，親除顯達。夫以萬乘之主，豈忘宴安，實以侵名亂正，計不得已。今宜慕二帝之遠圖，以肅寧爲大任。

然頃年以來，東西難寇，艱虞之興，首尾連接，雖尋得翦除，亦大損財力。且饑饉之氓，散亡莫保，收入之賦不增，出用之費彌衆，不愛力以悦民，無豐資以待敵，此臣所以夙夜懷憂，悚息不寧者也。《易》曰：「何以守位曰仁，何以聚人曰財。」故曰財者非天不生，非地不長，非時不成，非人不聚。生聚之由，如此其難；集人守位，若此之重。興替之道，焉可不慮。又古者使民，歲不過三日，食壯者之糧，任老者之智。此雖太平之法，難卒而因；然妨民害財，不亦宜戒！今墉雉素修，廄庫崇列，雖府寺膠墊，少有未周，大抵省府粗得庇憩理務，諸寺靈塔俱足致虔講道。唯明堂辟雍，國禮之大。來冬司徒兵至，請籌量減徹，專力經營，務令早就。其廣濟數施之財，酬商互市之弊，凡所營造，自非供御切須，戎仗急要，亦宜微減，以務阜積，庶府無横損，民有全力。夫食土簋而嬀德昭，寢卑室而禹功盛，章臺麗而楚力衰，阿宫壯而秦財竭，存亡之由，灼然可覩。願思前王一同之功，畜力聚財，以待時會。

靈太后鋭於繕興，在京師則起永寧、太上公等佛寺，功費不少，外州各造五級佛圖。又數爲一切齋會，施物動至萬計。百姓疲於土木之功，金銀之價爲之踊上，削奪百官禄力，費損庫藏，兼曲賚左右，日有數千。澄故有此表。雖卒不從，常優答禮之。《北史》：神龜元年，詔加女侍中貂蟬，同外侍中之飾。澄上表諫曰：「高祖、世宗皆有女侍中官，未見綴金蟬於象珥，極鼲貂於鬢髮。江南僞晉穆何后有女尚書而加貂璫，此乃衰亂之世，袄妄之服。且婦人而服男子之服，至陰而陽，故自穆、哀以降，國統二絶，因是劉裕所以篡逆。禮容舉措，風化之本，請依常儀，追還前詔。」帝從之。此事《傳》失書，今據補。政無大小，皆引參決。澄亦盡心匡輔，事有不便於民者，必於諫諍，雖不見用，殷勤不已，内外咸敬憚之。

神龜二年薨，《肅宗紀》澄以神龜二年十二月癸丑薨。年五十三。賻布一千二百匹、錢六十萬、蠟四百斤，給東園温明秘器、朝服一具、衣一襲；大鴻臚監護喪事，詔百僚興喪；贈假黄鉞、使持節、都督中外諸軍事、太傅，領太尉公；加以殊禮，備九錫，依晉大司馬、齊王攸故事；謚曰文宣王。澄之葬也，凶飾甚盛。靈太后親送郊外，停輿悲哭，哀動左右。百官會赴千餘人，莫不歔欷。當時以爲哀榮之極。第四子彝襲。

彝，字子倫，繼室馮氏所生，頗有父風。拜通直散騎常侍。及元叉專權，而彝耻於託附，故不得顯職。莊帝初，河陰遇害，贈車騎將軍、儀同三司、青州刺史。謚曰文。

子度世，襲。武定中，金紫光禄大夫。齊受禪，爵例降。

彝兄順，字子和。九歲師事樂安陳豐，初書王羲之《小學篇》數千言，晝夜誦之，旬有五日，一皆通徹。豐奇之，白澄曰：「豐十五從師，迄于白首，耳目所經，未見此比，江夏黄童，不得無雙也。」澄笑曰：「藍田生玉，何容不爾。」十六通《杜氏春秋》，恒集門生，討論同異。于時四方無事，國富民康，豪貴子弟，率以朋遊爲樂，而順下帷讀書，篤志愛古。性謇諤，淡於榮利，好飲酒，解鼓琴，每長吟永歎，吒詠虚室。世宗時，上《魏頌》，文多不載。

起家爲給事中。時尚書令高肇，帝舅權重，天下人士，望塵拜伏。順曾懷刺詣肇門，門者以其年少，答云「在坐大有貴客」，不肯爲通。順叱之曰：「任城王兒，可是賤也！」及見，直往登牀，捧手抗禮，王公先達，莫不怪慴，而順辭吐傲然，若無所覩。肇謂衆賓曰：「此兒豪氣尚爾，況其父乎！」及出，肇加敬送之。澄聞之，大怒，杖之數十。後超轉中書侍郎，俄遷太常少卿。以父憂去職，哭泣嘔血，身自負土。時年二十五，便有白髮，免喪抽去，不復更生，世人以爲孝思所致。

尋除給事黄門侍郎。時領軍元叉威勢尤盛，凡有遷授，莫不造門謝謁。順拜表而已，曾不詣叉。叉謂順曰：「卿何謂聊不見我？」順正色曰：「天子富於春秋，委政宗輔，叔父宜以至公爲心，舉士報國，如何賣恩，責人私謝，豈所望也！」至於朝論得失，順常鯁言正議，曾不阿旨，由此見憚。出除平北將軍、恒州刺史。順謂叉曰：「北鎮紛紜，方爲國梗，桑乾舊都，根本所繫，請假都督，爲國捍屏。」《北史》作「屏捍」。叉心疑難，不欲授以兵官，謂順曰：「此朝廷之事，非我所裁。」順曰：「叔父既握國柄，殺生由己，自言天之歷數應在我躬，何得復有朝廷也！」叉彌忿憚之。轉爲安東將軍、齊州刺史。順自負有才，不得居内，每懷鬱怏，形於言色，遂縱酒歡娱，不親政事。叉解領軍，徵爲給事黄門侍郎。親友郊迎，賀其得入。順曰：「不患不入，正恐入而復出耳。」俄兼殿中尚書，轉侍中。初，中山王熙起兵討元叉，不果而誅，及靈太后反政，方得改葬。順侍坐西遊園，因奏太后曰：「臣昨往看中山家葬，非唯宗親哀其冤酷，行路士女見其一家七喪，皆爲潸然，《北史》作「見其一家十喪，皆爲青旐」。莫不酸泣。」叉妻時在太后側，順指之曰：「陛下奈何以一妹之故，不伏元叉之罪，使天下懷冤！」太后默然不語。

就德興反於營州，使尚書盧同往討之，大敗而返。屬侍中穆紹與順侍坐，因論同之罪。同先有近宅借紹，紹頗欲爲言。順勃然曰：「盧同終將無罪！」太后曰：「何得如侍中之言？」順曰：「同有好宅與要勢侍中，豈慮罪也。」紹慚，不敢復言。靈太后頗事粧飾，數出遊幸。順面諍曰：

「《禮》：婦人夫喪，自稱未亡人，首去珠玉，衣不被綵。陛下母臨天下，年垂不惑，過甚修飾，何以示後世？」靈太后慚而不出。還入宫，責順曰：「千里相徵，豈欲衆中見辱也。」順曰：「陛下盛服炫容，不畏天下所笑，何恥臣之一言乎？」

初，城陽王徽慕順才名，偏相結納。而廣陽王淵姦徽妻于氏，大爲嫌隙。及淵自定州被徵，入爲吏部尚書兼中領軍，順爲詔書，辭頗優美。徽疑順爲淵左右，由是與徐紇間順於靈太后，出順爲護軍將軍、太常卿。順奉辭於西遊園，徽紇侍側，順指之謂靈太后曰：「此人魏之宰嚭，魏國不滅，終不死亡。」紇脅肩而出。順遂抗聲叱之曰：「爾刀筆小人，正堪爲几案之吏，寧應忝兹執戟，虧我彝倫！」遂振衣而起。靈太后默而不言。時追論順父顧託之功，增任城王彝邑二千户，又析彝邑五百户以封順，爲東阿縣開國公。

順疾徽等間之，遂爲《蠅賦》曰：

余以仲秋休沐，端坐衡門，寄想琴書，託情紙翰，而蒼蠅小蟲，往來牀几，疾其變白，聊爲賦云：

遐哉大道，廓矣洪氛。肇立秋夏，爰啓冬春。既含育於萬性，又芻狗而不仁。隨因緣以授體，齊美惡而無分。生兹穢類，靡益於人。名備羣品，聲損衆倫。欶脛纖翼，紫首蒼身。飛不能迴，聲若遠聞。點緇成素，變白爲黑。寡愛蘭芳，偏貪穢食。集桓公之屍，居平叔之側。亂雞鳴之響，毀皇宮之飾。習習户庭，營營榛棘。反覆往還，譬彼讒賊。膚受既通，譖潤罔極。緝緝幡幡，交亂四國。於是妖姬進，邪士來，聖賢擁，忠孝摧。周昌拘於牖里，天乙囚於夏臺。伯奇爲之痛結，申生爲之蒙災。《鴟鴞》悲其室，《採葛》懼其懷。《小弁》隕其涕，靈均表其哀。自古明哲猶如此，何況中庸與凡才。

若夫天生地養，各有所親。獸必依地，鳥亦憑雲。或來儀以呈祉，或自擾而見文。或負圖而歸德，或銜書以告真。或夭胎而奉味，或殘軀以獻珍。或主皮而興禮，或牢豢以供神。雖死生之異質，俱有益於國人。非如蒼蠅之無用，唯構亂於蒸民。

遂屬疾在家，杜絶慶弔。

後除吏部尚書兼右僕射。《北史》：與城陽王徽同日拜職。舍人鄭儼於止車門外先謁徽，後拜順。順怒曰：「卿是佞人，當拜佞王。我是直人，不受曲拜。」儼深懷謝。順曰：「卿是高門子弟，而爲北宮幸臣，僕射李思沖尚與王洛誠同傳。以此度之，卿亦應繼其卷下。」見者爲之震動，而順安然自得。及上省，登階向榻，見榻甚故，問都令史徐仵起。仵起曰：「此榻曾經先王坐。」順即哽塞，涕泗交流，久而不能言，遂令換之。時三公曹令史朱暉素事録尚書、高陽王雍，雍欲以爲廷尉評，頻請託順，順不爲用。雍遂下命用之，順投之於地。雍聞之，大怒，昧爽坐都廳，召尚書及丞郎畢集，欲待順至，於衆挫之。順日高方至，雍攘袂撫几而言曰：「身，天子之子，天子之弟，天子之叔，天子之相，四海之内，親尊莫二，元順何人，以身成命，投棄於地！」

順鬚鬢俱張，仰面看屋，憤氣奔涌，長歔而不言。久之，摇一白羽扇，徐而謂雍曰：「高祖遷宅中土，創定九流，官方清濁，軌儀萬古。而朱暉小人，身爲省吏，何合爲廷尉清官！殿下既先皇同氣，宜遵成旨，自有恒規而復踰之也。」雍曰：「身爲丞相、録尚書，如何不得用一人爲官？」順曰：「庖人雖不治庖，尸祝不得越樽俎而代之。未聞有別旨，令殿下參選事。」順又厲聲曰：「殿下必如是，順當依事奏聞。」雍遂笑而言曰：「豈可以朱暉小人，便相忿恨。」遂起，呼順入室，與之極飲。順之亢毅不撓，皆此類也。

後除征南將軍、右光禄大夫，轉兼左僕射。尒朱榮之奉莊帝，召百官悉至河陰，素聞順數諫諍，惜其亮直，謂朱瑞曰：「可語元僕射，但在省，不須來。」順不達其旨，聞害衣冠，遂便出走，爲陵户鮮于康奴所害。家徒四壁，無物歛屍，止有書數千卷而已。門下通事令史王才達裂裳覆之。莊帝還宮，遣黄門侍郎山偉巡喻京邑。偉臨順喪，悲慟無已。既還，莊帝怪而問曰：「黄門何爲聲散？」偉以狀對。莊帝勑侍中元祉曰：「宗室喪亡非一，不可周贍。元僕射清苦之節，死乃益彰，特贈絹百匹，餘不得例。」《北史》「例」上有「爲」字。贈驃騎大將軍、尚書令、司徒公、定州刺史，謚曰文烈。《北史》：初，帝在藩，順夢一段黑雲從西北直來，觸東南上，日月俱(被)〔破〕，復翳諸星，天地盡闇。俄而雲消霧散，便有日出自西南(偶)〔隅〕，甚明净，云長樂王曰。尋見莊帝從閶闔門入，登太極殿，唱萬歲者三，百官咸加朝服謁帝，唯順集書省步廊西槐樹下，脱衣冠卧。既(寢)〔寤〕，告元暉業曰：「吾昨夜夢，於我殊自不佳。」説夢，因解之曰：「黑雲，氣之惡者，是北方之色，終當必有北敵以亂京師，害二宫，殘毁百僚。何者？日，君象也。月，后象也。衆星，百官象也。以此言之，京邑其當禍乎？昔劉曜破晉室，以爲髑髏臺。前途之事，得無此乎？雖然，彭城王勰有文德於天下，今夢其兒爲天子，積德必報，此必然矣。但恨其得之不久。所以然者，出自西南，以時易年，不過三載，但恨我不見之。何者？我夢卧槐樹下，槐字木傍鬼，身與鬼并，復解冠冕，此寧不死乎？然亡後乃得三公贈耳。」皆如其夢。此事《傳》失書。順撰《帝録》二十卷，詩賦表頌數十篇，今多亡矣。

長子朗，時年十七。枕戈潛伏積年，乃手刃康奴，以首祭於順墓，然後詣闕請罪。朝廷嘉而不問。朗涉歷書記，爲司徒屬。天平中，爲奴所害。贈都督瀛冀二州諸軍事、闕二字。將軍、尚書右僕射、冀州刺史。

順弟淑，淑弟悲，並早卒。

悲弟紀，字子綱。永熙中，給事黄門侍郎。隨出帝没於關中。《北史》：隨孝武入關中，位尚書左僕射、華山郡王。

澄弟嵩，字道岳。高祖時，自中大夫遷員外常侍，轉步兵校尉。大司馬、安定王休薨，未及卒哭，嵩便遊田。高祖聞而大怒，詔曰：「嵩不能克己復禮，企心典憲，大司馬薨殂甫爾，便以鷹鷂自娱。有如父之痛，無猶子之情，捐心棄禮，何其太速！便可免官。」後從平沔北，累有戰功，除左中郎將兼武衛將軍。

高祖南伐，蕭寶卷將陳顯達率衆拒戰。嵩身備三仗，免冑直前，將士從之，顯達奔潰，斬獲萬計。嵩於爾日勇冠三軍。高祖大悦而言曰：「任城康王大有福德，文武頓出其門。」以功賜爵高平縣侯，賚帛二千五百匹。

初，高祖之發洛也，馮皇后以罪幽於宫内。既平顯達，回次穀唐原，高祖疾甚，將賜后死，曰：「使人不易可得。」顧謂任城王澄曰：「任城必不負我，嵩亦當不負任城，可使嵩也。」於是引嵩入内，親詔遣之。

世宗即位，以武衛將軍兼侍中，出爲平南將軍、荆州刺史。嵩表曰：「蕭寶卷骨肉相殘，忠良先戮，臣下囂然，莫不離背，君臣攜貳，干戈日尋。流聞寶卷雍州刺史蕭衍兄懿於建業阻兵，與寶卷相持，荆、郢二州刺史並是寶卷之弟，必有圖衍之志。臣若遣書相聞，迎其本謀，冀獲同心，并力除衍。除衍之後，彼必旋師赴救丹陽，當不能復經營疆陲，全固襄沔。臣之軍威已得臨據，則沔南之地可一舉而收。緣漢曜兵，示以威德，思歸有道者則引而納之，受疑告危者則援而接之。總兵竚鋭，觀釁伺隙，若其零落之形已彰，怠懈之勢已著，便可順流摧鋒，長驅席卷。」詔曰：「所陳嘉謀，深是良計。如當機形可進，任將軍裁之。」既而蕭衍尋克建業，乃止。除平北將軍、恒州刺史，轉平東將軍、徐州刺史，又轉安南將軍、揚州刺史。

蕭衍湘州刺史楊公則率衆二萬，屯軍洛口，姜慶真領卒五千，據於首陂，又遣其左軍將軍騫小眼，軍主何天祚、張俊興等率衆七千，攻圍陸城，嵩乃遣統軍封邁、王會等步騎八千討之。邁達陸城，賊皆夜遁，追擊破之，斬獲數千，公則、慶真退還馬頭。衍徐州刺史昌義之屯據高皇，遣三軍潛寇陰陵，以淮水淺竭，不通船艦，屯於馬頭。衍將田道龍、何景先等領卒三千已至衡山，規寇陸城。寇並充逼。嵩遣兼統軍李叔仁等援合肥、小峴、楊石，頻戰破之。衍征虜將軍趙（草）〔革〕屯於黄口，嵩遣軍司趙熾等往討之，先遣統軍安伯醜潛師夜渡，伏兵下蔡。（草）〔革〕率卒四千，逆來拒戰，伯醜與下蔡戍主王虎等前後夾擊，大敗之，俘斬溺死四千餘人。統軍李叔仁等夜襲硤石之賊，又破之。衍將姜慶真專據肥汭，冠軍將軍曹天寶屯於雞口，軍主尹明世屯東硤石。嵩遣别將羊引次于淮西，去賊營十里，司馬趙熾率兵一萬爲表裏聲勢。衆軍既會，分擊賊之四壘。四壘之賊，戰敗奔走，斬獲數千，溺死萬數。統軍牛敬賓攻硤石，明世宵遁。慶真合餘燼浮淮下，下蔡戍主王略截流擊之，俘斬太半。於是威名大振。

後爲蒼頭李太伯等同謀，害嵩并妻穆氏及子世賢。世宗爲嵩舉哀於東堂，賻絹一千疋，贈車騎將軍、領軍，謚曰剛侯。

第二子世儁，頗有幹用，而無行業。襲爵，除給事中、東宫舍人。伯父澄表求轉階授之，於是除員外散騎常侍。肅宗時，追論嵩勳，封世儁衛縣開國男，食邑二百户。遷冠軍將軍、宗正少卿，又爲散騎常侍、安南將軍、武衛將軍、河南尹，尋除鎮東將軍、青州刺史，轉征東將軍，加散騎常侍。邢杲之亂，圍逼州城，世儁憑城拒守，遂得保全。孝莊時，除衛將軍、吏部尚書。尒朱兆寇京師，詔世儁以本官爲都督，防守河橋。及兆至河，世儁初無拒守意，便隔岸遥拜，《北史》：遂將船五艘迎兆軍，兆因得入，京都破殘，皆世儁之罪。時論疾之。前廢帝世，爲驃騎將軍，仍加尚書，尤爲尒朱世隆所昵。出帝初，加儀同三司，《出帝紀》：太昌元年五月丙申，以尚書令、驃騎大將軍、吏部尚書元世儁儀同三司。改封武陽縣開國子，食邑五百户。世儁居選曹，不能厲心，多所受納，爲中尉彈糾，坐免官。尋復本職。孝静初，加侍中、尚書右僕射，遷尚書令。世儁輕薄，好去就，詔送晉陽。興和中，薨。贈侍中、都督冀定瀛殷四州諸軍事、驃騎大將軍、太傅、定州刺史，尚書令、開國公如故，謚曰躁戾。子景遠襲，散騎侍郎。

世賢弟世哲，武定中，吏部郎。

嵩弟贍，字道周。高祖時，自闕一字大夫稍遷宗正少卿、龍驤將軍、光州刺史、散騎常侍、左將軍，遷平東將軍、兗州刺史。頗愛書史，而貪暴好殺。澄深耻忿之，絶其往來。有四子。長子遠，尚書郎。

史臣曰：　顯祖之將禪讓，可謂國之大節。康王毅然庭諍，德音孔昭，一言興邦，其斯之謂歟？文宣貞固俊遠，鬱爲宗傑，身因《北史》作「用」。累朝，寧濟夷險，既社稷是任，其梁棟之望也。順謇諤俶儻，有汲黯之風，不用於時，横招非命，惜矣。嵩有行陳之氣，儁則裂冠之徒歟？

魏書宗室傳注卷八

景穆十二王列傳第七下　魏書十九

南安王　城陽王　章武王

樂陵王　安定王

南安王楨，皇興二年封，加征南大將軍、中都大官，尋遷内都大官。高祖即位，除涼州鎮都大將。尋以綏撫有能，加都督西戎諸軍事、征西大將軍、領護西域校尉、儀同三司、涼州刺史。《顯祖紀》：延興元年十月庚寅，以征東大將、南安王楨爲假節、都督涼州及西戎諸軍事、領護西域校尉、儀同三司，鎮涼州。《傳》作「征南大將軍」，與《紀》作「征東」不合。楨以皇興二年九月辛亥封。《高祖紀》：徵爲内都大官，出爲使持節、侍中、本將軍、開府、長安鎮都大將、雍州刺史。楨性忠謹，事母以孝聞，賜帛千匹以褒之。《北史》：其母疾篤，憂毁異常，遂有白雉遊其庭前。帝聞其致感，賜帛千匹以褒美之。

徵赴講武，高祖引見於皇信堂，戒之曰：「翁孝行著於私庭，令問彰於邦國，每欽忠懿，思一言展，故因講武，遠徵赴闕。仰戀仁慈，情在未已。但長安鎮年饑民儉，理須綏撫，不容久留，翁今還州，其勤隱恤，無令境内有饑餒之民。翁既國之懿親，終無貧賤之慮。所宜慎者，略有三事：一者，恃親驕矜，違禮僭度；二者，傲慢貪奢，不恤政事；三者，飲酒遊逸，不擇交友。三者不去，患禍將生，但能慎此，足以全身遠害，光國榮家，終始之德成矣。」而楨不能遵奉，後乃聚斂肆情。文明太后、高祖並臨皇信堂，引見王公，太后令曰：「汝陰王天賜、南安王楨不順法度，黷貨聚斂，依犯論坐，將至不測。卿等爲當存親以毀令，爲欲滅親以明法？」羣臣咸以二王託體先皇，宜蒙矜恕。太后不答。高祖乃詔曰：「南安王楨以懿戚之貴，作鎮關右，不能潔己奉公，助宣皇度，方肆貪欲，殖貨私庭，放縱姦囚，壅絶訴訟，貨遺諸使，邀求虚稱，二三之狀，皆犯刑書。昔魏武翦髮以齊衆，叔向戮弟以明法，克己忍親，以率天下。夫豈不懷，有爲而然耳。今者所犯，事重疇日，循古推刑，實在難恕。皇太后天慈寬篤，恩矜國屬，每一尋惟高宗孔懷之近，發言哽塞，悲慟于懷；且以南安王孝養之名，聞於内外；特一《北史》作「加」。原恕，削除封爵，以庶人歸第，禁錮終身。」《高祖紀》楨削爵在太和十三年六月。

後高祖南伐，楨從至洛，及議遷都，首從大計，高祖甚悦。楨母劉太妃薨，高祖親幸臨慰。及葬，贈布帛綵五百段。又以楨議定遷都，復封南安王，《高祖紀》楨復爵在太和十九年十二月辛酉。食邑一千户。出爲鎮北大將軍、相州刺史。高祖餞楨於華林都亭。詔曰：「從祖南安，既之蕃任，將曠違千里，豫懷悃戀。然今者之集，雖曰分岐，實爲曲宴，並可賦詩申意。射者可以觀德，不能賦詩者，可聽射也。當使武士彎弓，文人下筆。」高祖送楨於階下，流涕而別。

太和二十年五月至鄴，入治日，暴風大雨，凍死者十數《北史》作「數十」。人。楨又以旱祈雨于羣神。鄴城有石虎廟，人奉祀之。楨告虎神像云：「三日不雨，當加鞭罰。」請雨不驗，遂鞭像一百。是月疽發背，薨。《高祖紀》楨以太和二十年八月丁巳薨。與《傳》作「五月」不合。謚曰惠，贈帛一千匹，及葬，又賜帛千匹，遣黄門郎監護喪事。及恒州刺史穆泰謀反，楨知而不告，雖薨，猶追奪爵封，國除。有五子。

子英，字虎兒。性識聰敏，博聞彊記，便弓馬，解吹笛，微曉醫術。高祖時，爲平北將軍、武川鎮都大將、假魏公。未幾，遷都督梁益寧三州諸軍事、安南將軍、領護西戎校尉、仇池鎮都大將、梁州刺史。

高祖南伐，爲梁漢別道都將。後大駕臨鍾離，詔英率衆備寇境上。英以大駕親動，勢傾東南，漢中有可乘之會，表求進討，高祖許之。師次沮水，蕭鸞將蕭懿遣將尹紹祖、梁季羣等領衆二萬，徼山立栅，分爲數處，居高視下，隔水爲營。英乃謀曰：「彼帥賤民慢，莫能相服，衆而無上，罔知適從。若選精卒，并攻一營，彼不相救，我克必矣。若克一軍，四營自拔。」於是簡兵三面騰上，果不相救。

既破一處，四營俱潰，生擒梁季羣，斬三千餘級，俘七百人。鸞白馬戍將其夜逃潰。乘勝長驅，將逼南鄭，漢川之民，以爲神也，相率歸附。

梁州民李天幹等詣英降，待以國士之禮。天幹等家在南鄭之西，請師迎接，英遣迎之。蕭懿聞而遣將姜修率衆追襲，逮夜交戰，頗有殺傷。修後屢敗，復更請軍。懿遣衆赴之，迎者告急。英率騎一千，倍道赴救。未至，賊已退還。英恐其入城，别遣統軍元拔以隨其後，英徼其前，合擊之，盡俘其衆。懿續遣軍，英不虞賊至，且衆力已疲，軍少人懼，咸欲奔走。英乃緩騎徐行，神色自若，登高望賊，東西指麾，狀似處分，然後整列而前。賊謂有伏兵。俄然賊退，乘勢追殄，遂圍南鄭。禁止三軍，一無所犯，遠近皆供租運。

先是，英未至也，蕭懿遣軍主范潔領三千餘人伐獠。潔聞大軍圍城，欲還救援。英遣統軍李平敵、李鐵騎等收合巴西、晉壽土人，以斷其路。潔以死決戰，遂敗平敵之軍。英候其稍近，以奇兵掩之，盡皆擒獲。攻圍九十餘日，戰無不克。被勑班師。英於是先遣老弱，身勒精卒留後，遣使與懿告别。懿以爲詐也，英還一日，猶閉門不開。二日之後，懿乃遣將追英。英親自殿後，與士卒下馬交戰，賊衆莫敢逼之。四日四夜，然後賊退，全軍而還。會山氏並反，斷英歸路。英勒衆奮擊，且戰且行，爲流矢所中，軍人莫有知者。以功遷安南大將軍，賜爵廣武伯。在仇池六載，甚有威惠之稱。父憂，解任。

高祖討漢陽，起英爲左衛將軍，加前將軍，尋遷大宗正，又轉尚書，仍本將軍，鎮荆州。蕭寶卷將陳顯達等寇荆州，英連戰失利。《高祖紀》命英討陳顯達事在太和二十三年正月。車駕至南陽，免英官爵。世宗即位，行徐州，還復尚書、廣武伯。蕭寶卷遣將軍陳伯之寇淮南，《世宗紀》陳伯之寇淮南在景明元年七月。司徒、彭城王勰鎮壽春，以英爲鎮南將軍，率衆討之。英未至，賊已引退。勰還，詔英行揚州。

後英還京師，上表曰：「臣聞取亂侮亡，有國之常道；陳師鞠旅，因機而致發。竊以區區寶卷，罔顧天常，憑恃山河，敢抗中國。今妖逆數亡，驕縱日甚，威侮五行，怠棄三正，淫刑以逞，虐害無辜。其雍州刺史蕭衍東伐秣陵，埽土興兵，順流而下，唯有孤城，更無重衛。此則皇天授我之日，曠載一逢之秋，事易走丸，理同拾芥，此而不乘，將欲何待。臣乞躬率步騎三萬，直指沔陰，據襄陽之城，斷黑水之路。昏虐君臣，自相魚肉。我居上流，威震遐邇。長驅南出，進拔江陵。其路既近，不盈五百，則三楚之地，一朝可收，岷蜀之道，自成斷絶。又命揚、徐二州聲言俱舉，緣江焚毁，靡使所遺。建業窮蹙，魚遊釜内。士治之師再興，孫皓之縛重至，齊文軌而大同，混天地而爲一。伏惟陛下暫闢旒纊，少垂聽覽，獨決聖心，無取疑議，此期脱爽，并吞未日。」事寢不報。英又奏曰：「臣聞乘虚討弱，事在速舉，因危攻昧，徼捷可期。今寶卷亂常，骨肉相賊，蕃戍鼎立，莫知所歸。義陽孤絶，密邇天境，外靡糧援之期，内無兵儲之固。此乃臨焚之鳥，不可去薪；授首之寇，何容緩斧。若此行有果，則江右之地，斯爲經略之基；如脱否也，非直後舉難圖，亦或居要生疾。今豫州刺史司馬悦已戒嚴垂邁，而東豫州刺史田益宗方擬守三關，請遣軍司爲之節度。」世宗遣直寢羊靈引爲軍司。以軍功拜吏部尚書，以前後軍功進爵常山侯。

英奏：「謹案學令：諸州郡學生，三年一校所通經數，因正使列之，然後遣使就郡練考。臣伏惟聖明，崇道顯成均之風，蘊義光膠序之美，是以太學之館久置於下國，四門之教方構於京廛。計習訓淹年，聽受累紀，然儁造之流應問於魏闕，不革之輩宜返於齊民，使就郡練考，覈其最殿。頃以皇都遷構，江揚未一，故鄉校之訓，弗遑正試。致使薰蕕之質，均誨學庭；蘭蕭之體，等教文肆。今外宰京官，銓考向訖，求遣四門博士明通五經者，道別校練，依令黜陟。」詔曰：「學業墮廢，爲日已久，非一使能勸，比當別勑。」

尋詔英使持節、假鎮南將軍、都督征義陽諸軍事，率衆南討。《世宗紀》英假鎮南將軍南討在景明四年八月庚子。蕭衍司州刺史蔡道恭聞英將至，遣其驍騎將軍楊由率城外居民三千餘家，於城西南十里賢首山即嶺爲三柵，作表裏之勢。英勒諸軍圍賢首壘，焚其柵門。楊由乃驅水牛從營而出，繼之以兵。軍人避牛，師遂退下。尋分兵圍守。其夜，柵民任馬駒斬由以降。三軍館穀，降民安堵。蕭衍遣其平西將軍曹景宗、後將軍王僧炳等率步騎三萬來救義陽。僧炳統衆二萬據鑿峴，景宗率一萬繼後。英遣冠軍將軍元逞、揚烈將軍曹文敬進據樊城以抗之。英部勒將士掎角討之，大破僧炳軍，俘斬四千餘人。英又於士雅山結壘，與景宗相抗，分遣諸統，伏於四山，示之以弱。衍將馬仙琕率衆萬餘，來掩英營。英命諸軍僞北誘之，既至平地，統軍傅永等三軍擊之，賊便奔退。進擊潰之，斬首二千三百級，斬賊羽林監軍鄧終年。仙琕又率一萬餘人，重來決戰。英勒諸將隨便分擊，又破之，復斬賊將陳秀之。統軍王買奴別破東嶺之陣，斬首五百。道恭憂死，驍騎將軍、行州事蔡靈恩復憑窮城，短兵日接。景宗、仙琕知城將拔，盡鋭決戰，一日三交，皆大敗而返。靈恩勢窘，遂降。三關戍聞之，亦棄城而走。詔曰：「知賊城已下，復克三關，展威闢境，聲略宣振，公私稱泰，良以欣然。將軍淵規内斷，忠謨外舉，受律揚旌，克中廟算，雖方叔之制蠻荆，邵虎之掃淮浦，匹兹蔑如也。新州初附，宜廣經略，想善加檢督，必令周固，有所委付，然後凱旋耳。」初，高祖之平漢陽，英有戰功，許復其封，及爲顯達《北史》作「陳顯達」。所敗，遂寢。是役也，世宗大悦，乃復之，改封中山王，食邑一千户，遣大使、鴻臚少卿睦延吉持節就拜。《世宗紀》英破王僧炳、馬仙琕，降蔡靈恩，在正始元年，復爵在是年八月。英送蔡靈恩及衍尚書郎蔡僧勰，前軍將軍、義陽太守馮道要，游擊將軍鮑懷慎，天門太守王承伯，平北府司馬宗象，平北府諮議參軍伏粲，給事中、寧朔將軍蔡道基，中兵參軍龐修等數十人。詔曰：「會平江南，此等便可放歸也。」英既還，世宗引見，深嘉勞之，後增封一千户。

蕭衍遣將軍寇肥梁，詔英使持節、加散騎常侍、征南將軍、都督揚徐二道諸軍事，率衆十萬討之，所在皆以便宜從事。《世宗紀》英任征南在正始三年四月庚戌。詔英曰：「賊勢滋甚，圍逼肥梁，邊將後規，以至於此。故有斯舉，必期勝捷。而出軍淹滯，肥梁已陷。聞之惋懣，實乖本圖。今衆軍雲集，十有五萬，進取之方，其算安在？克殄之期，復當遠近？竟以幾日可至賊所？必勝之規，何者爲先？故遣步兵校尉、領中書舍人王雲指取機要。」英表陳事機。乃擊破陰陵，斬衍將二十五人，及虜首五千餘級。又頻破賊軍於梁城，斬其支將四十二人，殺獲及溺死者將五萬。衍中軍大將軍、臨川王蕭宏，尚書左僕射柳惔等大將五人沿淮南走，凡收米三十《北史》作「四十」。萬石。詔勞英曰：「知大摧鯨寇，威振南海，江浦無塵，三楚卷壒，聲被荒隅，同軌斯始，公私慶慰，良副朕懷。便當乘威藉響，長驅吴會，翦拉遺燼，截彼東南也。」

英追至於馬頭，衍馬頭戍主委城遁走，遂圍鍾離。詔曰：「師行已久，士馬疲瘠，賊城險固，卒難攻屠。冬春之交，稍非勝便，十萬之衆，日費無貲。方圖後舉，不待今事。且可密裝徐嚴，爲振旅之意，整疆完土，開示威略。左右蠻楚，素應逃亡，或竄山湖，或難制掠。若凶渠黠黨，有須翦除者，便可撲掃，以清疆界。如其彊狡憑阻，未易致力者，亦不煩肆兵。凱旋遲近，不復委曲。」英表曰：「臣奉辭伐罪，志殄逋寇，想敵量攻，期至二月將末三月之初，理在必克。但自此月一日以來，霖雨連併，可謂天違人願。然王者行師，舉動不易，不可以少致睽淹，便生異議。臣亦諦思，若入三月已後，天晴地燥，憑陵是常。如其連雨仍接，不得進攻者，臣已更高邵陽之橋，防其汎突異外洪長，慮其破橋，臣亦部分造船，復於鍾離城隨水狹處，營造浮橋，至三月中旬，橋必克成。晴則攻騰，雨則圍守，水陸二圖，以得爲限。實願朝廷特開遠略，少復賜寬，假以日月，無使爲山之功，中途而廢。」詔曰：

「大軍野次，已成勞久，攻守之方，理可豫見。比頻得啓，制勝不過暮春，及省後表，復期孟夏之末。彼土蒸濘，無宜久淹。勢雖必取，乃將軍之深計；兵久力殆，亦朝廷之所憂。故遣主書曹道往觀軍勢，使還，王具聞。」及道還，英猶表云「可克」。

四月，水盛破橋，英及諸將狼狽奔走，士衆没者十有五六。英至揚州，遣使送節及衣冠、貂蟬、章綬。詔以付典。有司奏英經算失圖，案劾處死，詔恕死爲民。《世宗紀》鍾離敗績，削爵爲民在正始四年，復爵在永平元年九月。

後京兆王愉反，英復王封，邑一千户，除使持節，假征東將軍、都督冀州諸軍事。英未發而冀州已平。時郢州治中《北史》作「郢州中從事」。督榮祖潛引蕭衍軍，以義陽應之，三關之戍並據城降衍。郢州刺史婁悦嬰城自守。懸瓠城民白早生等殺豫州刺史司馬悦，據城南叛。衍將齊苟仁率衆守懸瓠。悦子尚華陽公主，并爲所劫。詔英使持節、都督南征諸軍事、假征南將軍，出自汝南。世宗引英謂之曰：「婁悦綏御失和，銓衡闇於簡授，故使郢民引寇，關戍外奔，義陽孤窘，有倒懸之切。王國之邵虎，威名宿震，故屈王親總元戎，掃清氛穢。昔衛霍以匈奴之故，居無寧歲，今南疆不靖，王不得以屢勞爲辭也。」英對曰：「臣才非韓白，識闇孫吴，徒以宗室之長，頻荷推轂之寄。規略淺短，失律喪師，宜章子反之戮，以謝天下。陛下慈深念屨，愛等鍾牛，使臣得同荀伯，再生明世，誓追孟氏，以報復爲期。關郢微寇，何足平殄，滅賊方略，已在臣目中，願陛下勿勞聖慮也。」世宗曰：「截彼東南，再清隨楚，所望於將軍，鍾離一眚，豈足以損大德。今王董彼三軍，朕無憂矣。」

世宗以邢巒頻破早生，詔英南赴義陽。英以衆少，累表請軍，世宗弗許。而英輒與邢巒分兵共攻懸瓠，克之，乃引軍而進。初苟仁之據懸瓠，衍寧朔將軍張道凝等率衆據楚城，聞英將至，棄城南走。英追擊，斬道凝及衍虎賁中郎曹苦生，盡俘其衆。既次義陽，將取三關，英策之曰：「三關相須如左右手，若克一關，兩關不待攻而定。攻難不如攻易，東關易攻，宜須先取，即黄石公所謂『戰如風發，攻如河決。』」英恐其并力於東，乃使長史李華率五統向西關，分其兵勢。身督諸軍向東關。先是，馬仙琕使雲騎將軍馬廣率衆拒屯於長薄，軍主胡文超別屯松峴。英至長薄，馬廣夜遁入於武陽，英進師攻之。聞衍遣其冠軍將軍彭瓫生、驃騎將軍徐超秀援武陽，英乃緩軍曰：「縱之使入此城，吾先曾觀其形勢，易攻耳，吾取之如拾遺也。」諸將未之信。瓫生等既入武陽，英促圍攻之，六日而廣等降。於是進擊黄峴，衍太子左衛率李元履棄城奔竄。又討西關，衍司州刺史馬仙琕亦即退走，果如英策。凡擒其大將六人，支將二十人，卒七千，米四十萬石，軍資稱是。《世宗紀》英拔武陽黄峴在永平二年正月。

還朝，除尚書僕射。永平三年，英薨。《世宗紀》英薨於永平三年十月辛卯。給東園秘器、朝服一具、帛七百匹，贈司徒公，謚曰獻武王。英五子。

攸，字玄興，東宮洗馬。早卒，贈散騎侍郎。

攸弟熙，字真興。好學，俊爽有文才，聲著於世，然輕躁浮動。英深慮非保家之主，常欲廢之，立第四子略爲世子，宗議不聽，略又固請，乃止。起家秘書郎，延昌二年襲封，累遷兼將作大匠，拜太常少卿、給事黄門侍郎，尋轉光禄勳。時領軍于忠執政。熙，忠之壻也。故歲中驟遷。尋除平西將軍、東秦州刺史，進號安西將軍，秘書監。尋以本將軍授相州刺史。《元熙墓誌》熙平元年入爲秘書監，神龜之初拜安東將軍、相州刺史。熙以七月入治，其日大風寒雨，凍死者二十餘人，驢馬數十匹。熙聞其祖父前事，心惡之。又有蛆生其庭。

初，熙兄弟並爲清河王懌所昵，及劉騰、元叉隔絶二宫，矯詔殺懌，熙乃起兵，上表曰：「臣聞安危無常，時有休否。臣早屬休明，晚逢多難。自皇基綿茂，九葉承光，高祖、世宗，徽明相襲。皇太后聖敬自天，德同馬、鄧；至尊神叡纂御，神鑒燭遠。四海晏如，八表歸化。而領軍將軍元叉寵藉外親，叨榮左右，豺狼爲心，飽便反噬。遂使二宫阻隔，温清闕禮。又太傅清河王横被屠害，致使忠臣烈士，喪氣闕庭；親賢宗戚，憤恨内外。妄指鹿馬，孰能踰之；王、董權逼，方此非譬。臣仰瞻雲闕，泣血而生，以細草不除，將爲爛漫。況叉悖逆如此，孰可忍之！臣忝藉枝萼，思盡力命，碎首屠肝，甘之若薺。今輒起義兵，實甲八萬，大徒既進，文武争先，與并州刺史、城陽王徽，恒州刺史、廣陽王淵，徐州刺史、齊王蕭寶夤等，同以今月十四日俱發。庶仰憑祖宗之靈，俯罄義夫之命，掃翦兇醜，更清京邑。臣親總三軍，星邁赴難，置兵温城，伏聽天旨。王公宰輔，或世著忠烈，或宿佩恩顧，如能同力，翦除元叉，使太后至尊忻然奉對者，臣即解甲散兵，赴謝朝闕。臣雖才乖昔人，位居蕃屏，寧容坐觀姦醜，虚受榮禄哉！」熙兵起甫十日，爲其長史柳元章、別駕游荆、魏郡太守李孝怡率諸城人鼓譟而入，殺熙左右四十餘人，執熙，置之高樓，并其子弟。又遣尚書左丞盧同斬之於鄴街，傳首京師。

《墓誌》：正光元年，奸臣擅命，賊害賢輔。王投袂奮戈，唱起義兵，變起倉卒，受制羣凶。八月廿四日與季弟纂、世子景獻、弟二子仲獻、弟三子叔獻，同時被害。

始熙妃于氏知熙必敗，不從其謀，自初哭泣不絕，至于熙死。熙臨刑爲五言詩，示其僚吏曰：「義實動君子，主辱死忠臣。何以明是節，將解七尺身。」與知友別曰：「平生方寸心，殷勤屬知己。從今一銷化，悲傷無極已。」

熙既蕃王之貴，加有文學，好奇愛異，交結偉俊，風氣甚高，名美當世，先達後進，多造其門。始熙之鎮鄴也，知友才學之士袁飜、李琰、李神儁、王誦兄弟、裴敬憲等咸餞於河梁，賦詩告別。及熙將死，復與知故書曰：「吾與弟並蒙皇太后知遇，兄據大州，弟則入侍，殷勤言色，恩同慈母。今皇太后見廢北宮，太傅清河王横受屠酷，主上幼年，獨在前殿。君親如此，無以自安，故率兵民建大義于天下。但智力淺短，旋見囚執，上慚朝廷，下愧相知。本以名義干心，不得不爾，流腸碎首，復何言哉！昔李斯憶上蔡黄犬，陸機想華亭鶴唳，豈不以怳惚無際，一去不還者乎？今欲對秋月，臨春風，藉芳草，蔭花樹，廣召名勝，賦詩洛濱，其可得乎？凡百君子，各敬爾宜，爲國爲身，善勗名節，立功立事，爲身而已，吾何言哉！」時人憐之。

又熙於任城王澄薨前，夢有人告之曰：「任城當死，死後二百日外，君亦不免。若其不信，試看任城家。」熙夢中顧瞻任城第舍，四面牆崩，無遺堵焉。熙惡之，覺而以告所親。及熙之死也，果如所夢。兄弟三人，每從英征伐，在軍貪暴，或因迎降逐北，至有斬殺無辜，多增首級，以爲功狀。又于忠之誣郭祚、裴植也，忠意未決害之，由熙勸獎，遂至極法，世以爲冤。及熙之禍，議者以爲有報應焉。

靈太后反政，贈使持節、都督冀定瀛相幽五州諸軍事、大將軍、太尉公、冀州刺史，增本封一千户，謚曰文莊王。《墓誌》：孝昌元年，追復王封，贈使持節、大將軍、太尉公、都督冀定相瀛幽五州諸軍事、冀州刺史，謚曰文莊王，贈加一千户。《傳》失書復封，但云增邑，可謂疏矣。

長子景獻，《元暐墓誌》：君諱暐，字景獻。《傳》失書其名，又《誌》題稱元敬公，則暐曾追謚。《傳》亦失書。次仲獻，《元熙誌》載仲獻官員外散騎侍郎，《傳》亦失書。次叔獻，並與熙同被害。後贈景獻中軍將軍、青州刺史，葬以王禮；仲獻左將軍、兗州刺史，叔獻右將軍、齊州刺史。

叔獻弟叔仁，以年幼獲全，與母于氏徙朔州。孝昌初，靈太后詔叔仁歸京師，還其財宅，襲先爵。《肅宗紀》：孝昌二年三月庚子，追復中山王熙本爵，子叔仁紹之。案《熙誌》言孝昌元年已復熙封，《紀》殆併叔仁紹封與熙之復爵爲一時事。除征虜將軍、通直散騎常侍。孝莊初，遇害於河陰，贈衛大將軍、儀同三司、并州刺史。

子琳，襲。齊受禪，爵例降。

熙弟誘，字惠興。自員外郎稍遷通直郎、太子中庶子、征虜將軍、衛尉少卿，出爲右將軍、南秦州刺史。叉斬之於岐州，妻子得不坐。追贈車騎大將軍、雍州刺史，後贈儀同三司，追封都昌縣開國伯，食邑八百户，謚曰恭。

子始伯，襲。給事中。齊受禪，爵例降。

誘弟略，字儁興。才氣劣於熙，而有和邃之譽。自員外郎稍遷羽林監、通直散騎常侍、冠軍將軍、給事黄門侍郎。

清河王懌死後，叉黜略爲懷朔鎮副將。未及赴任，會熙起兵，與略書來去。尋值熙敗，略遂潛行，自託舊識河内司馬始賓。始賓便爲荻筏，夜與略俱渡盟津，詣上黨屯留縣栗法光。法光素敦信義，忻而納之。略舊識刁雙時爲西河太守，略復歸之。停止經年，雙乃令從子昌送略潛遁江左。蕭衍甚禮敬之，封略爲中山王，邑一千户，宣城太守。

俄而徐州刺史元法僧據城南叛，州内士庶皆爲法僧擁逼。衍乃以略爲大都督，令詣彭城，接誘初附。略至，屯於河南，爲樂安王鑒所破，略唯數十騎入城。衍尋遣其豫章王綜鎮徐州，徵略與法僧同還。略雖在江南，自以家禍，晨夜哭泣，身若居喪。又惡法僧爲人，與法僧言，未嘗一笑。衍復除略衡州刺史，未行。會綜以城歸國，綜長史江革、司馬祖暅、將士五千人悉見擒虜。肅宗勑有司悉遣革等還南，因以徵略。衍乃備禮遣之。

略之將還也，衍爲置酒餞別，賜金銀百斤，衍之百官悉送別江上，遣其右衛徐確率百餘人送至京師。肅宗詔光禄大夫刁雙境首勞問，又勑徐州賜絹布各一千匹。除略侍中、義陽王，食邑一千户。還達石人驛亭，詔宗室、親黨、內外百官先相識者，聽迎之近郊。賜帛三千匹，宅一區，粟五千石，奴婢三十人。其司馬始賓除給事中、領直後，《北史》作「候」。粟法光本縣令，刁昌東平太守，刁雙西兗州刺史。其略所至，一餐一宿之處，無不霑賞。

尋改封東平王，《肅宗紀》略自蕭衍還朝，封義陽王在孝昌二年五月丁未，改封東平在六月丙子。《元略墓誌》作「孝昌元年，旋軸象魏，封東平王」。不及義陽之封，殆是簡略。又拜車騎大將軍、左光禄大夫、儀同三司，領左衛將軍，侍中如故。《墓誌》：即授侍中、左衛將軍、加車騎大將軍，尋遷驃騎大將軍、儀同三司。《肅宗紀》亦作孝昌二年六月乙未，以衛將軍、東平王略爲左光禄大夫、儀同三司。《傳》於略除拜先後殆有舛誤，至左光禄大夫，則《誌》失書也。又本官領國子祭酒，遷大將軍、尚書令。靈太后甚寵任之，其見委信，殆與元徽相埒。於時天下多事，軍國萬端，略守常自保，無他裨益，唯唯具臣而已。

尒朱榮，略之姑夫，略素所輕忽，略又黨於鄭儼、徐紇，榮兼銜之。榮入洛也，見害於河陰。贈以本官，加太保、司空、徐州刺史，謚曰文貞。

子景式，《元略墓誌》：世子頊，字景式，頊即規之別搆，《傳》失書其名。襲。武定中，北廣平太守。齊受禪，爵例降。

略弟纂，字紹興，頗有將略。爲司徒祭酒。聞熙舉兵，因逃奔於鄴，至即見擒，與熙俱死。追封北平縣公，《元纂墓誌》標題作「安平縣公」，而文中不及追封。《傳》作「北平縣公」，與《誌》不同，《誌》稱謚曰景公，則所遺也。贈安北將軍、恒州刺史，改封高唐縣開國侯，食邑八百户。

子子獻，襲。卒於涇州司馬。

熙異母弟義興，《元廞墓誌》：君諱廞，字義興。《傳》失書其名。出後叔父並洛。肅宗初，除員外散騎侍郎。及熙之遇害也，義興以別後，故得不坐。稍遷輔國將軍、通直散騎常侍。孝莊初，於河陰遇害。贈中軍將軍、瀛州刺史，後贈散騎常侍、征東將軍，餘如故。義興妻，趙郡李氏。李頗有婦工，爲尒朱榮妻所親昵。永安中，追封義興燕郡王，邑五百户，尋改封鉅鹿王，又改封武邑王。

子述，襲。天平中，通直郎。齊受禪，爵例降。

英弟怡，起家步兵校尉，轉城門校尉，遷鄯善鎮將。所在貪暴，爲有司所糾，逃竄得免。延昌中，卒。莊帝初，以尒朱榮婦兄，超贈驃騎大將軍、太尉公、雍州刺史、扶風王。

長子肅，起家員外散騎侍郎，轉直寢。莊帝初，封肅魯郡王，《孝莊紀》：建義元年四月甲辰，封直閤將軍元肅爲魯郡王。邑千户。除散騎常侍，出爲後將軍、廣州刺史。後除衛將軍、肆州刺史。其弟曄僭立，拜肅侍中、太師、録尚書事。尋改除使持節、都督青膠光齊南青五州諸軍事、驃騎大將軍、東南道大行臺、青州刺史，不行。永熙二年薨。《前廢帝紀》：普泰元年三月癸酉，詔太師、驃騎大將軍、青州刺史、魯郡王肅還爲太師。《出帝紀》：永熙二年三月甲午，太師、魯郡王肅薨。是肅再爲太師，《傳》失書。贈使持節、侍中、都督并恒二州諸軍事、本將軍、司徒公、并州刺史。

子道與，襲。除前將軍。齊受禪，爵例降。

曄字華興，小字盆子。性輕躁，有膂力。起家秘書郎，稍遷通直散騎常侍。莊帝初，封長廣王，《孝莊紀》曄受封在建義元年四月甲辰。邑一千户。出爲太原太守，行并州事。尒朱榮之死也，世隆等奔還并州，與尒朱兆會於建興，乃推曄爲主，大赦所部，號年建明。《孝莊紀》曄爲尒朱推戴在永安三年十月壬申。尋爲世隆等所廢。前廢帝立，封曄爲東海王，邑萬户。出帝初，坐事賜死於第。《前廢帝紀》曄封東海王在普泰元年三月癸酉。《出帝紀》曄賜死在太昌元年十一月甲辰。無子，爵除。

城陽王長壽，《城陽康王元壽妃麴氏墓誌》作「元壽」，不作「長壽」。皇興二年封，《顯祖紀》長壽受封在皇興二年九月辛亥。拜征西大將軍、外都大官。出爲沃野鎮都大將。性聰慧，善撫接，在鎮甚有威名。延興五年薨，《高祖紀》長壽薨在延興五年十二月己丑。謚康王。

長子多侯，早卒。

次子鸞，字宣明。始繼叔章武敬王，及兄卒，還襲父爵。身長八尺，腰帶十圍。以武藝著稱。頻爲北都大將。高祖時，拜外都大官，又出爲持節、都督河西諸軍事、征西大將軍、領護西戎校尉、涼州鎮都大將。改鎮立州，以鸞爲涼州刺史、姑臧鎮都大將，餘如故。

後朝于京師。會車駕南討，領鎮軍將軍。定都洛陽，高祖幸鄴，詔鸞留守。及開建五等，食邑一千户。除使持節，征南大將軍，都督豫荆郢三州、河内山陽東郡諸軍事，與安南將軍盧淵、《北史》作「盧陽烏」，殆避唐諱，舉其字。李佐攻赭陽，不克，敗退而還。時高祖幸瑕丘，鸞請罪行宫。高祖引見鸞等，責之曰：「卿等總率戎徒，義應奮節，而進不能夷拔賊城，退不能殄茲小寇，虧損王威，罪應大辟。朕革變之始，事從寬貸，今捨卿等死罪，城陽降爲定襄縣王，削户五百。古者，軍行必載廟社之主，所以示其威惠各有攸歸，今徵卿等敗軍之罪於社主之前，以彰厥咎。」後以留守之功，還復本封，《高祖紀》鸞降爵在太和十九年五月己巳，復爵在二十年正月壬辰。增邑二百户。除冠軍將軍、河内太守，轉并州刺史。世宗初，除平東將軍、青州刺史。後轉安北將軍、定州刺史。

鸞愛樂佛道，修持五戒，不飲酒食肉，積歲長齋。繕起佛寺，勸率百姓，共爲土木之勞，公私費擾，頗爲民患。世宗聞而詔曰：「鸞親唯宗懿，作牧大州，民物殷繁，綏寧所屬，宜克己厲誠，崇清樹惠，而乃驟相徵發，專爲煩擾，編户嗷嗷，家懷嗟怨。北州土廣，姦亂是由，準法尋愆，應加肅黜。以鸞戚屬，情有未忍，可遣使者以義督責，奪禄一周，微示威罰也。」

正始二年薨，《世宗紀》作「正始二年四月己未薨」。《墓誌》作「正始二年三月廿五日薨」。時年三十八，贈帛六百四，詔中書舍人王雲宣旨臨弔，贈鎮北將軍、冀州刺史，謚懷王。

子徽，字顯順。粗涉書史，頗有吏才。世宗時，襲封。除游擊將軍，出爲河内太守。在郡清整，有民譽。徽拜長兼散騎常侍。

肅宗時，除右將軍、涼州刺史。徽以徑途阻遠，固請不行。除散騎常侍。其年，除後將軍、并州刺史。先是，州界夏霜，禾稼不熟，民庶逃散，安業者少。徽輒開倉賑之，文武咸共諫止。徽曰：「昔汲長孺，郡守耳，尚輒開倉救民災敝，況我皇家親近，受委大藩，豈可拘法而不救民困也。」先給後表。肅宗嘉之，加安北將軍。《北史》：汾州山胡舊多劫掠，自徽爲郡，羣胡自相戒，勿得侵擾。鄰州汾、肆之人，多來詣徽投訴，願得口判。除秦州刺史，還都，吏人泣涕攀車，不能自已。徽車馬羸弊，皆京來舊物，見者莫不歎其清儉。後拜安西將軍、秦州刺史。詔書旦至夕發。徽以將之秦部，請詣闕恭授，仍表啓固陳，請不之職。改授輔國將軍，加度支尚書，進號鎮軍將軍。于時，戎馬在郊，王師屢敗，徽以軍旅之費，上國封絹二千匹，粟一萬石以助軍用。肅宗不納。又以本官兼吏部尚書，加侍中、征東將軍，遷衛將軍、右光禄大夫，拜尚書左僕射。轉車騎將軍、儀同三司。《肅宗紀》：孝昌二年四月癸巳，以侍中、車騎大將軍、城陽王徽爲儀同三司。固辭不拜，聽解侍中，然後受詔。《北史》：尋爲正。徽以選舉法期在得人，限以停年，有乖舊體，但行之日久，難以頓革，以德同者盡年，勞等者進德，于時稱爲中平。除侍中，餘官如故。徽表乞守一官。天下士子莫不歎息，咸曰：「城陽離選，貧者復何所希！」怨嗟之聲，俄然上徹。還，令兼吏部尚書。尋除尚書令，加開府、西道行臺，不行。

時靈太后專制，朝綱穨褫。徽既居寵任，無所匡弼，與鄭儼之徒，更相阿黨。外似柔謹，內多猜忌，睚眦之忿，必思報復。識者嫉之。又不能防閑，其妻于氏遂與廣陽王淵姦通。及淵受任軍府，每有表啓，論徽罪過，雖涉誣毁，頗亦實焉。

莊帝踐阼，拜司州牧，尋除司徒，仍領牧。元顥入洛，徽從莊帝北巡，及車駕還宫，以與謀之功除侍中、大司馬、太尉公，加羽葆、鼓吹，增邑通前二萬户，餘官如故。徽表辭官封，前後屢上。又啓云：「河上之功，將士之力，求回所封，加諸勳義。」徽爲莊帝親待，內懼榮寵，故有此辭，以防外議。莊帝識其意，聽其辭封，不許讓官。

徽後妻，莊帝舅女。侍中李彧，帝之姊婿。徽性佞媚，善自取容，挾内外之意，宗室親戚莫與比焉。遂與彧等勸帝圖榮，莊帝亦先有意。榮死，世隆等屯據不解。除徽太保，《孝莊紀》：永安元年九月辛已，以城陽王徽爲司徒。二年七月甲戌，拜大司馬、太尉公。十一月丙午，除太保。仍大司馬、宗師、録尚書事，總統内外。徽本意謂榮死後枝葉自應散亡。及尒朱宗族聚結謀難，徽算略無出，憂怖而已。性多嫉妬，不欲人居其前。每入參謀議，獨與帝決。朝臣有上軍國籌策者，並勸帝不納，乃云小賊何慮不除。又吝惜財用，自家及國。於是有所賞錫，咸出薄少，或多而中減，與而復追。徒有糜費，恩不感物。莊帝雅自約狹，尤亦徽所贊成。太府少卿李苗，徽司徒時司馬也，徽待之頗厚。苗每致忠言，徽自得志，多不採納。苗謂人曰：「城陽本自蜂目，而豺聲復將露也。」

及尒朱兆之入，禁衛奔散，莊帝步出雲龍門。徽乘馬奔度，帝頻呼之，徽不顧而去。遂走山南，至故吏寇彌宅。彌外雖容納，内不自安，乃怖徽云，官捕將至，令其避他所。使人於路邀害，送屍於尒朱兆。《元徽墓誌》以永安三年十二月五日，薨於洛陽之南原。

出帝初，贈使持節、侍中、太師、大司馬、録尚書事、司州牧，謚曰文獻。

子延，《元徽墓誌》：世子須陀延，年十歲，殆延之初名。襲爵。武定末，官至太子中庶子。齊受禪，爵例降。

徽兄顯魏，《元顯魏墓誌》：君諱顯魏，字光都。《傳》失書其字。給事中、司徒掾。卒，《墓誌》以正光六年二月七日終。贈輔國將軍、東豫州刺史。《墓誌》：息崇智，字道宗，年廿四，左將軍府中兵參軍。息崇朗，年十八。息崇仁，年十四。息崇禮，年十三。

徽次兄顯恭，字懷忠。揚州別駕，以軍功封平陽縣開國子，邑三百户。孝莊初，除北中郎將，遷左將軍、東徐州刺史。入爲安東將軍、大司農卿，尋除中軍將軍、荆州刺史。莊帝既殺尒朱榮，乃除顯恭使持節、都督晉建南汾三州諸軍事、鎮西將軍兼尚書左僕射、西北道行臺、晉州刺史。尒朱兆入洛後，死於晉陽。出帝初，贈衛大將軍、并州刺史，重贈車騎大將軍、儀同三司。

子彦昭，襲。武定中，漁陽太守。齊受禪，爵例降。

顯恭弟旭，字顯和。莊帝時，封襄城郡王，邑一千户。《孝莊紀》：永安二年七月己卯，以鎮東將軍、南青州刺史元旭爲襄陽王。《孝静紀》：天平二年九月丁巳，以開府儀同三司、襄城王旭爲司空。武定五年五月戊戌，以尚書右僕射、襄城王旭爲太尉。六月以太尉旭兼尚書令。六年三月癸巳，以太尉旭爲大司馬。《傳》不記旭歷官，今據補。武定末，位至大司馬。齊受禪，爵例降。《元徽墓誌》：弟旭，顯和，征東將軍、徐州刺史、襄城王。弟虔，顯敬，通直散騎常侍、安東將軍、銀青光禄大夫、廣都縣開國伯。《傳》、《紀》均失書，顯和曾官徐州刺史，顯敬則《傳》不及其人。又鸞季子顯儁處士，近亦有《墓誌》出洛陽，附著於此。

章武王太洛，皇興二年薨。追贈征北大將軍、章武郡王，《顯祖紀》：皇興二年九月辛亥，封太洛爲章武王。不作薨後追封。謚曰敬。無子。高祖初，以南安惠王第二子彬爲後。

彬，字豹兒，襲爵。勇健有武用。出爲使持節、都督東秦豳夏三州諸軍事、鎮西大將軍、西戎校尉、統萬鎮都大將、朔州刺史。以貪惏削封。《高祖紀》彬削爵在太和十三年三月甲子。是時吐京胡反，詔彬持節，假平北將軍，行汾州事，率并肆之衆往討之。胡平，仍除征虜將軍、汾州刺史。胡民去居等六百餘人，保險謀反，扇動徒類。彬請兵二萬，有司奏許之。高祖大怒曰：「何有動兵馬理也！可隨宜肅治，若不能權方静帖，必須大衆者，則先斬刺史，然後發兵。」彬奉詔大懼，而率州兵，身先將士討胡，平之。太和二十三年卒。賜錢十萬，絹二百匹，贈以本官，加散騎常侍。彬有五子。

長子融，字永興。儀貌壯麗，衣冠甚偉，性通率，有豪氣。高祖時，拜秘書郎。世宗初，復先爵，除驍騎將軍。

蕭衍遣將，寇逼淮陽，梁城陷没。詔融假節、征虜將軍、别將南討，大摧賊衆，還復梁城。于時揚州刺史元嵩爲奴所害，勑融行揚州事。尋除假節、征虜將軍、并州刺史。

及世宗崩，兼司空，營陪景陵。拜宗正卿，以本官行瀛州事，遇疾不行。未幾，除散騎常侍、平東將軍、青州刺史。還，爲秘書監，遷中護軍，進號撫軍將軍，領河南尹，加征東將軍。性尤貪殘，恣情聚斂，爲中尉糾彈，削除官爵。《肅宗紀》融削爵在正光四年二月丁丑。汾夏山胡叛逆，連結正平、平陽，詔復融前封征東將軍、持節、都督，以討之。《肅宗紀》融復爵征山胡在正光五年十二月。融寡於經略，爲胡所敗。

久之，加散騎常、侍衛將軍、左光禄大夫。

後賊帥鮮于修禮寇暴瀛、定二州，長孫稚等討之，失利。除融車騎將軍，爲前驅左軍都督，與廣陽王淵等共討修禮。師渡交津，葛榮殺修禮而自立。轉營至白牛邏，輕騎擊融。融苦戰終日，更無外援，遂大奔敗，於陳見殺。《肅宗紀》融征葛榮敗没在孝昌二年九月辛亥。肅宗爲舉哀於東堂，賜東園秘器、朝服一具、綵二千八百段，贈侍中、都督雍華岐三州諸軍事、本將軍、司空、雍州刺史。尋以融死王事，進贈司徒，加前後部鼓吹。謚曰莊武。

子景哲，襲。武定中，開府儀同三司。齊受禪，爵例降。《章武王融妃盧墓誌》：長子章武王，字景哲，出身司徒祭酒，俄遷尚書祠部郎中、通直散騎常侍、朱衣直閤、鉀仗都將、征虜將軍、肆州刺史、當州都督、侍中、車騎將軍、左光禄大夫、護軍將軍、領嘗食典御兼太尉公、奉璽紱、侍中、驃騎大將軍、西道大行臺、僕射、殿中尚書、散騎常侍、開府儀同三司、護車將軍、侍中。章武王第二子字叔哲，出身員外散騎侍郎、征虜將軍、中散大夫。第三子字季哲，出身秘書郎中、征虜將軍、中散大夫。《傳》記景哲歷官甚略，而不及叔哲、季哲，今據補。

景哲弟朗，即後廢帝，語在《帝紀》。

子黄頭，襲。封安定王，改封安平王。齊受禪，爵例降。

融弟凝，字定興。起家恒州征虜録事參軍，累遷護軍長史。凝姑，尒朱榮妻。莊帝初，封東安王，《孝莊紀》：永安元年十一月戊寅，封前將軍、大中大夫元凝爲東安王。食邑五百户。除持節、安東將軍、兖州刺史，轉濟州刺史，仍本將軍。永熙二年薨，贈持節、都督滄瀛冀三州諸軍事、驃騎大將軍、冀州刺史。

子彦友，襲。武定中，光禄大夫。齊受禪，爵例降。

凝弟湛，字鎮興。起家秘書郎，轉尚書左司郎中，遷廷尉少卿。莊帝初，遇害河陰。贈征東將軍、青州刺史，追封漁陽王，食邑五百户。

子俊，襲。齊受禪，爵例降。

湛弟晏，字俊興。卒於秘書丞。贈平東將軍、秘書監、豫州刺史。

樂陵王胡兒，和平四年薨。追封樂陵王，《高宗紀》：和平四年春三月乙未，皇子胡仁薨，追封樂陵王。《傳》作「胡兒」，與《紀》不合。贈征北大將軍，謚曰康。

無子，顯祖詔胡兒兄汝陰王天賜之第二子永全後之，襲封，後改名思譽。《元思墓誌》：王諱思，字永全。不作「思譽」。高祖初，蠕蠕犯塞，以思譽爲鎮北大將軍、北征大都將。後除使持節、本將軍、領護匈奴校尉、都督、中軍都將，出爲使持節、鎮東大將軍、和龍鎮都大將、營州刺史，加領護東夷校尉，轉爲鎮北將軍，行鎮北大將軍。高祖引見百官於光極堂，謂思譽曰：「恒代路懸，舊都意重，故屈叔父遠臨此任，不可不敬慎所臨，以副朕望。」及穆泰陰謀不軌，思譽知而不告，恕死，削封爲庶人。太和末，還復其王封。《高祖紀》思譽削爵在太和二十年十二月戊辰，復爵在二十三年二月癸亥。正始四年薨。贈光州刺史，《元思墓誌》作「正始三年五月六日薨，贈鎮北大將軍」。謚曰密王。

子景略，字世彦。《元彦墓誌》作「君諱彦，字景略」。世宗時，襲封。拜驍騎將軍，除持節、冠軍將軍、幽州刺史。熙平元年薨。贈本將軍、豫州刺史，《元彦墓誌》：永平中，授驍騎將軍。延昌末，遷豳州刺史。熙平元年九月廿四日薨，贈豫州刺史。《傳》譌「豳州」作「幽州」。賜帛四百匹，謚曰惠王。

子霸，字休邦，襲。武定中，鉅鹿太守。齊受禪，爵例降。

景略弟慶略，散騎侍郎。

子子政，通直散騎常侍。

慶略弟洪略，恒農太守、中軍將軍、行東雍州刺史。

洪略弟子業，平原太守。

安定王休，皇興二年封。《顯祖紀》休以皇興二年九月辛亥封。拜征南大將軍、外都大官。休少而聰慧，治斷有稱。

高祖初，庫莫奚寇邊，以休爲使持節、侍中、都督諸軍事、征東大將軍、領護東夷校尉、儀同三司、和龍鎮將。《高祖紀》高祖初年無庫莫奚寇邊事。《庫莫奚傳》：高祖初，遣使朝。太和四年，輒入塞内，辭以畏地豆干，鈔略。詔書切責。二十二年始入寇。《高祖紀》又書：太和元年十二月丁未，以安定王休爲儀同三司。不云爲和龍鎮將。《傳》記事殆有舛誤。休撫防有方，賊乃款附。入爲中都大官。蠕蠕犯塞，出爲使持節、征北大將軍、撫冥鎮大將。休身先將士，擊虜退之。入爲内都大官，遷太傅。《高祖紀》休遷太傅在太和十五年十一月癸巳。及開建五等，食邑二千户。

車駕南伐，領大司馬。高祖親行諸軍，遇休以三盜人徇於六軍，將斬之，有詔赦之。休執曰：「陛下將遠清衡霍，故親御六師，跋涉野次，軍行始爾，已有姦竊，如其不斬，何以息盜，請必行刑，以肅姦慝。」詔曰：「大司馬執憲，誠應如是，但因緣會，朕聞王者之體，亦時有非常之澤，雖違軍法，可特原之。」休乃奉詔。高祖謂司徒馮誕曰：「大司馬嚴而秉法，諸軍不可不慎。」於是六軍肅然。定都洛邑，休從駕幸鄴。命休率從駕文武，迎家于平城。高祖親餞休于漳水之北。

十八年，休寢疾，《高祖紀》：太和十八年七月壬午，侍中、大司馬、安定王休薨。高祖幸其第，流涕問疾，中使醫藥相望於路。薨，賵帛三千匹。自薨至殯，車駕三臨。高祖至其門，改服褐衰，素弁加絰。皇太子、百官皆從行弔禮。及將葬，又贈布帛二千匹，謚曰靖王。詔假黄鉞，加羽葆、鼓吹、虎賁、班劍六十三人，悉準三老尉元之儀。高祖親送出郊，慟哭而返，諸王恩禮莫比焉。世宗世，配饗廟庭。

長子安，幼年早卒。

次子夑，除下大夫。世宗初，襲拜太中大夫，除征虜將軍、華州刺史。夑表曰：「謹惟州治李潤堡，雖是少梁舊地，晉、芮錫壤，然胡夷内附，遂爲戎落。城非舊邑。先代之名，爰自國初護羌小戍。及改鎮立郡，依岳立州，因籍倉府，未刊名實。竊見馮翊古城，羌魏兩民之交，許洛水陸之際，先漢之左輔，皇魏之右翼，形勝名都，實惟西蕃奥府。今州之所在，豈惟非舊，至乃居岡飲澗，井谷穢雜，升降劬勞，往還數里，譐諮明昏，有虧禮教。未若馮翊，面華渭，包原澤，井淺池平，樵牧饒廣，採材華陰，陸運七十；伐木龍門，順流而下。陪削舊雉，功省力易，人各爲己，不以爲勞。昔宋民無井，穿井而忻得人；況合城無水，得水而不家慶。竊聞前政刺史，非是無意，或值兵舉，或遇年災，緣此契闊，稽延至此。去歲已熟，秋方大登，四境晏安，京師無事。丁不十錢之費，人無八旬之勤。損輕益重，乞垂昭鑒。」遂詔曰：「一勞永逸，便可聽移。」後除征虜將軍、豳州刺史。延昌四年薨。《肅宗紀》夑以是年九月甲寅薨。 贈本將軍、朔州刺史。

子超，字化生。肅宗初，襲。時以胡國珍封安定公，改封北平王。《肅宗紀》超改封在熙平二年四月乙卯。拜城門校尉、通直散騎常侍、東中郎將，尋除光禄大夫，領將作大匠。後復本封。尒朱榮之入洛，超避難洛南，遇寇見害。《孝莊紀》：武泰元年四月庚子，超爲尒朱榮所殺。甲辰以北平王超還復爲安定王。《傳》失書復安定舊封事。 莊帝初，贈車騎大將軍、儀同三司、岐州刺史。《北史》：超弟琰，字伏寶，大統中，封宋安王。薨，謚曰懿。子景山，字寶岳，隨梁州總管，謚曰襄。子成壽，(隨)〔隋〕西平郡通守。

子孝景，襲。武定中，通直郎。齊受禪，爵例降。

燮弟顧平，清狂無行。高祖末，拜員外郎。世宗初，遷給事中。悖惡日甚，殺人劫盜，公私成患。世宗以其戚近，未忍致之于法，乃免官，禁之别館。館名愁思堂，冀其克念。世宗崩，顧平乃得出。靈太后臨朝，以其暴亂不悛，詔曰：「顧平志行輕疏，每乖憲典，可還於别館，依前禁錮。」久之，解禁還家，付師嚴加誨獎。後拜通直散騎常侍、前將軍。坐裸其妻王氏于其男女之前，又彊姦妻妹於妻母之側。御史中丞侯剛案以不道，處死，《北史》無「死」字。絞刑，會赦免，黜爲員外常侍。孝昌中卒。

子緒，幽州安西府功曹參軍。莊帝初，直閤將軍。尋爲持節、兼武衛將軍、關右慰勞十二州大使，遂没吐谷渾。

子長春，員外散騎侍郎。武定初，封南郡王，邑五百户。齊受禪，爵例降。

顧平弟永平，征虜將軍、南州刺史。爲城民華延明所害。太昌初，追贈使持節、侍中、都督定瀛幽三州諸軍事、衛將軍、定州刺史。

永平弟珍平，司州治中。《元斑墓誌》：君諱斑，字珍平。景穆皇帝之孫，安定靖王第五子。官左軍將軍、司徒屬，贈持節、督豫州諸軍事、龍驤將軍、豫州刺史。春秋卅三。孝昌二年七月廿八日薨。

子叔遵，員外散騎常侍。

珍平弟貴平，羽林監，轉射聲校尉。莊帝初，除散騎常侍、宗正少卿，封東萊王，《孝莊紀》：建義元年四月甲辰，以諫議大夫元貴平爲東萊王。《傳》不載貴平曾官諫議大夫。邑百户。除平北將軍、南相州刺史。莊帝既殺尒朱榮，加武衛將軍兼侍中，爲河北、山東慰勞大使，至定州東北，爲幽州大都督侯淵所執，送於晉陽。後還洛。

前廢帝時，以本官行青州事，屬土民崔祖螭作逆，賊徒甚盛，圍逼東陽一百餘日。貴平率城民固守，又令將士開門交戰。大軍救至，遂擒祖螭等，斬之。還，除車騎將軍，加散騎常侍，遷左衛將軍、宗師。又遷車騎大將軍、左光禄大夫、儀同三司。《出帝紀》貴平遷車騎大將軍在太昌元年七月丙辰。

貴平人才險薄，爲出帝所信。出爲青州刺史，又加驃騎大將軍、開府儀同三司，爲幽州大都督侯淵所害。《出帝紀》：永熙三年十月戊辰，侯淵克東揚州，斬刺史東萊王貴平。

史臣曰：南安原始要終，善不掩惡。英將帥之用，有聲於時。熙、略兄弟，早播民譽，或才疏志大，或器狹任廣，咸不能就其功名，俱至非命，惜也。康王不永，鸞起家聲。徽飾智矯情，外諂内忌，永安之禍，誰任其責？宛其死也，固其宜哉。章武、樂陵，蓋不足數。靖王聰斷威重，見稱太和，美矣。

魏書宗室傳注卷九

文成五王列傳第八　魏書二十

安樂王　廣川王　齊郡王
河間王　安豐王

文成皇帝七男。孝元皇后生獻文皇帝。李夫人生安樂厲王長樂。曹夫人生廣川莊王略。沮渠夫人生齊郡順王簡。乙夫人生河間孝王若。悦夫人生安豐匡王猛。玄夫人生韓哀王若《北史》無「若」字。安平，王早薨，無傳。《顯祖紀》：天安元年二月己未，皇弟安平薨。

安樂王長樂，皇興四年封建昌王，後改封安樂王。《高祖紀》改封安樂在延興五年十二月丙寅。長樂性凝重，顯祖器愛之。承明元年拜太尉，出爲定州刺史。鞭撻豪右，頓辱衣冠，多不奉法，爲人所患。百姓詣闕訟其過。高祖罰杖三十。貪暴彌甚，以罪徵詣京師。後與内行長乙肆虎謀爲不軌，事發，賜死於家。《高祖紀》長樂賜死在太和三年己未。葬以王禮，謚曰厲。

子詮，字搜賢，《元詮墓誌》作「字休賢」。襲。世宗初，爲涼州刺史。《詮誌》：少襲王爵，加征西大將軍，又以本官領太子中庶子，及皇居徙御，領員外散騎常侍，勑兼侍中，尋除冠軍將軍、涼州刺史。尋又進號平西將軍。《傳》不載涼州刺史以前歷官。在州貪穢，政以賄成。《世宗紀》：正始三年八月己酉，詔平南將軍、安樂王詮督後發諸軍，討淮南，《傳》失書。後除定州刺史。及京兆王愉之反，詐言國變。在北州鎮，咸疑朝廷有釁，遣使觀詮動静。詮具以狀告，州鎮帖然。愉奔信都，詮與李平、高殖等四面攻燒，愉突門而出。《世宗紀》詮平愉亂在永平元年。尋除侍中，兼以首告之功，除尚書左僕射。薨，謚曰武康。《世宗紀》作「延昌元年二月己未薨」。《詮誌》作「永平五年三月廿八日戊午薨」，與《傳》不合。案《紀》永平無五年，四年以後即改延昌。據《志》則延昌元年在五年三月之後也。

子鑒，字長文，襲。《肅宗紀》：正光五年，蕭衍遣將寇淮陽，詔秘書監、安樂王鑒率衆討之。孝昌元年正月，蕭衍遣將胡龍牙、成景儁、元略等赴彭城，詔鑒回師討之，鑒於彭城南擊元略，大破之，盡俘其衆。既而不備，爲元法僧所敗。《傳》失書。後除相州刺史、北討大都督，討葛榮。仍兼尚書右《北史》作「左」。僕射、北道行臺、尚書令，與都督裴衍共救信都。鑒既庸才，諸弟粗暴，見天下多事，遂謀反，降附葛榮。都督源子邕與裴衍合圍鑒，斬首傳洛，《肅宗紀》鑒反及滅在孝昌三年。詔改其元氏。莊帝初，許復本族，又特復鑒王爵，贈司空。

鑒弟斌之，字子爽。性險無行。《肅宗紀》：孝昌三年二月庚申，東郡民趙顯德反。四月，別將元斌之討東郡，斬顯德。《傳》失書。及與鑒反，敗，遂奔葛榮。榮滅，得還。出帝時，封潁川郡王，《出帝紀》斌之封潁川郡王在永熙三年二月壬午。委以腹心之任。帝入關，斌之奔蕭衍，後還長安。《北史》：大統二年還長安，位尚書令。薨，贈太尉，謚武襄。

廣川王略，延興二年封。位中都大官，性明敏，鞫獄稱平。太和四年薨，《高祖紀》略受封在延興二年十一月丁亥，薨於太和四年正月乙卯。謚曰莊。

子諧，字仲和，襲。十九年薨。《高祖紀》諧以太和十九年五月己巳薨。詔曰：「朕宗室多故，從弟諧喪逝，悲痛摧割，不能已已。古者，大臣之喪，有三臨之禮，此蓋三公已上，至於卿司已下，故應闕。自漢已降，多無此禮。朕欲遵古典，哀感從情，雖以尊降伏，私痛寧爽。欲令諸王有期親者爲之三臨，大功之親者爲之再臨，小功緦麻爲之一臨。廣川王於朕大功，必欲再臨。再臨者，欲於大殮之日，親臨盡哀，成服之後，緦麻《北史》作「衰」。而弔。既殯之緦麻，理在無疑，大殮之臨，當否如何？爲須撫柩於始喪，爲應盡哀於闔棺？早晚之宜，擇其厥中。」黄門侍郎崔光、宋弁，通直常侍劉芳，典命下大夫李元凱，中書侍郎高敏等議曰：「三臨之事，乃自古禮，爰及漢魏，行之者稀。陛下至聖慈仁，方遵前軌，志必哀喪，慮同寧戚。臣等以爲若期親三臨，大功宜再。始喪之初，哀之至極，既以情降，宜從始喪。大殮之臨，伏如聖旨。」詔曰：「魏晉已來，親臨多闕，至於戚臣，必於東堂哭之。頃大司馬、安定王薨，朕既臨之後，復更受慰於東堂，今日之事，應更哭否？」光等議曰：「東堂之哭，蓋以不臨之故。今陛下躬親撫視，羣臣從駕，臣等參議，以爲不宜復哭。」詔曰：「若大司馬戚尊位重，必哭於東堂。而廣川既是諸王之子，又年位尚幼，卿等議之，朕無異焉。」諧將大殮，高祖素服《北史》作「素委貌」。深衣哭之，入室，哀慟，撫尸而出。有司奏，廣川王妃薨於代京，未審以新尊從於卑舊，爲宜卑舊來就新尊。詔曰：「遷洛之人，自茲厥後，悉可歸骸邙嶺，皆不得就塋恒、代。其有夫先葬在北，婦今喪在南，婦人從夫，宜還代葬；若欲移父就母，亦得任之。其有妻墳於恒、代，夫死於洛，不得以尊就卑；欲移母就父，宜亦從之；若異葬亦從之。若不在葬限，身在代喪，葬之彼此，皆得任之。其户屬恒、燕，身官京、洛，去留之宜，亦從所擇。其屬諸州者，各得任意。」詔贈諧武衛將軍，謚曰剛。及葬，高祖親臨送之。

子靈道，襲。卒，謚悼王。

齊郡王簡，字叔亮。太和五年封，位中都大官。簡母，沮渠牧犍女也。簡性貌特類外祖，後爲内都大官。高祖嘗與簡俱朝文明太后於皇信堂，簡居帝之右，行家人禮。遷太保。《高祖紀》簡遷太保在太和十五年十二月。高祖仁孝，以諸父零落，存者唯簡。每見，立以待之，俟坐，致敬問起居，停簡拜伏。簡性好酒，不能理公私之事。妻常氏，燕郡公常喜女也，文明太后以賜簡。性幹綜家事，頗節斷簡酒，乃至盜竊，求乞婢侍，卒不能禁。二十三年薨，時高祖不豫。詔曰：「叔父薨背，痛慕摧絕，不自勝任，但虛頓床枕，未堪奉赴，當力疾發哀。」謚曰靈王。世宗時，改謚曰順。簡長子演，近有《墓誌》出洛陽，載演字智興，齊郡謚順王之長子，初除太子洗馬，轉拜中壘將軍、散騎侍郎，尋授衛尉少卿。春秋三十有五，延昌二年二月六日辛酉，贈梁州刺史。《傳》遺其人，爲補著之。

子祐，字伯授，《元祐墓誌》作「字伯援」。襲。母常氏，高祖以納不以禮，不許其爲妃。世宗以母從子貴，詔特拜爲齊國太妃。祐位涇州刺史。《祐誌》：景明二年，纂承基運。正始二年除龍驤將軍、通直散騎常侍，永平五年除征虜將軍、涇州刺史。薨，謚曰敬。《肅宗紀》：神龜二年二月乙丑薨。《祐誌》作「春秋三十有二，神龜二年正月六日薨，追贈使持節、平東將軍、冀州刺史」。《孝莊紀》：武泰元年四月己亥，河陰遇害，諸王中有齊郡王溫，疑是祐後。

河間王若，字叔儒。年十六，未封而薨，《高祖紀》：太和二年六月庚子，皇叔若薨。追封河間，謚曰孝。詔京兆康王子太安爲後。太安於若爲從弟，非相後之義。廢之，以齊郡王子琛繼。《高祖紀》以琛繼若在太和二十一年十二月。

琛字曇寶，幼而敏慧，高祖愛之。世宗時，拜定州刺史。琛妃，世宗舅女，高皇后妹。琛憑恃內外，多所受納，貪惏之極。及還朝，靈太后詔曰：「琛在定州，惟不將中山宮來，自餘無所不致，何可更復敘用。」由是遂廢于家。琛以肅宗始學，獻金字《孝經》。又無方自達，乃與劉騰爲養息，賂騰金寶巨萬計。騰屢爲之言，乃得兼都官尚書，出爲秦州刺史。在州聚斂，百姓吁嗟。屬東益、南秦二州氐反，詔琛爲行臺，仍充都督，還攝州事。琛性貪暴，既摠軍省，求欲無厭，百姓患害，有甚狼虎。進討氐羌，大被摧破，士卒死者千數，率衆走還。內侍劉騰，無所畏憚，爲中尉糾彈，會赦，除名爲民。尋復王爵。《肅宗紀》：討氐兵敗在正光二年十二月，削爵在四年二月，復爵在五年七月戊午，又正光五年九月蕭衍將裴邃、虞鴻襲據壽春外〔城〕，詔琛總衆援之。《傳》失書。後討鮮于脩禮，敗，免官爵。《肅宗紀》：琛討脩禮敗，免官爵，在孝昌二年。後討汾晉胡、蜀，卒於軍，追復王爵。

安豐王猛，字季烈。太和五年封，加侍中。《高祖紀》：太和十二年十一月，以侍中安豐王猛爲開府儀同三司。《傳》失書。出爲和龍鎮都大將、營州刺史。猛寬仁雄毅，甚有威略，戎夷畏愛之，薨于州。《高祖紀》猛以太和十三年十一月己未薨。贈太尉，謚曰匡。

子延明，襲。世宗時，授太中大夫。延昌初，歲大飢，延明乃減家財，以拯賓客數十人，并贍其家。至肅宗初，爲豫州刺史，甚有政績，累遷給事黄門侍郎。

延明既博極羣書，兼有文藻，鳩集圖籍萬有餘卷。性清儉，不營産業。與中山王熙及弟臨淮王彧等，並以才學令望有名於世。雖風流造次不及熙、彧，而稽古淳篤過之。尋遷侍中。詔與侍中崔光撰定服制。《肅宗紀》撰定服制事，在正光二年十二月甲辰。後兼尚書右僕射。以延明博識多聞，勑監金石事。

及元法僧反，詔爲東道行臺、徐州大都督，節度諸軍事，與都督臨淮王彧、尚書李憲等討法僧。蕭衍遣其豫章王綜鎮徐州。延明先牧徐方，甚得民譽，招懷舊土，遠近歸之。綜既降，延明因以軍乘之，復東南之境，至宿、豫而還。遷都督、徐州刺史。頻經師旅，人物凋敝，延明招攜新故，人悉安業，百姓咸附。

莊帝時，兼尚書令、大司馬。及元顥入洛，延明受顥委寄，率衆守河橋。顥敗，遂將妻子奔蕭衍，死於江南。《元延明墓誌》：服闋初，襲爵土乃兼西中郎將，起家太中大夫。除使持節、都督豫州諸軍事、征虜將軍、豫州刺史、加散騎常侍、除使持節、都督徐州諸軍事、左將軍、徐州刺史，又除使持節、都督雍州諸軍事、右將軍、雍州刺史，拜廷尉卿、將軍如故。除前將軍、給事黄門侍郎，又除秘書監、平南將軍、中書令，並仍黄門。俄除侍中、安南將軍，又除鎮南將軍，仍侍中，又除衛將軍，仍侍中，領國子祭酒，又以本官兼尚書右僕射，又監校御書，除衛大將軍、東道僕射、大行臺，本官如故，增封二千六百户。仍以本大行臺、本官行徐州事，仍除使持節、都督三徐諸軍事，本將軍、徐州刺史、侍中、大行臺、僕射如故。復除使持節、都督雍州諸軍事，本將軍、雍州刺史。俄間復除徐州刺史，仍侍中、本將軍，尋加驃騎大將軍、儀同三司，給後部鼓吹，又除侍中、驃騎大將軍、開府儀同三司，領國子祭酒，兼尚書令，除大司馬。屯邅距運，禍自呢蕃，車駕北巡，事起倉卒，秘事難聞，遂乖奔赴。皇輿南反，誅賞方行，政出權强，深猜俊傑。公方借力善鄰，討玆君側，而江南卑濕，地非養賢，隨賈未歸，忽焉反葬。以梁中大通二年三月十日薨於建康。春秋四十七，記延明仕履甚詳，而不記遷除年月。《肅宗紀》載延明以國子祭酒爲東道行臺在孝昌元年正月。以徐州刺史爲儀同三司在二年三月。莊帝末，喪還。出帝初，贈太保，王如故，《墓誌》：今上天臨，深追盛美，贈使持節、侍中、太保，特進大將軍、雍州刺史，王如故。謚曰文宣。所著詩、賦、讚、頌、銘、誄三百餘篇，又撰《五經宗略》、《詩禮別義》，注《帝王世紀》及《列仙傳》。《帝王世紀》及《列仙傳》，《墓誌》作《帝皇世紀》及《列仙傳》，合一百卷。又以河間人信都芳工算術，引之在館。其撰《古今樂事》，九章十二圖，又集《器準》九篇，芳別爲之注，皆行於世。《北史》：孫長儒，孝静時襲祖爵。

魏書宗室傳注卷十

獻文六王列傳第九上　魏書二十一上

咸陽王　趙郡王　廣陵王
高陽王　北海王

獻文皇帝七男。李思皇后生孝文皇帝。封昭儀生咸陽王禧。韓貴人生趙郡靈王幹、高陽文穆王雍。孟椒房生廣陵惠《北史》作「慧」。王羽。潘貴人生彭城武宣王勰。高椒房生北海平王詳。勰别有傳。

咸陽王禧，字永壽。《北史》作「字思永」。太和九年封，加侍中、驃騎大將軍、中都大官。文明太后令曰：「自非生知，皆由學誨。皇子皇孫，訓教不立，温故求新，蓋有闕矣。可於閑静之所，别置學館，選忠信博聞之士爲之師傅，以匠成之。」高祖以諸弟典三都，誡禧等曰：「汝等國之至親，皆幼年任重，三都折獄，特宜用心。夫未能操刀而使割錦，非傷錦之尤，實授刀之責。皆可修身慎行，勿有乖爽。」文明太后亦誡禧等曰：「汝兄繼承先業，統御萬機，戰戰競競，恒恐不稱。汝所治雖小，亦宜克念。」高祖又曰：「周文王小心翼翼，聿懷多福。如有周公之才，使驕且吝，其餘不足觀。汝等宜小心畏慎，勿自驕怠。」出爲使持節、開府、冀州刺史，高祖餞於南郊。又以濟陰王鬱枉法賜死之事，遣使告禧，因而誡之。

後禧朝京師，高祖謂王公曰：「皇太后平日以朝儀闕然，遂命百官更欲撰緝，今將畢修遺志，卿等謂可行不？當各盡對，無以面從。」禧對曰：「儀制之事，用捨各隨其時，而民可使由之，不可使知之。臣謂宜述元志，備行朝式。」高祖然之。詔曰：「仲尼在鄉黨，猶尚恂恂，周文王爲世子，卑躬求道。禧等雖連蕚宸暉，得不尊尚師傅也？故爲置之，以加令德。延尉卿李沖可咸陽王師。」禧將還州，高祖親餞之，賦詩叙意，加禧都督冀、相、兖、東兖、南豫、東荆六州諸軍事。

於時，王國舍人應取八族及清修之門，禧取任城王隸户爲之，深爲高祖所責。詔曰：「夫婚姻之義，曩葉攸崇，求賢擇偶，綿代斯慎，故剛柔著於《易經》，《鵲巢》載於《詩》典，所以重夫婦之道，美尸鳩之德，作配君子，流芳後昆者也。然則婚者，合二姓之好，結他族之親，上以事宗廟，下以繼後世，必敬慎重正而後親之。夫婦既親，然後父子君臣，禮義忠孝，於斯備矣。太祖龍飛九五，始稽遠則，而撥亂創業，日昃不暇。至於諸王娉合之儀，宗室婚姻之戒，或得賢淑，或乖好逑。自茲以後，其風漸缺，皆人乏窈窕，族非百兩，擬匹卑濫，舅氏輕微，違典滯俗，深用爲歎。以皇子茂年，宜簡令正，前者所納，可爲妾媵。將以此年爲六弟娉室。長弟咸陽王禧可娉故潁川太守隴西李輔女，次弟河南王幹可娉故中散代郡穆明樂女，次弟廣陵王羽可娉驃騎諮議參軍滎陽鄭平城女，次弟潁川王雍可娉故中書博士范陽盧神寶女，次弟始平王勰可娉廷尉卿隴西李沖女，季弟北海王詳可娉吏部郎中滎陽鄭懿女。」

有司奏冀州人蘇僧瓘等三千人，稱禧清明有惠政，請世胙冀州。詔曰：「利建雖古，未必今宜，經野由君，理非下請。邑采之封，自有別式。」入除司州牧、都督司、豫、荆、鄧、大字本作「郢」。洛、東荆六州諸軍事，開府如故，賜帛二千匹，粟五千斛。詔以禧元弟之重，食邑三千户，自餘五王皆食邑二千户。

高祖引見朝臣，詔之曰：「卿等欲令魏朝齊美於殷周，爲令漢晉獨擅於上代？」禧曰：「陛下聖明御運，實願邁迹前王。」高祖曰：「若然，將以何事致之？爲欲修身改俗，爲欲仍染前事？」禧對曰：「宜應改舊，以成日新之美。」高祖曰：「爲欲止在一身，爲欲傳之子孫？」禧對曰：「既卜世靈長，願欲傳之來業。」高祖曰：「若然，必須改作，卿等當各從之，不得違也。」禧對曰：「上命下從，如風靡草。」高祖曰：「自上古以來，及諸經籍，焉有不先正名，而得行禮乎？今欲斷諸北語，一從正音。年三十以上，習性已久，容或不可卒革；三十以下，見在朝廷之人，語音不聽仍舊。若有故爲，當降爵黜官。各宜深戒。如此漸習，風化可新。若仍舊俗，恐數世之後，伊洛之下復成被髮之人。王公卿士，咸以然不？」禧對曰：「實如聖旨，宜應改易。」高祖曰：「朕嘗與李沖論此，沖言：『四方之語，竟知誰是？帝者言之，即爲正矣，何必改舊從新。』沖之此言，應合死罪。」乃謂沖曰：「卿實負社稷，合令御史牽下。」沖免冠陳謝。又引見王公卿士，責留京之官曰：「昨望見婦女之服，仍爲夾領小袖。我徂東山，雖不三年，既離寒暑，卿等何爲而違前詔？」禧對曰：「陛下聖過堯舜，光化中原，臣雖仰稟明規，每事乖互，將何以宣布皇經，敷贊帝則。殊違之罪，實合刑憲。」高祖曰：「若朕言非，卿等當須庭論，如何入則順旨，退有不從？昔舜語禹，『汝無面從，退有後言』，其卿等之謂乎？」

尋以禧長兼太尉公。《高祖紀》禧任長兼太尉在太和十九年十二月辛酉。後高祖幸禧第，謂司空穆亮、僕射李沖曰：「既有天地，又有君臣，太尉位居臺鉉，在冢宰之上，三槐九棘，不可久空。元弟禧雖在事不長，而戚連皇極，且長兼太尉，以和飪鼎。朕常恐君有空授之名，臣貽彼己之刺，今幸其宅，徒屈二賓，良以爲愧。」

高祖有事於方澤，質明，羣臣問起居。高祖曰：「昨日方澤，殊自大暑，遇天雲蔭密，行人差得無敝。」禧對曰：「陛下德感天地，故雲物凝彩，雖復雨師灑掃，風伯清塵，豈過於此。」高祖曰：

「伊洛南北之中，此乃天地氤氳，陰陽風雨之所交會。自然之應，非寡德所能致此。」

高祖篤於兄弟，以禧次長，禮遇優隆，然亦知其性貪，每加切誡，雖當時遵奉，而終不改操。禧表曰：「國朝偃武崇文，偏捨來久，州鎮兵人，或有雄勇，不閑武藝。今取歲暮之暇，番上之日，訓其兵法。弓矢干矟，三分並教，使人閑其能，臨事無闕。」詔曰：「雖云教武，未練其方，既逼北行，(臣)〔卒〕聞教武，脱生羣惑，且可停之。」後從平漢陽。以尅南陽之勳，加侍中，正太尉。《高祖紀》禧爲正太尉在太和二十三年二月辛亥。

及高祖崩，禧受遺輔政。雖爲宰輔之首，而從容推委，無所是非，而潛受賄賂，陰爲威惠者，禧特甚焉。《于烈傳》：咸陽王禧爲宰輔，權重當時。曾遣家僮傳言於烈曰：「須舊羽林虎賁執仗出入，領軍可爲差遣。」烈曰：「天子諒闇，事歸宰輔，領軍但知典掌宿衛，有詔不敢違，理無私給。」奴惘然而返，傳烈言報禧，禧復遣謂烈曰：「我是天子兒、天子叔，元輔之命，與詔何異？」烈厲色而答曰：「向者亦不道王非是天子兒、叔，若是詔，應遣官人，所由遣私奴索官家羽林，烈頭可得，羽林不可得。」禧惡烈剛直，遂議出之。是年，八座奏增邑千户，世宗從之，固辭不受。禧性憍奢，貪淫財色，姬妾數十，意尚不已。衣被繡綺，車乘鮮麗，猶遠有簡娉，以恣其情。由是昧求貨賄，奴婢千數，田業鹽鐵徧於遠近，臣吏僮隸，相繼經營。世宗頗惡之。

景明二年春，禧等爲將礿祭入齋，世宗詔領軍于烈(侍)〔率〕左右召禧等入於光極殿。詔曰：「恪雖寡昧，忝承寶曆，比纏尫疹，實憑諸父，苟延視息，奄涉三齡。父等歸遜殷勤，今便親攝百揆，且還府司，當別處分。」尋詔曰：「朕以寡昧，夙罹閔凶，憂煢在疚，罔知攸濟。實賴先帝聖德，遺澤所覃，宰輔忠賢，劬勞王室，用能撫和上下，肅清内外。乃式遵復子，歸政告遜，辭理懇至，邈然難奪。便當勵茲空乏，親覽機務。王尊惟元叔，道性淵凝，可進位太保，領太尉；司空北海王季父英明，聲略茂舉，可大將軍、録尚書事。」《于烈傳》：世宗以禧等專擅，潛謀廢之，會二年正月(初)[礿]祭，三公並致齋(於)[廟]，世宗夜召烈子忠，謂曰：「卿父忠允貞固，社稷之臣。明可早入，當有處分。」忠奉詔而出。質明，烈至。世宗詔曰：「諸父慢怠，漸不可任。今欲使卿以兵召之，卿其行乎？」烈對曰：「老臣歷奉累朝，頗以幹勇賜識。今日之事，所不敢辭。」乃將直閤以下六十餘人，宣旨召咸陽王禧、彭城王勰、北海王詳衛送至于帝前，諸公各稽首歸政。

世宗既覽政，禧意不安。而其國齋帥劉小苟每稱左右言欲誅禧。禧聞而歎曰：「我不負心，天家豈應如此！」由是常懷憂懼。加以趙修專寵，王公罕得進見。禧遂與其妃兄兼給事黃門侍郎李伯尚謀反。時世宗幸小平津，禧在城西小宅。初欲勒兵直入金墉，衆懷沮異，禧心因緩。自旦達晡，計不能決，遂約不洩而散。《北史》：直寢苻承祖、薛魏孫與禧將害帝，是日帝息於芒山，止浮圖陰下，少時睡卧，魏孫便欲赴廷，承祖私言於魏孫曰：「吾聞殺天子者身當癩。」魏孫且止，帝尋覺悟。武興王楊集始出便馳告，而禧意不疑。乃與臣妾向洪池別墅，遣小苟《北史》作「遣其齋帥劉小苟」。奉啓，云「檢行田牧」。小苟至邙嶺，已逢軍人，怪小苟赤衣，將欲殺害。小苟困迫，言欲告反，乃緩之。禧是夜宿於洪池，大風暴雨，拔樹折木。禧不知事露。其夜，或説禧曰：「殿下集衆圖事，見意而停，恐必漏洩，今夕何宜自寬。恐危禍將至。」

禧曰：「有此軀命，應知自惜，豈待人言。」又説曰：「殿下兒婦已渡河，兩頭不相知，今俛眉自安，不其危乎？」禧曰：「初遣去日，令如行人渡河，聽我動静。我久已遣人追之，計今應還。」而尹仵期與禧長子通已入河内郡，列兵仗，放囚徒。而將士所在追禧。

禧自洪池東南走，僮僕不過數人，左右從禧者，唯兼防閣尹龍虎。禧憂迫不知所爲，謂龍虎曰：「吾憒憒不能堪，試作一謎，當思解之，以釋毒悶。」龍虎欻憶舊謎云：「眠則俱眠，起則俱起，貪如豺狼，贓不入已。」都不有心於規刺也，禧亦不以爲諷已，因解之曰：「此是眼也。」而龍虎謂之是箸。渡洛水，至柏谷塢，從者唯禧二舅及龍虎而已。顧謂龍虎曰：「凡夫尚有節義，相爲取死。汝可勉心，作與太尉公同死計。」龍虎曰：「龍虎東野常人，遭殿下寬明，接處左右。今屬危難，恨無遠計，匡濟聖躬，若與殿下同命，雖死猶生。」俄而禧被擒獲，送華林都亭。世宗親問事源，著千斤鎖格龍虎，羽林掌衛之。

初，高祖閑宴，從容言於禧等：「我後子孫，邂逅不逮，汝等觀望輔取之理，無令他人有也。」禧臨盡，雖言不次等，猶尚泣涕，追述先旨，然畏迫喪志，不能慷慨有所感激也。《北史》：時熱甚，禧渴悶垂死，敕斷水漿。侍中崔光令左右送酪漿升餘，禧一飲而盡。初，孝文觀臺宿有逆謀氣，言於禧曰：「玄象變，汝終爲逆謀，會無所成。但受惡而已。」至此果如言。及與諸妹公主等訣，言及一二愛妾，公主哭且罵之，云：「坐多取此婢輩，貪逐財物，畏罪作反，致今日之事，何復囑問此等！」禧愧而無言，遂賜死私第，其宮人歌曰：「可憐咸陽王，奈何作事悮。金床玉几不能眠，夜蹋霜與露。洛水湛湛彌岸長，行人那得度。」其歌遂流至江表，北人在南者，雖富貴，絃管奏之，莫不灑泣。同謀誅斬者數十人，潛瘞禧於北邙。絶其諸子屬籍。禧之諸女，微給資産奴婢，自餘家財，悉以分賚高肇、趙修二家。其餘賜内外百官，逮于流外，多者百餘匹，下至十匹。於後，禧諸子每乏衣食，獨彭城王勰歲中再三賑給之。禧有子八人。

長子通，字曇和。竊入河内，太守陸琇初與通情，既聞禧敗，乃殺之。

通弟翼，字仲和。後會赦，詣闕上書，求葬其父。頻年泣請，世宗不許。翼乃與弟昌、曄奔於蕭衍。翼與昌，申屠氏出，曄，李妃所生也。翼容貌魁壯，風制可觀，衍甚重之，封爲咸陽王。翼讓其嫡弟曄，衍不許。後以爲信武將軍、青冀二州刺史，鎮郁州。翼謀舉州入國，爲衍所移。《北史》作「殺」。昌爲衍直閤將軍。

翼弟顯和，昌弟樹，後亦奔於衍。顯和卒於江南。

樹，字秀和。《梁書·元樹傳》：字君立，仕魏爲宗正卿。美姿貌，善吐納，兼有將略。衍尤器之，封爲魏郡王，後改封鄴王，數爲將領，窺覦邊服。時揚州降衍，兵武既衆，衍將湛僧珍慮其翻異，盡欲殺之。樹以家國，遂皆聽還。衍以樹爲鎮西將軍、郢州刺史。

尒朱榮之害百官也，樹聞之，乃請衍討榮。衍乃資其士馬，侵擾境上。前廢帝時，竊據譙城。出帝初，詔御史中尉樊子鵠爲行臺，率徐州刺史、大都督杜德《北史》此下有「舍人李昭等」五字。以討之。樹城守不下，子鵠使金紫光禄大夫張安期往説之，樹乃請委城還南，子鵠許之。《北史》此下有「殺白馬爲盟」五字。樹恃誓約，不爲戰備。杜德襲擊之，擒樹送京師，禁於永寧佛寺，未幾賜死。《梁書·樹傳》作「城陷被執，發憤卒，年四十八」。《北史》：送洛陽置在景明寺，樹年十五，奔南，未及富貴。每見嵩山雲向南，未嘗不引領歔欷。初發梁，覩其愛妹玉兒，以金指環與別，樹常著之。寄以還梁，表必還之意。朝廷知之，俄而賜死。未幾，杜德忽得狂病，云：「元樹打我不已。」至死，此驚不絶。舍人李昭尋奉使向秦州，至潼關驛，夜夢樹云：「我已訴天帝，待卿至隴，終不相放。」昭覺，惡之。及至隴口，爲賀拔岳所殺。子鵠尋爲達野拔所殺。

孝静時，其子貞自建業赴鄴，啓求葬樹，許之。詔贈樹侍中、都督青徐兖揚豫五州諸軍事、太師、司徒公、尚書令、揚州刺史。貞既葬，還於江南。

曄，字世茂，衍封爲桑乾王，拜散騎常侍。卒於秣陵。

初，正光中詔曰：「周德崇厚，蔡仲享國；漢道仁恕，淮南畢王。皆所以申恩懿戚，蠲盪舊釁，義彰曩葉，詠流前史。頃者，咸陽、京兆王自貽禍敗，事由間惑，猶有可矜。兩門諸子，並可聽附屬籍。」後復禧王爵，葬以王禮。《肅宗紀》禧追封在正光四年二月壬申。詔曄弟坦襲，《北史》：坦一名穆，字延和。傲狠凶粗，因飲醉之際，於洛橋左右，頓辱行人，爲道路所患。改封敷城王，邑八百户。坦傲狠兇粗，《齊書·元坦傳》：孝武初，其兄樹見禽，坦見樹既長且賢，慮其代己，密勸朝廷以法除之。樹知之，泣謂坦曰：「我往因家難，不能死亡，寄食江湖，受其爵命。今者之來，非由義至，求活而已，豈望榮華！汝何肆其猜忌，忘在原之義。腰背雖偉，善無可稱。」坦作色而去。樹死，竟不臨哭。坦歷司徒、太尉、太傅、加侍中、太師、録尚書事、宗正、司州牧。雖禄厚位尊，貪求滋甚。賣獄(粥)〔鬻〕官，不知紀極。爲御史劾奏免官，以王歸第。尋起爲特進，出爲冀州刺史。專復聚斂，每百姓納賦，除正稅外，別先責絹五匹，然後爲受。《北史》同。從叔安豐王延明責之曰：「汝兇悖性與身而長，昔有宋東海王禕志性凡劣，時人號曰『驢王』，我熟觀汝所作，亦恐不免『驢』號。」莊帝初，還復本封。《北史》作「永安初復本封」。武定中，爲太師。《孝莊紀》：建義元年四月甲辰，以通直散騎常侍、敷城王坦爲咸陽王。《前廢帝紀》：普泰元年三月庚辰，加侍中、衛將軍、咸陽王坦儀同三司。《出帝紀》：永熙二年二月辛酉，以咸陽王坦爲司空公。《孝静紀》：天平元年十月庚午進太尉，二年二月壬午爲太傅，三年十二月癸未爲太師，四年十月爲録尚書事，武定二年九月坐事免，以王還第。七年十月癸未，復以坦爲太傅。《傳》多失載。齊受禪，爵例降。《北史》：性好畋漁，無日不出，秋冬獵雉兔，春夏捕魚蟹，鷹犬常數百頭。自言寧三日不食，不能一日不獵。入爲太傅。齊天保初，準例降爵，封新豐縣公，除特進、開府儀同三司。坐子世寶與通直散騎侍郎彭貴平因酒醉誹謗，妄説圖讖，有司奏當死。詔并宥之。坦配北營州，死配所。

坦弟昶，起家通直散騎常侍、琅邪縣開國公，邑五百户。莊帝初，特封太原王。累遷鴻臚卿，超拜車騎大將軍、儀同三司。《出帝紀》昶拜車騎大將軍在永熙三年七月辛巳朔。天平二年薨，贈太尉公。

子善慧，襲。齊受禪，爵例降。

趙郡王幹，字思直。太和九年，封河南王，加衛大將軍，除侍中、中都大官。尋授車騎將軍、左光禄大夫，領史部尚書。

所生母薨，高祖詔曰：「太妃韓氏薨逝，情以傷慟。太妃先朝之世，位擬九嬪，豫班上族，誕我同氣。念此孤稚，但用感惻，明當暫往臨哭，可勑外備辦。」遣侍御史假節監護喪事，贈綵八百匹。詔曰：「季世多務，情緣理奪。幹既居要任，銓衡是荷，豈容遂其私志，致曠所司。可遣黄門郎敦諭，令勉從王事，朕尋當與之相見。」拜使持節、都督南豫郢東荆三州諸軍事、征南大將軍、開府、豫州刺史。

及車駕南伐，以幹爲使持節、車騎大將軍、都督關右諸軍事，給銅虎符十，別賜《詩》《書》。高祖篤愛諸弟，以幹摠戎別道，誡之曰：「司空穆亮年器可師，散騎常侍盧淵才堪詢訪，汝其師之。」尋以蕭賾死，班師。

遷洛，改封趙郡王，《高祖紀》幹徙封在太和十八年二月丙申。除都督冀定瀛三州諸軍事、征東大將軍、冀州刺史，開府如故。賜雜物五百段，又密賜黄金十斤。高祖親餞於近郊，詔幹曰：「夫刑獄之理，先哲所難。然既有邦國，得不自勵也。汝，我之懿弟，當聿修厥德，光崇有魏，深思遠圖，如臨深履薄。若恃親重，不務世政，國有常憲，方增悲感。」高祖詔以李憑爲長史，唐茂爲司馬，盧尚之爲諮議參軍以匡弼之。而憑等諫諍，幹殊不納。州表斬盜馬人，於律過重，而尚書以幹初臨，縱而不劾。詔曰：「夫刑以節人，罪必無濫，故刑罰不中，民無措手足。若必以威殺爲良，則應汎通衆牧。苟須有禁，何得不稽之正典？又律令條憲，無聽新君加戮之文；典禮舊章，不著始臨專威之美。尚書曲阿朕意，實傷皇度。幹闇於治理，律外重刑，並可推聞。」

後轉特進、司州牧。車駕南討，詔幹都督中外諸軍事，給鼓吹一部，甲士三百人，出入殿門。幹貪淫不遵典法，御史中尉李彪將糾劾之。會遇幹於尚書下舍，因屏左右而謂幹曰：「殿下，比有風聞，即欲起彈，恐損聖明委託之旨，若改往修來，彪當不言，脫不悛改，夕聞旦發。」而幹悠然不以爲意，彪乃表彈之。高祖省之忿惋，詔幹與北海王詳俱隨太子詣行在所。既至，詳獨得朝見，幹不蒙引接。密令左右察其意色，知無憂悔，乃親數其過，杖之一百，免所居官，以王還第。

二十三年薨，年三十一。給東園秘器、斂服十五稱，賵帛三千匹，謚曰靈王，陪葬長陵。

子謐，世宗初襲封。幹妃穆氏表謐母趙等悖禮愆常，不遜日甚，尊卑義阻，母子道絶。詔曰：「妾之於女君，猶婦人事舅姑，君臣之禮，義無乖二。妾子之於君母，禮加如子之恭，何得黷我風政！可付宗正，依禮治罪。」謐在母喪，聽音聲飲戲，爲御史中尉李平所彈。遇赦，復封。除通直散騎常侍，加龍驤將軍，遷太子中庶子，出爲冠軍將軍、岐州刺史。

謐性嚴，暴虐下人。肅宗初，臺使元延到其州界，以驛邏無兵，攝帥檢覈。隊主高保願列言所有之兵，王皆私役。謐聞而大怒，鞭保願等五人各二百。數日之間，謐召近州夫，閉城四門，内外嚴固，搜掩城中，楚掠備至。又無事而斬六人。合城兇懼，衆遂大呼屯門。謐怖，登樓毁梯以自固。土人散走，城人分守四門。靈太后遣游擊將軍王靖《北史》作「竫」。馳驛諭之。城人既見靖至，開門謝罪，奉送管籥。乃罷謐州。還，除大司農卿。又除散騎常侍、平北將軍、幽州刺史。謐妃胡氏，靈太后從女也。未發，坐毆其妃免官。後除都官尚書，加安南將軍。《北史》：車駕出拜圜丘，謐與妃乘赤馬，犯鹵簿，爲御史所彈，靈太后特不問。

正光四年薨。給東園秘器、朝服一具、衣一襲，賵帛五百匹。高陽王雍，幹之母弟，啓論謐，故超贈假侍中、征南將軍、司州牧，謚曰貞景。

子毓，字子春，襲。莊帝初，河陰遇害，贈衛大將軍、儀同三司、青州刺史，謚曰宣恭。《元毓墓誌》：年十六，襲爵趙郡王，十有九，釋巾通直散騎常侍。春秋二十，建義元年四月十三日薨於洛陽，追贈使持節、衛大將軍、儀同三司、冀州刺史。謚宣恭王。無子，詔以謐弟讞子寘字景融爲後，襲爵。及寘伯諶復封趙郡，改封平昌王。齊受禪，爵例降。

謐兄諶，字興伯，性平和。自通直正員郎遷太子庶子、司空司馬、鴻臚少卿。遷後將軍、肆州刺史，固辭不拜。改授平南將軍、光禄少卿。轉黃門侍郎，進號安南將軍、光禄大夫。出爲散騎常侍、中軍將軍、相州刺史。罷州，除宗正卿、都官尚書。《北史》：尒朱榮之入洛陽，啓莊帝欲遷都晉陽，帝以問諶，争之以爲不可。榮怒曰：「何關君而固執也，且河陰之役，君應之。」諶曰：「天下事天下論之，何以河陰之酷而恐元諶。宗害戚屬，位居常伯。生既無益，死復何損。正使今日碎首流腸，亦無所懼。」榮大怒，欲罪諶。其從弟世隆固諫，乃止。見者莫不震悚。諶顔色自若。後數日，帝與榮見宮闕壯麗，列樹成行，乃歎曰：「臣一昨愚志，有還京之意。今見皇居壯觀，亦何用去河洛而就晉陽。臣熟思元尚書言，深不可奪。」是以遷都議因罷。以親例封上蔡縣開國公，食邑四百户，讓而不受。莊帝初，拜車騎將軍、儀同三司，尚書左僕射，封魏郡王，食邑一千户。又加侍中。諶本年長，應襲王封，其父靈王寵愛其弟謐，以爲世子。莊帝詔復諶封趙郡王。進號驃騎大將軍，加開府，遷司空公。《前廢帝紀》諶遷司空公在普泰元年三月癸酉。出帝時，轉太保、司州牧、太尉公，又遷太師，録尚書事。孝静初，爲大司馬，《出帝紀》諶爲太保在太昌元年五月，爲太尉公在永熙二年三月丁巳。《孝静紀》諶爲大司馬在天平元年十月庚午。三年薨，贈假黄鉞、侍中、都督、冀州刺史，謚曰孝懿。諶無他才識，歷位雖重，時人忽之。

子煒，襲。齊受禪，爵例降。

謐弟譚，頗强立，少爲宗室所推敬。自羽林監出爲高陽太守，爲政嚴斷，豪右畏之。肅宗初，入爲直閤將軍，歷太僕、宗正少卿，加冠軍將軍。元法僧外叛，詔譚爲持節、假左將軍、別將以討之。徐州平，遷光禄少卿、行南兖州事、征虜將軍、涇州刺史。入爲武衛將軍。尋詔譚爲都督以討杜洛周，次於軍都，爲洛周所敗。《肅宗紀》譚受命討洛周在孝昌元年九月丙辰，軍敗在二年正月。還，除安西將軍、秦州刺史。卒，贈撫軍將軍、儀同三司、青州刺史。

諶弟譿，爲人貪暴無禮。自羽林監遷司徒主簿。肅宗時，除正員郎，稍遷左將軍、太中大夫；封平鄉縣開國男，邑二百户。莊帝初，河陰遇害。贈車騎大將軍、儀同三司、定州刺史。

子景暄，直閤將軍。從出帝歿於關西。

讞弟譓，羽林監、直閤將軍。早卒，賵帛五百匹，贈鎮遠將軍、恒州刺史。《元譓墓誌》：譓，字安國，趙郡王之第五子。春秋三十有一。以神龜三年三月十四日薨，謚曰宣公。《傳》均失書。

廣陵王羽，字叔翻。太和九年封，加侍中、征東大將軍，爲外都大官。羽少而聰慧，有斷獄之稱。後罷三都，羽爲大理，加衛將軍，典決京師獄訟，微有聲譽。遷特進、尚書左《北史》作「右」。僕射，又爲太子太保、録尚書事。

高祖將南討，遣羽持節安撫六鎮，發其突騎，夷人《北史》作「夏」。寧悦。還領廷尉卿。車駕既發，羽與太尉丕留守，加使持節，語在《丕傳》。高祖友愛諸弟，及將別，不忍早分，詔羽從至雁門，乃《北史》作「及」。令羽歸。望其稱效，故賜如意以表心。

遷都議定，詔羽兼太尉，告于廟社。遷京之後，北蕃人夷多有未悟。羽鎮撫代京，内外肅然，高祖嘉之。十八年春，羽表辭廷尉，不許。

羽奏：「外考令文，每歲終，州鎮列牧守治狀。及至再考，隨其品第，以彰黜陟。去十五年中，在京百僚，盡已經考爲三等。此年便是三載，雖外有成令，而内令未班。内外考察，理應同等。臣輒推準外考，以定京官治行。」詔曰：「雖内考未宣，績已久著。故《明堂》、《月令》載公卿大夫論考屬官之治，職區分著。三公、疑。尚書三載殿最之義，此之考内，已爲明矣。但論考之事，理在不輕，問績之方，應關朕聽，輒爾輕發，殊爲躁也。每考之義，應在年終，既云此年，何得春秋也！今始維夏，且待至秋後。」

高祖臨朝堂議政事，謂羽曰：「遷都洛陽，事格天地，但汝之迷，徒未開沉蔀耳。朕家有四海，往來何難。朕初發洛陽，教示永壽，皆謂分別。比自來後，諸處分之事，已差前勑。今舉大功，寧爲虚費？且朕無周召之弟，豈容宴安日逸。今便北巡，遷留之事，當稱朕懷。」

後高祖臨朝堂，謂羣臣曰：「兩儀既闢，人生其間，故上天不言，樹君以代。是以《書》稱三考之績，《禮》云考成之章。自皇王以降，斯道靡易。朕以寡德，猥荷洪基，思與百辟，允釐庶務。然朕識乏知人，不能使朝絶素餐之譏，野無《考槃》之刺，夙宵寤寐，載懷怵惕。卿等皆是朝賢國彦，匡弼是寄，各率乃心，以旌考績之義。如乖忠正，國有常刑。賢者雖疏必進，不肖者雖親必黜。」顧謂羽曰：「上下二等，可爲三品，中等但爲一品。所以然者，上下是黜陟之科，故旌絲髮之美，中等守本，事可大通。」

羽先呈廷尉五局司直。高祖曰：「夫刑獄之難，實惟自古，必也斷訟，夫子所稱。然五局所司，專主刑獄，比聞諸風聽，多論五局不精。知人之難，朕豈獨決，當與羣臣同之。卿等各陳所聞。」高祖謂羽及少卿鄧述曰：「五局司直，卿等以何爲品？」羽對曰：「諸司直並簡聖心。往者，百官初置，擢爲獄官，聽訟察辭，無大差越。所以爲二等者，或以視事甫爾，或以見機遲速，朝廷既有九品之制，故計其絲髮之差，以爲品第。統論所得，大都相似。」高祖曰：「朕頃年以其人識見可取，故簡司獄官，小優劣不足爲差。然廷尉所司，人命之本事，須心平性正、抑彊哀弱、不避貴勢、直情折獄者可爲上等。今正欲聽採風謡，虚實難悉；正欲不採，事無所據。然人言惡者未必是惡，言善者不必是善。所以然者，或斷訟不避豪貴，故人以爲惡；或將勢抑賤，貴人以爲好。然關朕之聽，皆貴者言，是以遲迴三復，良由於此。局事須冰清玉潔，明揚褒貶。卿等既是親典，邪正得失，悉所具之，可精辨以聞。」鄧述對曰：「陛下行賞得人，餘者甘心；若(實)〔賞〕不盡能，無以勸勵。如臣愚見，願不行賞。」高祖曰：「朕昔置此官，許三年考績，必行賞罰。既經今考，若無黜陟，恐正直者莫肯用心，邪曲者無以改肅。自非釋之于公，何能盡其至理。雖不可精其微致，且望粗有殿最。諸尚書更與羣官善量所以。」

高祖謂尚書等曰：「朕仰纂乾構，君臨萬宇。往者稽古典章，樹茲百職。然尚書之任，樞機是司，豈惟總括百揆，緝和人務而已，朕之得失，寔在於斯。自卿等在任，年垂二周，未嘗言朕之一失，獻可否之片規，又未嘗進一賢而退一不肖，此二事罪之大者。」高祖又謂羽曰：「汝之淺薄，固不足以況晉之巨源。考之今世，民斯下矣。汝始爲廷尉，及初作尚書，內外瞻望，以吾有弟。自往秋南旆之後，近小人，遠君子，在公阿黨，虧我皇憲，出入無章，動乖禮則。計汝所行，應在下下之第。」高祖又謂羽曰：「汝既是宸極之弟，而居樞端之任。汝自在職以來，功勤之績，不聞於朝；阿黨之音，頻干朕聽。汝之過失，已備積於前，不復能別叙。今黜汝録尚書、廷尉，但居特進、太保。」又謂尚書令陸叡曰：「叔翻在省之初，甚有善稱，自近以來，偏頗懈怠。豈不由卿等隨其邪僞之心，不能相導以義，雖不成大責，已致小罰。今奪卿尚書令禄一周。」謂左僕射元贊曰：「卿夙德老成，久居機要，不能光賛物務，獎勵同僚，賊人之謂，豈不在卿！計叔翻之黜，卿應大辟，但以咎歸一人，不復相罪。又爲少師，未允所授，今解卿少師之任，削禄一周。」詔吏部尚書澄曰：「叔父既非端右，又非座元，豈宜濫歸衆過也。然觀叔父神志驕傲，少保之任，似不能存意。可解少保。」謂長兼尚書于果曰：「卿履歷卑淺，超升名任。不能勤謹夙夜，數辭以疾。長兼之職，位亞正員，今解卿長兼，可光禄大夫、守尚書，削禄一周。」又謂守尚書尉羽曰：「卿在集書，殊無憂存左史之事，今降爲長兼常侍，亦削禄一周。」又謂守尚書盧淵曰：「卿始爲守尚書，未合考績。然卿在績《北史》作「集」。書，雖非高功，爲一省文學之士，嘗不以左史在意，如此之咎，罪無所歸。今降卿長兼王師，守常侍、尚書如故，奪常侍禄一周。」謂左丞公孫良、右丞乞伏義受曰：「二丞之任，所以協賛尚書，光宣出納，而卿等不能正心直言，規佐尚書，論卿之罪，應合大辟。但以尚書之失，事鍾叔翻。故不能別致貶責。二丞可以白衣守本官，冠服禄恤，盡皆削奪。若三年有成，還復本任；如其無成，則永歸南畝。」又謂散騎常侍元景曰：「卿等自任集書，合省逋墮，致使王言遺滯，起居不修，如此之咎，責在於卿。今降爲中大夫、守常侍，奪禄一周。」謂諫議大夫李彦曰：「卿雖處諫議之官，實人不稱職，可去諫議，退爲元士。」又謂中庶子游肇等曰：「自建承華，已經一稔，然東宮之官，無直言之士，雖未經三載，事須考黜。肇及中舍人李平識學可觀，可爲中；安樂王詮可爲下中，解東華之任，退爲員外散騎常侍；馮夙可爲下下，免中庶子，免爵兩任，員外常侍如故；中舍人閭賢保可爲下下，退爲武騎常侍。」又謂公孫良曰：「頃年用人，多乖觀才之授。實是武人，而授以文官。黜同大例，於理未均。諸如此比，黜官如初。」

高祖引陸叡、元贊等於前曰：「北人每言北人何用知書，朕聞此，深用憮然。今知書者甚衆，豈皆聖人。朕自行禮九年，置官三載，正欲開導兆人，致之禮教。朕爲天子，何假中原，欲令卿等子孫，博見多知。若永居恒北，值不好文主，卿等子孫，不免面墻也。」陸叡對曰：「實如明詔，金氏若不入仕漢朝，七世知名，亦不可得也。」高祖大悦。

及五等開建，羽食渤海之東光二千户。車駕南伐，羽進號衛將軍，除使持節、都督青齊光南青四州諸軍事、征東大將軍、開府、青州刺史。《高祖紀》羽爲青州刺史在太和十九年十二月辛酉。以留守代京之功，增邑五百户。高祖幸羽第，與諸弟言曰：「朕昨親受人訟，始知廣陵之明了。」咸陽王禧對曰：「臣年爲廣陵兄，明爲廣陵弟。」高祖曰：「我爲汝兄，汝爲羽昆，汝復何恨。」又曰：「叔翻沉痾綿惙，遂有辰歲，我每爲深憂，恐其不振。今得痊愈，晚成婚媾，且喜其吉慶，故命駕耳。」高祖親餞之華林園。後詔羽曰：「吾因天歷運，乘時樹功，開荆拓沔，威振楚、越。時暨三炎，息駕汝、潁。勢臨荆、徐，聲遏江外，未容解甲，凱入三川。纂兵修律，俟秋方舉。海服之寄，故惟宗良，善開經策，寧我東夏。敬慎汝儀，勿墜嘉問，唯酒唯田，可不戒歟！」加散騎常侍，進號車騎大將軍，餘如故。

世宗即位，遷司州牧，常侍如故。羽頻表辭牧，至于三四，詔不許。世宗覽政，引羽入内，面授司徒。《世宗紀》羽授司徒在景明二年正月壬戌。羽辭曰：「彦和本自不願，而陛下強與。今新去此官而以臣代之，必招物議。季豫既轉，取之無嫌。請爲司空。」世宗猶彊焉，固辭，乃許之。

羽先淫員外郎馮俊興妻，因夜私遊，爲俊興所擊。積日秘匿，薨於府，年三十二。《世宗紀》羽以景明二年五月壬子薨，《羽誌》亦作「景明二年五月十八日薨。春秋三十二」。世宗親臨，哀慟，詔給東園温明秘器、朝服一具、衣一襲、錢六十萬、布一千匹、蠟三百斤，大鴻臚護喪事。大斂，帝親臨之，舉哀都亭。贈使持節、侍中、驃騎大將軍、司徒公、冀州刺史，給羽葆鼓吹、班劍四十人，謚曰惠。《北史》作「慧」。及葬，帝親臨送。子恭襲。《前廢帝紀》：普泰元年九月癸巳，封皇子恕爲渤海王。《出帝紀》：太昌元年九月癸丑，前廢帝子渤海王子恕，改封沛郡王。《傳》失書。語在《紀》。

恭兄欣，字慶樂。性粗率，好鷹犬。肅宗初，除通直散騎常侍、北中郎將。出爲冠軍將軍、荆州刺史，轉征虜將軍、齊州刺史。欣在二州，頗得人和。又爲征東將軍、太僕卿。孝莊初，封沛郡王，邑一千户，後改封淮陽王。出帝時，加太師、開府。復封廣陵王。除太傅、司州牧，尋除大司馬。《孝莊紀》：建義元年五月丁巳，以元羅爲東道大使，征東將軍、光禄勳元欣副之，巡方黜陟，先行後聞。六月，南荊州刺史李志據城南叛，高乾邕及弟等率合流民，起兵於齊州之平原，頻破州軍。詔東道大使元欣喻旨，乃降。九月己巳，以征東將軍、齊州刺史元欣爲沛郡王。《前廢帝紀》：普泰元年三月癸酉，特進、車騎大將軍、沛郡王欣爲太傅、司州牧，改封淮陽王。《出帝紀》：太昌元年五月丙申，以淮陽王欣爲太師，封沛郡王、司徒公。九月癸丑，以沛王欣爲廣陵王，永熙二年七月壬辰，以欣爲大司馬、侍中。三年丙申，以爲左軍大都督、太傅兼尚書事。《傳》失書再封沛王事，他除拜亦簡略。隨出帝没於關中。《北史》：孝武入關中，欣投託人使達長安，爲太傅、録尚書事。欣於中興宗室，禮遇最隆，自廣平諸王悉居其下。又爲大宗師、進大冢宰、中軍大都督。大統中，爲柱國大將軍、太傅。文帝謂欣曰：「王三爲太傅，再爲太師，自古人臣，未聞此例。」欣遜謝而已。後拜司徒。恭帝初，遷大丞相。薨，謚曰容。欣好營産業，多所樹蓺，京師名果，皆出其園。所汲引及僚佐，咸非長者，爲世所鄙。

欣弟永業，普泰元年，特封高密郡王，食邑二千户。《孝静紀》：興和四年六月丁酉，復高密王永業爵，則中經削爵。《傳》失之矣。武定末，金紫光禄大夫。齊受禪，爵例降。

高陽王雍，字思穆，少而倜儻不恒。高祖曰：「吾亦未能測此兒之深淺，然觀其任真率素，或年器晚成也。」太和九年，封潁川王，加侍中、征南大將軍。或説雍曰：「諸王皆待士以營聲譽，王何以獨否？」雍曰：「吾天子之子，位爲諸王，用聲名何爲？」久之，拜中護軍，領鎮北大將軍。改封高陽。《高祖紀》雍改封在太和十八年二月丙申。奉遷七廟神主於洛陽。五等開建，食邑二千户。車駕南伐，雍行鎮軍大將軍，總攝留事。遷衛尉，加散騎常侍，除使持節、鎮北將軍、相州刺史，常侍如故。高祖誡雍曰：「相州乃是舊都，自非朝賢德望，無由居此，是以使汝作牧。爲牧之道，(非)〔亦〕難(非)〔亦〕易。其身正，不令而行，故便是易；其身不正，雖令不從，故便是難。又當愛賢士，存信約，無用人言而輕與奪也。」進號征北將軍。

世宗初，遷使持節、都督冀相瀛三州諸軍事、征北大將軍、開府、冀州刺史，常侍如故。雍在二州，微有聲稱。入拜驃騎大將軍、司州牧。世宗時幸雍第，皆盡家人之禮。遷司空公，《世宗紀》雍遷司空公在正始元年十二月乙丑。議定律令，雍常入參大議。轉太尉公，加侍中。時雍以旱故，再表遜位，優詔不許。除太保，《世宗紀》雍爲太尉在正始四年九月己未，進位太保在延昌二年二月己卯。領太尉，侍中如故。

世宗行考陟之法，雍表曰：

竊惟三載考績，百王通典。今任事上中者，三年升一階，散官上第者，四載登一級。閑冗之官，本非虚置，或以賢能而進，或因累勤而舉。如其無能，不應忝玆高選。既其以能進之朝伍，或任官外戍，遠使絶域，催督逋懸，察檢州鎮，皆是散官，以充劇使。及於考陟，排同閑伍。檢散官之人，非才皆劣，稱事之輩，未必悉賢。而考閑以多年，課煩以少歲，上乖天澤之均，下生不等之苦。又尋景明之格，無折考之文；正始之奏，有與奪之級。明參差之考，非聖慈之心；改典易常，乃有司之意。又尋考級之奏，委於任事之手；涉議科勤，絕於散官之筆。遂使在事者得展自勤之能，散輩者獨絕披衿之所。抑以上下之閑，限以旨格之判，致使近侍禁職，抱槃屈之辭；禁衛武夫，懷不申之恨。欲克平四海，何以獲諸。又散官在直，一玷成尤；銜使愆失，差毫即坐。徽纆所逮，未以事閑優之；節慶之賚，不以祿微加賞。罪殿之犯，未殊任事；考陟之機，推年不等。臣聞君舉必書，書而不法，後代何觀。《詩》云：「王事靡盬，不遑啓處。」又曰：「豈不懷歸，畏此簡書。」依依楊柳，以叙治兵之役；霏霏雨雪，又申振旅之勤。若折往來日月，便是《採薇》之詩廢，《杕杜》之歌罷。又任事之官，吉凶請假，定省掃拜，動歷十旬，或因患重請，動輒經歲。征役在途，勤泰百倍。苦樂之勢，非任事之倫；在家私閑，非理務之日。論優語劇，先宜折之。

武人本挽上格者爲羽林，次格者爲虎賁，下格者爲直從。或累紀征戍，靡所不涉；或帶甲連年，負重千里；或經戰損傷；或年老衰竭。今試以本格，責其如初，有爽於先，退階奪級。此便責以不衰，理未通也。又蕃使之人，必抽朝彦。或歷嶮千餘，或履危萬里，登有死亡之憂，咸懷不返之慽，魂骨奉忠，以尸將命。先朝賞格，酬以爵品；今朝改式，止及階勞。折以代考，有乖使望。非所以獎勵《皇華》而敦崇《四牡》者也。

復尋正始之格：汎後任事上中者，三年升一階；汎前任事上中者，六年進一級。三年一考，自古通經。今以汎前六年昇一階，檢無愆犯，倍年成級。以此推之，明以汎代考。新除一日，同霑階榮，下第之人因汎上陟，上第之士由汎而退。

臣又見部尉資品，本居流外，刊諸明令，行之已久。然近爲里巷多盜，以其威輕不肅，欲進品清流，以壓姦宄。甄琛啓云：「爲法者施而觀之，不便則改。」竊謂斯言有可採用，聖慈昭覽，更高宰尉之秩。

今考格始宣，懷怨者衆，臣竊觀之，亦謂不可，有光國典，改之何難。

世宗乃引雍共論時務。

肅宗初，詔雍入居太極西栢堂，諮決大政，給親信二十人。又詔雍爲宗師，進太傅、侍中，領太尉公，王如故。《肅宗紀》雍進位太傅在延昌四年二月癸未。別勑將作，營國子學寺，給雍居之。領軍于忠擅權專恣，僕射郭祚勸雍出之。忠怒，矯詔殺祚及尚書裴植，廢雍以王歸第。《肅宗紀》雍免官在延昌四年八月乙亥。朝有大事，使黄門郎就諮訪之。忠尋復矯詔，將欲殺雍，以問侍中崔光，光拒之，乃止。

未幾，靈太后臨朝，出忠爲冀州刺史。雍表曰：

臣初入柏堂，見詔旨之行，一由門下，而臣出君行，不以悛意。每覽傷矜，視之慘目，深知不可，不能禁制。臣之罪一也。臣近忝内樞，兼尸師傅，宜保護聖躬，温清晨夕。而于忠身居武司，禁勒自在，限以内外，朝謁簡絶。皇居寢食，所在不知，社稷安危，又亦不預，出入柏堂，尸位而已。臣之罪二也。忠規欲殺臣，賴在事執拒。又令僕卿相，任情進黜，遷官授職，多不經旬，斥退賢良，專納心腹，威振百僚，勢傾朝野。臣見其如此，欲出忠爲雍州刺史，鎮撫關右。在心未行，反爲忠廢。忝官尸禄，孤負恩私。臣之罪三也。先帝升遐，儲宮纂統，斯乃君父之恒謨，臣子之永則，加賞之義，自古無之。忠既人臣，受恩先帝，喪禍之際，竭節是常，迎陛下於東宮，臣下之恒事，如其不爾，更欲何爲？而忠意氣凌雲，坐要封爵。爾日抑之，交恐爲禍。臣以權臣所欲，不敢輒違，即集王公卿士，議其多少。清河王臣懌，先帝懿弟，識度寬明，臨衆唱議，非以勤而賞之，憚違權臣之旨，望顔而授。臣知不可，因而從之。臣之罪四也。忠秉權門下，且居宰執，又總禁旅，爲崇訓衛尉，身兼内外，横干宫掖。臣之罪五也。古者重罪，必令三公會，期至旬日，所以重死刑也。先帝登極，十有七年，細人犯刑，猶寬憲墨，朝廷貴仕，不戮一人。今陛下踐祚，年未半周，殺僕射、尚書，如夭一草，是忠秉權矯旨，擅行誅戮。臣知不能救，臣之罪六也。

臣位荷師相，年未及終，難恕之罪，顯露非一，何情以處，何顔以生，雖經恩宥，猶有餘責，謹反私門，伏聽司敗。

靈太后感忠保護之勳，不問其罪，增雍封一千户，除侍中、太師，《肅宗紀》除太師在延昌四年十二月辛丑。又加使持節，以本官領司州牧。

雍表請王公以下賤妾，悉不聽用織成錦繡、金玉珠璣，違者以違旨論；奴婢悉不得衣綾綺纈，止於縵繒而已，奴則布服，並不得以金銀爲釵帶，犯者鞭一百。太后從之，而不能久行也。詔雍乘步挽出入掖門。又以本官録尚書事。雍頻表辭遜，優答不許，詔侍中敦諭。詔雍朝夕侍講。

肅宗覽政，除使持節、司州牧、侍中、太師、録尚書如故。肅宗加元服，雍兼太保，與兼太尉崔光攝行冠禮。詔雍乘車出入大司馬門，進位丞相，給羽葆鼓吹，倍加班劍，《肅宗紀》雍進位丞相在正光元年九月戊戌。餘悉如故。又賜帛八百匹，與一千人供具，催令速拜。詔雍依齊郡順王簡太和故事，朝訖引坐，特優拜伏之禮。總攝内外，與元叉同決庶政。歲禄萬餘，粟至四萬，伎侍盈房，諸子瓊晃，榮貴之盛，昆弟莫及焉。

元妃盧氏薨後，更納博陵崔顯妹，甚有色寵，欲以爲妃。世宗初以崔氏世號「東崔」，地寒望劣，難之，久乃聽許。延昌已後，多幸妓侍，近百許人，而疏棄崔氏，別房幽禁，不得關豫内政，僅給衣食而已。至乃左右無復婢使，子女欲省其母，必啓聞，許乃得見。未幾，崔暴薨，多云雍毆殺之也。靈太后許賜其女妓，未及送之，雍遣其閹竪丁鵝自至宫内，料簡四口，冒以還第。太后責其專擅，追停之。

孝昌初，詔曰：「比相府弗開，陰陽未變。王秉哲居宗，勳望隆重，道庇蒼生，威被華裔，體國猶家，匪躬在節，可開府置佐史。」尋罷司徒，以爲丞相府。《肅宗紀》：孝昌二年五月丁未，以丞相雍爲大司馬。《傳》失書。

孝莊初，尒朱榮欲害朝士，遂云雍將謀逆，於河陰遇害。贈假黃鉞、相國，謚文穆王。

雍識懷短淺，又無學業，雖位居朝首，不爲時情所推。既以親尊，地當宰輔，自熙平以後，朝政褫落，不能守正匡弼，唯唯而已。及清河王懌之死，元乂專政，天下大責歸焉。

嫡子泰，字昌，頗有時譽。爲中書侍郎，尋遷通直散騎常侍、鎮東將軍、太常卿。與雍同時遇害。追贈侍中、特進、驃騎大將軍、太尉公、武州刺史、高陽王，謚曰文孝。《北史》作「謚曰文」。子斌，襲。武定中，官至尚書右僕射。《齊書・元斌傳》：字善積，歷位侍中、尚書左僕射。齊受禪，爵例降。

泰兄端，字宣雅。美容貌，頗涉書史。起家散騎侍郎。累遷通直常侍、鴻臚、太常少卿、散騎常侍。出爲安東將軍、青州刺史。是時蕭衍遣將寇逼徐、揚，除端撫軍將軍、金紫光禄大夫、使持節、東南道大使，處分軍機。賊平，拜鎮軍將軍、兖州刺史。俄而衍將復寇徐、兖，圍逼州城。端率在州文武拒守，得全。以功封安德縣開國公，食邑五百户。還，除都官尚書。與雍俱遇害。贈車騎大將軍、儀同三司、相州刺史。

子峻，襲爵。齊受禪，例降。

泰弟叡，字子哲。輕忽榮利，愛玩琴書。起家拜通直散騎侍郎，遷衛尉少卿，轉光禄少卿，封濟北郡王。與雍俱遇害。贈車騎大將軍、司空公、雍州刺史。

子徽，普泰中，襲爵。起家通直郎。武定五年，坐與元瑾等謀反，伏法。

叡弟誕，字文發。少聰慧，有風儀。起家通直郎，遷中書侍郎、通直散騎常侍。封新陽縣開國伯，食邑三百户。加龍驤將軍。進封昌樂王，食邑七百户。遷平南將軍、散騎常侍、黄門侍郎。孝静初，拜侍中、車騎大將軍、儀同三司、司州牧。天平三年薨，贈使持節、侍中、太保、司徒公、尚書令，將軍、牧如故，謚曰文獻。無子，以斌第二子子亮爲後。

誕弟勒叉，勒叉弟亘，亘弟伏陁，伏陁弟彌陁，彌陁弟僧育，僧育弟居羅。出帝初，勒叉封陽平縣，亘封濮陽縣，伏陁封武陽縣，彌陁封新陽縣，僧育封頓丘縣，居羅封衛縣，並開國伯，食邑四百户。天平中，並除鎮遠將軍、散騎侍郎。僧育走關西，國除。其餘齊受禪，爵例降。

北海王詳，字季豫。美姿容，善舉止。太和九年封，加侍中、征北大將軍。後拜光禄大夫，解侍中、將軍。又兼侍中。

從高祖南伐，爲散騎常侍。高祖自洛北巡，詳常與侍中、彭城王勰並在輿輦，陪侍左右。至高宗射銘之所，高祖停駕，詔諸弟及侍臣，皆試射遠近，唯詳箭不及高宗箭所十餘步。《北史》作「詔諸弟及侍臣，皆試射遠近，諸人皆去一二十步，唯詳箭及之」。高祖嘉之，拊掌欣笑，遂詔勒銘，親自爲制。五等開建，食邑二千户。遷侍中，轉秘書監。

車駕南伐，詳行中領軍，留守，給鼓吹一部，甲仗三百人，兼督營構之務。高祖賜詳璽書曰：「比遊神何業也？丘墳六籍，何事非娱，善正風猷，肅是禁旅。」詳後朝於行宫，高祖引見之。詳慶平沔北，高祖曰：「朕以畿南未清，神麾暫動，沔北數城，並皆柔服，此乃將士之效，非朕之功。」詳對曰：「陛下德邁唐虞，功微周漢，自南之風，於是乎始。」詳還洛，高祖餞之，詔詳曰：「昔者，淮夷叛命，故有三年之舉；鬼方不令，乃致淹載之師。況江吴竊命，于今十紀，朕必欲蕩滌南海，然後言歸。今夏停此，故與汝相見，善守京邑，副我所懷。」趙郡王幹薨，以詳行司州牧。除護軍將軍，兼尚書左僕射。

高祖臨崩，顧命詳爲司空輔政。世宗即位，以詳有營構之勤，增邑一千户。詳以帝居諒闇，不受。世宗覽政，遷侍中、大將軍、録尚書事。《世宗紀》詳拜大將軍在景明二年正月。咸陽王禧之謀反也，詳表求解任。詔曰：「一人之身，愆不累德，形乖性别，忠逆固殊。是以父殛子興，義高唐世；弟戮兄登，迹顯周魯。禧之與國，異體同氣，既肆無君之逆，安顧弟友之親。叔父忠顯二朝，誠貫廟社，實勗贊沖昧，保乂鴻猷，豈容以微介之慮，忘阿衡之重，貂章即已勑還，願不再述。祚屬眇躬，言及斯事，臨紙慚恨，惋慨兼深。」詳重表陳解，詔復不許。除太傅，領司徒，侍中、録尚書事如故。《世宗紀》詳除太傅在景明二年十一月丁酉。詳固辭，詔遣敦勸，乃受。

詳與八座奏曰：「竊惟姦劫難除，爲蠹日久，羣盜作患，有國攸病。故五刑爲用，猶陷觸網之誅；道幾勝殘，寧息狗竊之響。是以班制垂式，名爲治本；整綱提目，政之大要。謹尋奪禄事條，班已周歲。然京邑尹、令，善惡易聞；邊州遠守，或難聽審，皆上下同情，迭相掩没。設有賊發，隱而不言，或以劫爲偷，或遏掠成盜，更令賊發難知，攘竊惟甚。臣等參議，若依制削奪，則縣無期月之宰；附條貶黜，郡靡歲稔之守。此制必行，所謂法令滋章，盜賊多有。昔黄、龔變風，不由削禄；張、趙稱美，豈憚貶退。然綏導之體，得失在人。乃可重選慎官，依律劾禁，不宜輕改法令，削黜羣司。今請改制條，還附律處。其勵己公清，賞有常典，風謡黷賄，案爲考第。」世宗從之。

詳之拜命，其夜暴風震電，拔其庭中桐樹大十圍，倒立本處。初，世宗之覽政也，詳聞彭城王勰有震主之慮，而欲奪其司徒，大懼物議，故爲大將軍，至是乃居之。天威如此，識者知其不終。世宗講武於鄴，詳與右僕射高肇、領軍于勁留守京師。

初，太和末，詳以少弟延愛，景明初，復以季父崇寵，位望兼極，百僚憚之。而貪冒無厭，多所取納；《鄧羡傳》：行貨於録尚書北海王詳，轉大司農少卿。公私營販，侵剥遠近；嬖狎羣小，所在請託。珍麗充盈，聲色侈縱，建飾第宇，開起山池，所費巨萬矣。又於東掖門外，大路之南，驅逼細人，規占第宅。至有喪柩在堂，請延至葬而不見許，乃令輿櫬巷次，行路哀嗟。詳母高太妃，頗亦助爲威虐，親命毆擊，怨響嗷嗷。妃，宋王劉昶女，不見答禮。寵妾范氏，愛等伉儷，及其死也，痛不自勝，乃至葬訖，猶毀墜視之。表請贈平昌縣君。詳又蒸於安定王燮妃高氏，高氏即茹皓妻姊。嚴禁左右，閉密始末。詳既素附於皓，又緣婭好，往來綢密。皓之取妻也，詳親至其家，忻飲極醉。

詳雖貪侈聚斂，朝野所聞，而世宗禮敬尚隆，憑寄無替，軍國大事，總而裁決。每所敷奏，事皆協允。詳常別住華林園之西隅，與都亭、宫館密邇相接，亦通後門。世宗每潛幸其所，肆飲終日，其寵如此。又詳拜受，因其私慶，啓請世宗。世宗頻幸南第，御其後堂，與高太妃相見，呼爲阿母，伏而上酒，禮若家人。臨出，高每拜送，舉觴祝言：「願官家千萬歲壽，歲歲一至妾母子舍也。」初，世宗之親政也，詳與咸陽王禧、彭城王勰並被召入，共乘犢車，防衛嚴固。高時惶迫，以爲詳必死，亦乘車傍路，哭而送至金墉。及詳得免，高云：「自今而後，不願富貴，但令母子相保，共汝掃市作活也。」至此貴寵崇盛，不復言有禍敗之理。

後爲高肇所譖，云詳與皓等謀爲逆亂。于時詳在南第，世宗召中尉崔亮入禁，勑糾詳貪淫，及茹皓、劉胄、常季賢、陳掃静等專恣之狀。亮乃奏詳：「貪害公私，淫亂典禮。朝廷比以軍國費廣，禁斷諸蕃雜獻，而詳擅作威令，命寺署酬直。驅奪人業，崇侈私第。蒸穢無道，失尊卑之節；塵敗憲章，虧風教之紀。請以見事，免所居官爵，付鴻臚削奪，輒下禁止，付廷尉治罪。」并劾皓等，夜即收禁南臺。又虎賁百人，圍守詳第，慮其驚懼奔越。遣左右郭翼開金墉門，馳出諭之，示以中尉彈狀。詳母高見翼，頓首號泣不自勝。詳言：「審如中尉所糾，何憂也，正恐更有大罪横至耳。人奉我珍異貨物，我實愛之。果爲取受，吾何憂乎？」私以自寬。至明，皓等皆賜死，引高陽王雍等五王入議詳罪。單車防守，還華林之館。母妻相與哭，入所居，小奴弱婢數人隨從。官防甚嚴，終夜擊柝，列坐圍守，外内不通。世宗爲此不幸園十餘日。徙詳就太府寺，圍禁彌切。詔曰：「王位兼臺輔，親懿莫二，朝野屬賴，具瞻所歸。不能勵德存道，宣融軌訓，方乃肆兹貪靦，穢暴顯聞。遠負先朝友愛之寄，近乖家國推敬所期，理官執憲，實合刑典，天下爲公，豈容私抑。但朕諸父傾落，存者無幾，便極逮坐，情有未安。可免爲庶人，别營坊館，如法禁衛，限以終身。邦家不造，言尋感慨。」遂别營館於洛陽縣東北隅，二旬而成，將徙詳居之。會其家奴數人，陰結黨輩，欲以劫出詳，密抄名字，潛託侍婢通於詳。詳始得執省，而門防主司遥見，突入，就詳手中攬得，呈奏。至夜，守者以聞。詳哭數聲而暴死。《世宗紀》詳免爲庶人在正始元年五月丁未。《元詳墓誌》：正始元年，春秋廿九，六月十三日戊子薨。詳自至太府，令其母妻，還居南宅，五日一來，與其相見。此夜，母妻不在，死於婢手中。《北史》：帝密令害之。至明，告其凶問。詔曰：「北海叔奄至傾背，痛慕抽慟，情不自任。明便舉哀，可勑備辦喪還南宅，諸王皇宗，悉令奔赴。給東園秘器，賵物之數，一依廣陵故事。」

詳之初禁也，乃以蒸高事告母。母大怒，詈之苦切，曰：「汝自有妻妾侍婢，少盛如花，何忽共許《北史》無「許」字。高麗婢姦通，令致此罪。我得高麗，《北史》下有「婢」字。當噉其肉。」乃杖詳背及兩脚百餘下，自行杖，力疲乃令奴代。高氏素嚴，詳每有微罪，常加責罰，以絮裹杖。至是，去絮，皆至瘡臏。詳苦杖，十餘日乃能立。又杖其妃劉氏數十，云：「新婦大家女，門户匹敵，何所畏也，而不檢校夫婿。婦人皆妬，獨不妬也！」劉笑而受罰，卒無所言。

詳貪淫之失，雖聞遠近，而死之日，罪無定名，遠近歎怪之。停殯五載。永平元年十月，詔曰：「故太傅北海王體自先皇，特鍾友愛，受遺訓輔，沖昧攸託。不圖暮節晦德，終缺哀榮，便可追復王封，克日營厝，少慰幽魂，以旌陰疑。戚。」謚曰平王。

子顥，字子明，襲。《世宗紀》顥襲封在永平二年九月辛巳。少慷慨，有壯氣。除龍驤將軍、通直散騎常侍。轉宗正卿、光禄大夫、長兼宗正卿、散騎常侍、平東將軍。轉都官尚書，加安南將軍。出除散騎常侍、撫軍將軍、徐州刺史。尋爲御史彈劾，除名。《肅宗紀》顥削爵在正光四年十二月。

其後，賊帥宿勤明達、叱干騏驎等寇亂豳、華諸州，乃復顥王爵，以本將軍加使持節、假征西將軍、都督華豳東秦諸軍事，兼左僕射、西道行臺，以討明達。《肅宗紀》顥復爵在正光五年九月壬申。顥轉戰而前，頻破賊衆，解豳、華之圍。以功增封八百户，進號征西將軍。又除尚書右僕射，持節、行臺、都督如故。尋遷車騎大將軍、儀同三司，餘如故。《肅宗紀》顥拜車騎大將軍在孝昌三年正月戊戌。值蕭寶夤等大敗於平涼，顥亦奔還京師。

於時，葛榮南進，稍逼鄴城。武泰初，以顥爲侍中、驃騎大將軍、開府儀同三司、相州刺史以禦榮。顥至汲郡，屬尒朱榮入洛，推奉莊帝，詔授顥太傅，開府、侍中、刺史、王並如故。顥以葛榮南侵，尒朱縱害，遂盤桓顧望，圖自安之策。先是，顥啓其舅范遵爲殷州刺史，遵以葛榮充逼，未得行。顥令遵權停於鄴。顥既懷異謀，乃遣遵行相州事，代前刺史李神，爲己表裏之援。相州行臺甄密先受朝旨，委其守鄴。知顥異圖，恐遵爲變，遂相率廢遵，還推李神攝理州事，然後遣軍候顥逆順之勢。

顥以事意不諧，遂與子冠受率左右奔於蕭衍。《孝莊紀》顥奔蕭衍在建義元年四月。顥見衍，泣涕自陳，言辭壯烈，衍奇之。遂以顥爲魏主，假之兵將，令其北入。永安二年四月，於梁國城南登壇燔燎，號孝基元年。莊帝詔濟陰王暉業爲都督，於考城拒之，爲顥所擒。又克行臺楊昱於滎陽。尒朱世隆自虎牢走退，莊帝北幸。顥遂入洛，改稱建武元年。

顥以數千之衆，轉戰輒克，據有都邑，號令自己，天下人情，想其風政。而自謂天之所授，頗懷驕怠。宿昔賓客近習之徒咸見寵待，干擾政事，又日夜縱酒，不恤軍國。所統南兵，凌竊市里。朝野莫不失望。時又酷斂，公私不安。莊帝與尒朱榮還師討顥。自於河梁拒戰，王師渡於馬渚，冠受戰敗被擒，因相繼而敗。顥率帳下數百騎及南兵勇健者，自轘轅而出。至臨潁，顥部騎分散，爲臨潁縣卒所斬。《孝莊紀》顥爲臨潁卒江豐所斬在永安二年七月癸酉。而《元顥墓誌》作「永安三年七月廿一日薨於潁川臨潁縣，時年三十六」，先後差一年。出帝初，贈使持節、侍中、都督冀定相殷四州諸軍事、驃騎大將軍、大司馬、冀州刺史。《北史》：初，顥入洛，其日暴風，欲入閶闔門，馬大驚不進，令人執轡乃入。有恒農楊曇華告人曰：「顥必無成，假服衮冕，不過六十日。」又諫議大夫元昭業曰：「昔更始自洛陽而西，初發，馬驚奔，觸北宮鐵柱，三馬皆死，而更始卒不成帝位。以古譬今，其兆一也。」至七月果敗，孝武初贈太師、大司馬。武定中，子娑羅襲。齊受禪，爵例降。

顥弟瑱，《北史》作「項」。字寶意。《元項墓誌》作「君諱項」，字幼明《傳》作「瑱」，殆傳寫之譌。起家爲通直郎，轉中書郎，歷武衛將軍、光禄少卿、黄門郎。出除平北將軍、相州刺史。爲大宗正卿。封平樂縣開國公，食邑八百户。莊帝初，拜侍中、車騎將軍，封東海王，食邑千户。俄遷中書監、左光禄大夫兼尚書右僕射。又拜車騎大將軍，加侍中。《元項墓誌》：初以王子來朝，即拜散騎侍郎，在通直，加朱衣直閤，明帝春秋方富，敦悦典墳，命侍學，移中書郎，遷武衛將軍，徙光禄卿，轉給事黄門侍郎，遷平北將軍、相州刺史。入爲中軍將軍、大宗正卿。高祖薄伐江陵，明德留守。至是如後分封，封樂平縣開國公，邑九百户，仍本將軍，復授黄門郎。及永安初，遷中車騎將軍、左光禄大夫。因封改加汝陽郡王，食邑千室。又更封東海郡王，轉中書監、本將軍復侍中、尚書右僕射。《傳》失載改封汝陽郡王，他除拜亦多簡略。瑱無他才幹，以親屬早居重任。兄顥入洛，成敗未分，便以意氣自得，爲時人所笑。顥敗，潛竄，爲人執送，斬於都市。《孝莊紀》：永安二年七月丁丑，獲元顥弟瑱，斬於都市。《元項墓誌》作「永安三年七月二十七日薨」，與《紀》不合。出帝初，贈侍中、都督雍華岐三州諸軍事、驃騎大將軍、太尉公、尚書令、雍州刺史。

子衍，襲爵。武定中，通直散騎侍郎。齊受禪，爵例降。

史臣曰：　顯祖諸子，俱聞道於太和之日。咸陽望重位隆，自猜謀亂。趙郡愆於王度，終謚曰靈。廣陵夙稱明察，不幸中夭，惜矣。高陽器術缺然，終荷棟幹，孝昌之叛，蓋不足以責之。北海義昧鶺鴒，奢淫自喪，雖禍由間言，亦自貽伊戚。顯取若拾遺，亡不旋踵，豈守之無術，其天將覆之。

魏書宗室傳注卷十一

獻文六王列傳第九下　魏書二十一下

彭城王

彭城王勰，字彦和。少而岐嶷，姿性不羣。太和九年，封始平王，加侍中、征西大將軍。勰生而母潘氏卒，其年顯祖崩。及有所知，啓求追服。文明太后不許，乃毁瘠三年，弗參吉慶。高祖大奇之。敏而耽學，不捨晝夜，博綜經史，雅好屬文。

高祖革創，解侍中、將軍，拜光禄大夫。復除侍中，長直禁内，參決軍國大政，萬機之事，無不預焉。及車駕南伐，以勰行撫軍將軍，領宗子軍，宿衛左右。開建五等，食邑二千户，轉中書令，侍中如故，改封彭城王。《高祖紀》勰改封在太和二十年正月壬辰。

高祖與侍臣升金墉城，顧見堂後梧桐、竹曰：「鳳凰非梧桐不棲，非竹實不食，今梧桐、竹並茂，詎能降鳳乎？」勰對曰：「鳳凰應德而來，豈竹、梧桐能降？」高祖曰：「何以言之？」勰曰：「昔在虞舜，鳳凰來儀；周之興也，鸑鷟鳴於岐山。未聞降桐食竹。」高祖笑曰：「朕亦未望降之也。」後宴侍臣於清徽堂。日宴，移於流化池芳林之下。高祖曰：「向宴之始，君臣肅然，及將末也，醻情始暢，而流景將頹，竟不盡適，戀戀餘光，故重引卿等。」因仰觀桐葉之茂，曰：「其桐其椅，其實離離，愷悌君子，莫不令儀，今林下諸賢，足敷歌詠。」遂令黄門侍郎崔光讀《暮春羣臣應詔詩》。至勰詩，高祖乃爲之改一字，曰：「昔祁奚舉子，天下謂之至公，今見勰詩，始知中令之舉非私也。」勰對曰：「臣露此拙，方見聖朝之私，賴蒙神筆賜刊，得有令譽。」高祖曰：「雖琢《北史》作「琱琢」。一字，猶是玉之本體。」勰曰：「臣聞《詩》三百，一言可蔽。今陛下賜刊一字，足以價等連城。」

勰表解侍中，詔曰：「蟬貂之美，待汝而光，人乏之秋，何容方退也。克念作聖，庶必有資耳。」後幸代都，次于上黨之銅鞮山。路旁有大松樹十數根。時高祖進傘，遂行《北史》作「住」。而賦詩，令人示勰曰：「吾始作此詩，雖不七步，亦不言遠。汝可作之，比至吾所，令就之也。」時勰去帝十餘步，遂且行且作，未至帝所而就。詩曰：「問松林，松林經幾冬？山川何如昔，風雲與古同。」高祖大笑曰：「汝此詩亦調責吾耳。」詔曰：「弟勰所生母潘早齡謝世，顯號未加，勰禍與身具，痛隨形起，今因其展思，有足悲矜，可贈彭城國太妃，以慰存亡。」又除中書監，侍中如故。

高祖南討漢陽，假勰中軍大將軍，加鼓吹一部。勰以寵受頻煩，乃面陳曰：「臣聞兼親疏而兩，並異同而建，此既成文於昔，臣願誦之於後。陳思求而不允，愚臣不請而得。豈但今古云殊，遇否大異，非獨曹植遠羨於臣，是亦陛下踐魏文而不顧。」高祖大笑，執勰手曰：「二曹才名相忌，吾與汝以道德相親，緣此而言，無慚前烈。汝但克己復禮，更何多及。」

高祖親講喪服於清徽堂，從容謂羣臣曰：「彦和、季豫等年在蒙稚，早登纓紱，失過庭之訓，並未習禮，每欲令我一解喪服。自審義解浮疏，抑而不許。頃因酒醉坐，脱爾言從，故屈朝彦，遂親傳説。將臨講坐，慚戰交情。」御史中尉李彪對曰：「自古及今，未有天子講禮。陛下聖叡淵明，事超百代，臣得親承音旨，千載一時。」

從征沔北，賜帛三千匹。除使持節、都督南征諸軍事、中軍大將軍、開府。又詔曰：「明便交敵，可勑將士，肅爾軍儀。」勰於是親勒大衆。須臾，有二大鳥從南而來，一向行宮，一向府幕，《北史》作「幕府」。各爲人所獲。勰言於高祖曰：「始有一鳥，望旗顛仆，臣謂大吉。」高祖戲之曰：「鳥之畏威，豈獨中軍之略也，吾亦分其一爾。此乃大善，兵法咸説。」至明，便大破崔慧景、蕭衍。其夜大雨，高祖曰：「昔聞國軍獲勝，每逢雲雨。今破新野、南陽，及摧此賊，果降時潤。誠哉斯言。」勰對曰：「水德之應，遠稱天心。」高祖令勰爲露布，勰辭曰：「臣聞露布者，布於四海，露之耳目，必須宣揚威略，以示天下。臣小才，豈足大用。」高祖曰：「汝豈獨親詔，亦爲才達，但可爲之。」及就，尤類帝文，有人見者，咸謂御筆。高祖曰：「汝所爲者，人謂吾製，非兄則弟，誰能辨之。」勰對曰：「子夏被嗤於先聖，臣又荷責於來今。」

及至豫州，高祖爲家人書於勰曰：「教風密微，禮政嚴嚴，若不深心日勸，何以敬諸。每欲立一宗師，肅我元族。汝親則宸極，位乃中監，風標才器，實足師《北史》作「軌」。範。屢有口勑，仍執沖遜，難違清挹，荏苒至今。宗制之重，捨汝誰寄？便委以宗儀，責成汝躬，有不遵教典，隨事以聞，吾別肅治之。若宗室有愆，隱而不舉，鍾罰汝躬。綱維相厲，庶有勸改。吾朝聞夕逝，不爲恨也。」勰翌日面陳曰：「奉詔令專主宗制，糾舉非違。臣聞『其身正不令而行，其身不正雖令不從』。臣處宗乏長幼之順，接物無國士之禮，每因啓請，已蒙哀借。不謂今詔，終不矜免。猶願聖慈，賜垂蠲遂。」高祖曰：「汝諧，往欽哉。」勰表以一歲國秩、職俸、親恤以裨軍國，詔曰：「割身存國，理爲遠矣。但汝亦我〔親〕，乃減己助國。職俸便停，親、國二事，聽三分受一。」

高祖不豫，勰内侍醫藥，外總軍國之務，遐邇肅然，人無異議。徐謇，當世之上醫也，先是，假還洛陽，及召至，勰引之別所，泣涕執手而謂之曰：「君今世元化，至尊氣力危惙，願君竭心，專思方治。若聖體日康，令四海有賴，當獲意外之賞；不然，便有不測之誅，非但榮辱，乃存亡由此。君其勉之！」左右見者，莫不嗚咽。及引入，謇便欲進治。勰以高祖神力虛弱，唯令以食味消息。勰乃密爲壇於汝水之濱，依周公故事，告天地、顯祖請命，乞以身代。高祖翊日有瘳損。自懸瓠幸鄴，勰常侍坐輿輦，晝夜不離於側，飲食必先嘗之，而後手自進御。

車駕還京，會百僚於宣極堂，行飲至策勳之禮。命舍人宣旨：「勰翼弼六師，纂戎荆楚，沔北之勳，每毗廟算。從討新野，有克城之謀；受命鄧城，致大捷之效。功爲羣將之最也。別當授賞，不替厥庸。」高祖謂勰曰：「吾與汝等，早罹艱苦，中逢契闊，每謂情義隨事而疏。比纏患經歲，危如寒葉，非汝孔懷，情敦忠孝，孰能動止躬親，必先藥膳。每尋此事，感思殊遠。」勰悲泣對曰：「臣等宿遭不天，酷恨長世，賴陛下撫育，得參人伍。豈謂上靈無鑒，復使聖躬違和，萬國所懸，蒼生繫氣。寢興之勞，豈申荼蓼。」以破慧景等勳，增邑五百户。又詔曰：「朕形疲稚年，心勞長歲，積思成痾，頓發汝穎。第六弟勰，孝均周弟，感侔姬旦，遺食捨寐，動止必親，敦醫勸膳，誠力俱竭，致兹保康，實賴同氣。又秉務緝政，百司是憑，綱維折衷，萬揆獲濟。撫師於霖浩之辰，處戎於荐逼之日。安外静内，功臣大道。侍省之績，可以孔懷無褒；翼亮之勤，實乃勳存社稷。宜有酬賞，以旌國功，可增邑一千户。」勰辭曰：「臣受遇緣親，榮枯事等，以此獲賞，殊乖情願，乞追成旨，用息謗言。」詔曰：「汝在私能孝，處公必忠，比來勤憂，足布朝野，但可祗膺。」尋以勰爲司徒、《高祖紀》勰爲司徒在太和二十三年二月癸亥。太子太傅，侍中如故。

俄而蕭寶卷將陳顯達内寇，高祖復親討之。詔勰使持節、都督中外諸軍事，總攝六師。是時，高祖不豫。勰辭曰：「臣侍疾無暇，六軍須有所託，事不兩興，情力又竭。更請一王總當軍要。」高祖曰：「戎務、侍疾，皆憑於汝。牽痾如此，吾深慮不濟。安六軍、保社稷者，捨汝而誰？何容方便請人，以違心寄？宗祏所賴，唯在於汝。諸葛孔明、霍子孟異姓受託，而況汝乎！」行次淯陽，高祖謂勰曰：「吾患轉惡，汝其努力。」車駕至馬圈，去賊營數里，顯達等出戰，諸將大破之。勰部分諸軍，將攻賊壘，其夜奔退。高祖疾甚，謂勰曰：「修短命也，死生大分，今吾氣力危惙，當成不濟矣。雖敗顯達，國家安危，在此一舉，社稷所仗，唯在汝身。霍子孟以異姓受付，況汝親賢，可不勉也！」勰泣曰：「士於布衣，猶爲知己盡命，況臣託靈先皇，聯暉陛下，誠應竭股肱之力，加之以忠貞。但臣出入喉膂，每跨時要，及於寵靈輝赫，聞之遐邇。復參宰匠，機政畢歸，震主之聲，見忌必矣。此乃周旦遁逃，成王疑惑，陛下愛臣，便爲未盡始終之美。臣非所以惡華捐勢，非所以辭勤請逸，正希仰成陛下日鏡之明，下念愚臣忘退之禍。」高祖久之曰：「吾尋思汝言，理實難奪。」乃手詔世宗曰：「汝第六叔父勰，清規懋賞，與白雲俱潔；厭榮捨紱，以松竹爲心。吾少與綢繆，提攜道趣。每請解朝纓，恬真丘壑，吾以長兄之重，未忍離遠。何容仍屈素業，長嬰世網。吾百年之後，其聽勰辭蟬捨冕，遂其沖挹之性。無使成王之朝，翻疑姬旦之聖，不亦善乎。汝爲孝子，勿違吾勑。」

及高祖崩于行宮，遏秘喪事，獨與右僕射、任成王澄及左右數人爲計，奉遷高祖於安車中，勰等出入如平常，視疾進膳，可決外奏。累日達宛城，乃夜進安車於郡廳事，得加斂櫬，還載臥輿。六軍内外莫有知者。遣中書舍人張儒奉詔徵世宗會駕。梓宮至魯陽，乃發喪行服。

世宗即位，勰跪授高祖遺勑數紙。咸陽王禧疑勰爲變，停在魯陽郡外，久之乃入。謂勰曰：「汝非但辛勤，亦危(嶮)〔險〕至極。」勰恨之，對曰：「兄識高年長，故知有夷險，彥和握蛇騎虎，不覺艱難。」禧曰：「汝恨吾後至耳！」自高祖不豫，勰常居中，親侍醫藥，夙夜不離左右，至於衣帶罕解，亂首垢面。帝患久多忿，因之以遷怒。勰每被誚詈，言至厲切，威責近侍，動將誅斬。勰承顔悉心，多所匡濟。及高祖昇遐，陳顯達奔遁，始爾慮凶問洩漏，致有逼迫。勰内雖悲慟，外示吉容，出入俯仰，神貌無異。及至魯陽也，東宫官屬，多疑勰有異志，竊懷防懼。而勰推誠盡禮，卒無纖介。勰上《高祖謚議》：「謹案謚法，協時肇享曰『孝』，五宗安之曰『孝』，道德博聞曰『文』，經緯天地曰『文』，仰惟大行皇帝，義實該之，宜上尊號爲孝文皇帝，廟曰高祖，陵曰長陵。」世宗從之。

既葬，世宗固以勰爲宰輔。勰頻口陳遺旨，請遂素懷。世宗對勰悲慟，每不許之。勰頻煩表聞，辭義懇切。世宗難違遺勑，遂其雅情，猶逼以外任，乃以勰爲使持節、侍中、都督冀定幽瀛營安平七州諸軍事、驃騎大將軍、開府、定州刺史。勰仍陳讓，又面申前意，世宗固執不許，乃述職。

尚書令王肅等奏：「臣等聞旌功表德，道貴前王；庸勳親親，義高盛典。是故姬旦翼周，光宅曲阜；東平宰漢，寵絶列蕃。彭城王勰景思内昭，英風外發，協廓乾規，掃氛漢沔。屬先帝在天，鳳旌旋旆，静一六師，肅寧南服。登聖皇於天衢，開有魏之靈祐，論道中鉉，王猷以穆，七德丕宣，九功在詠。臣等參詳，宜增邑一千五百户。」詔曰：「覽奏，倍增崩絶，未足以上酬勳德，且可如奏。」勰頻表固〔辭〕〔讓〕，世宗許之。世宗與勰書曰：「恪奉辭暨今，悲戀嗚咽，歲月易遠，便迫暮冬，每思聞道，奉承風教。父既辭榮閑外，無容頓違至德。出蕃累朔，荒馳實深。今遣主書劉道斌奉宣悲戀，願父來望，必當届京。展洩哀窮，指不云遠。」勰乃朝於京師。

景明初，蕭寶卷豫州刺史裴叔業以壽春内屬，詔勰都督南征諸軍事，餘官如故，與尚書令王肅迎接壽春。詔曰：「五教治樞，古難其選，自非親賢兼切，莫應斯舉。王以明德懋親，任屬保傅，出居蕃陝，入御衮章，内外克諧，民神攸屬。今董率戎麾，威號宜重，可復授司徒，以光望實。」又詔勰以本官領揚州刺史。勰簡刑導禮，與民休息，州境無虞，遐邇安静。揚州所統建安戍主胡景略猶爲寶卷拒守不下，勰水陸討之，景略面縛出降。自勰之至壽春，東定城戍，至於陽石，西降建安，山蠻順命，斬首獲生，以數萬計。進位大司馬，《世宗紀》勰復爲司徒在景明元年二月戊戌，進位大司馬在六月丙子。領司徒，餘如故。增邑八百户。又寶卷遣將陳伯之屯於肥口，胡松又據梁城，水軍相繼二百餘里。勰部分將士，分攻諸營，伯之、胡松率衆出戰，諸將擊之，斬首九千，俘獲一萬。伯之等僅以身免，屯於烽火。勰又分命諸將頻戰，伯之計窮宵遁。淮南平，《世宗紀》勰破陳伯之在景明元年八月乙酉。詔曰：「王戚尊上輔，德勳莫二，孤心昧識，訓保攸憑。比以壽春初開，鎮壓任重，故令王親董元戎，遠撫淮外。冒兹炎蒸，衡蓋飄飖，經略踰時，必有虧損。淹違詣覲，夙夜縈情。兼制勝宣規，威效兼著，公私允稱，義所欽嘉。雖凱旋有期，無申延屬，可遣給事黄門侍郎鄭道昭就彼祇勞。」徵勰還朝。

勰政崇寬裕，絲毫不犯，淮南士庶追其餘惠，至今思之。初，勰之定壽春也，獲蕭寶卷汝陰太守王果、豫州治中庾稷等數人，勰傾衿禮之，常參坐席。果承間進曰：「果等契闊生平，皓首播越，顧瞻西夕，餘光幾何。今遭聖化，正應力茲愚老，申展尺寸，但在南百口，生死分張，乞還江外，以申德澤。」勰矜而許之。果又謝曰：「殿下賜處，有過國士。果等今還，仰負慈澤，請聽仁駕振旅，反跡江外。」至此乃還。其爲遠人所懷如此。

勰至京師，世宗臨東堂引見，詔勰曰：「比鳳皇未（一，疑）〔至〕，蒼黎二化，故仰屈尊謨，綏懷邊附，而寇豎昏迷，敢闞淮楚。叔父英略高明，應機殄定，凱旋今辰，伏慰悲佇。」勰謝曰：「臣忝充戎帥，撫安新故，而不能宣武導恩，威懷遐邇。致小豎伯之，驅率蟻徒，侵擾邊堡。非唯仰慚天顔，實亦俯愧朝列。春秋責帥，臣實當之。賴陛下慈深捨過，故使愚臣獲免罪責。」勰頻表辭大司馬、領司徒及所增邑，乞還中山。有詔不許。乃除録尚書、侍中，司徒如故。固辭不免。勰雅好恬素，不以勢利嬰心。高祖重其事幹，縶維不許。雖臨崩遺詔，復世宗留連，每乖情願。常悽然歎息，以詔旨殷勤，僶俛應命。

時咸陽王禧漸以憍矜，頗有不法，北海王詳陰言於世宗，世宗深忌之。又言勰大得人情，不宜久在宰輔，勸世宗遵高祖遺勑。禧等又出領軍于烈爲恒州，非烈情願，固强之，烈深以爲忿。烈子忠嘗在左右，密令忠言於世宗云：「諸王等意不可測，宜廢之，早自覽政。」時將礿祭，王公並齋於廟東坊。世宗遣于烈將宿衛壯士六十餘人召禧、勰、詳等，引入，見之於光極殿。世宗謂勰曰：「頃來南北務殷，不容仰遂沖操。恪是何人，而敢久違先勑，今遂叔父高蹈之意。」勰謝曰：「先帝不以臣虛薄，曲垂罔己之澤，出入綢繆，公私無捨。自陛下龍飛九五，屢求解落，既爲宰輔所抑，亦不爲陛下所許。先歲夏中，重塵天聽，時蒙優借，出爲定州。往年還洛陽，勑總戎淮肥，雖無功效，幸免罪戾。云歸未幾，復委臣以非據之任，臣頻煩干請，具簡聖聽。陛下孝深無改，仰遵先詔，上成睿明之美，下遂微臣之志，感惟今往，悲喜交深。」乃詔曰：「王宿尚閑静，志捐世務，先帝愛亮之至，弗奪此情，遺勑炳然，許遂沖退。雅操不移，朕亦未敢違奪。今乃釋位歸第，丘園是營，高尚之節，確爾貞固，《賁》、《履》之操，邈焉難追。而王宅初構，財力多闕，成立之期，歲月莫就。可量遣工役，分給材瓦，稟王所好，速令制辦，務從簡素，以稱王心。」勰因是作《蠅賦》以諭懷，惡讒構也。

又以勰爲太師，《世宗紀》勰爲太師在景明四年七月辛未。勰遂固辭。詔曰：「蓋二儀分象，君臣之位形焉；上下既位，唱和之義生焉。自古統天位主，曷常不賴明師，仗賢輔，而後燮和陰陽，彝倫民物者哉？往而不返者，先民誠有之，斯所謂獨善其身而亂大倫，山林之士耳。賢人君子則不然也。屈己以安民，艱身以濟物，所謂以先知覺後知，同塵而與天下俱潔者也。朕猥以沖年，纂臨寶曆，實賴叔父匡濟之功，誠宜永兼將相，以綱維内外。但逼奪先旨，憚違沖挹，俛志割心，以遂高素。自比水旱乖和，陰陽失序，是以屈王論道，庶燮茲玉燭。且師宰從容，無廢清尚。故周旦復辟而居之，尚父期頤以終位。王義兼家國，理絶獨高，可遣侍中敦諭。」世宗又修家人書於勰曰：「恪言：奉還告承，猶執沖遜，恪實闇寡，政術多粃，匡弼之寄，仰屬親尊。父德望兼重，師訓所歸，豈得近遺家國，遠崇清尚也。便願紓降，時副傾注之心。」勰不得已而應命。

世宗後頻幸勰第。及京兆、廣平暴虐不法，詔宿衛隊主率羽林虎賁幽守諸王於其第。勰上表切諫，世宗不納。勰既無山水之適，又絶知己之遊，唯對妻子，鬱鬱不樂。議定律令，勰與高陽王雍、八座、朝士有才學者五日一集，參論軌制應否之宜。而勰夙侍高祖，兼聰達博聞，凡所裁決，時彦歸仰。加以美容貌，善風儀，端嚴若神，折旋合度，出入言笑，觀者忘疲。又加侍中。勰敦尚文史，物務之暇，披覽不輟。撰自古帝王賢達至於魏世子孫三十卷，《北史》作「至於魏世子孫族從爲三十卷」。名曰《要略》。小心謹慎，初無過失，雖閑居宴處，亦無慢色惰容。愛敬儒彦，傾心禮待。清正儉素，門無私謁。

性仁孝，言於朝廷，以其舅潘僧固爲冀州樂陵《北史》作「長樂」。太守。京兆王愉搆逆，僧固見逼從之。尚書令高肇性既兇愎，賊害賢俊。又肇之兄女入爲夫人，順皇后崩，世宗欲以爲后，勰固執以爲不可。肇於是屢譖勰於世宗，世宗不納。因僧固之同愉逆，肇誣勰北與愉通，南招蠻賊。勰國郎中令魏偃、前防閤高祖珍希肇提攜，搆成其事。肇初令侍中元暉以奏世宗，暉不從，令左衛元珍言之。世宗訪之於暉，暉明勰無此。世宗更以問肇，肇以魏偃、祖珍爲證，世宗乃信之。

永平元年九月，召勰及高陽王雍、廣陽王嘉、清河王懌、廣平王懷及高、肇等入。時勰妃方産，勰乃固辭不赴。中使相繼，不得已乃令命駕，意甚憂懼，與妃訣而登車。入東掖門，度一小橋，牛不肯進，遂擊之，良久。更有使者責勰來遲，乃令去牛，人挽而進，宴於禁中。至夜皆醉，各就别所消息。俄而元珍將武士齎毒酒而至。勰曰：「吾忠於朝廷，何罪見殺！一見至尊，死無恨也。」珍曰：「至尊何可復見！王但飲酒。」勰曰：「至尊聖明，不應無事殺我，求與告我罪者一對曲直。」武士以刀鐶築勰二下。勰大言曰：「皇天！忠而見殺。」武士又以刀鐶築勰。勰乃飲毒酒，武士就殺之。向晨，以褥裹屍，輿從屏門而出，載屍歸第，云王因飲而薨。《世宗紀》：永平元年九月戊戌薨。《元勰墓誌》作「永平元年九月十九日己亥薨」，與《紀》先後差一日。勰妃李氏，司空沖之女也，號哭大言曰：「高肇枉理殺人，天道有靈，汝還當惡死。」及肇以罪見殺，《北史》有「還於此屋」四字。論者知有報應焉。世宗爲舉哀於東堂，給東園第一秘器、朝服一襲、賻錢八十萬、布二千匹、蠟五百斤，大鴻臚護喪事。

勰既有大功於國，無罪見害，百姓寃之。行路士女，流涕而言曰：「高令公枉殺如此賢王！」在朝貴賤，莫不喪氣。《北史》：景明、報德寺僧鳴鐘欲飯，忽聞勰薨，二寺一千餘人皆痛嗟，爲之不食，但飲水而齋。追崇假黄鉞、使持節、都督中外諸軍事，司徒公、侍中、太師、王如故。給鑾輅九旒、虎賁班劍百人、前後部羽葆鼓吹、輼輬車。有司奏太常卿劉芳議勰謚曰：「王挺德弱齡，誕資至孝，睿性過人，學不師授。卓爾之操，發自天然；不羣之美，幼而獨出。及入參政務，綸綍有光；爰登中鉉，敷明五教。漢北告危，皇赫問罪，王内親藥膳，外總六師。及宫車晏駕，上下哀慘。奮猛衛戚，英略潛通，翼衛靈輿，整戎振旆。歷次宛謝，迄于魯陽，送往奉居，無慚周霍，稟遺作輔，遠至邇安。分陝恒方，流詠燕趙；廓靖江西，威懾南越。入釐百揆，庶績咸熙，履勤不憚，在功愈挹。温恭愷悌，忠雅寬仁，興居有度，善終篤始。高尚厥心，功成身退。義亮聖衷，美光世典。依謚法，保大定功曰『武』，善問周達曰『宣』，謚曰武宣王。」及莊帝即位，追號文穆皇帝，妃李氏爲文穆皇后，遷神主於太廟，廟稱肅祖。語在《臨淮王彧傳》。前廢帝時，去其神主。

嫡子劭，字子訥，《彭城武宣王妃李墓誌》作「子納，字令言」。襲封。善武藝，少有氣節。世宗初，蕭衍遣將犯邊，劭上表曰：「僞豎遊魂，闚覦邊境，勞兵兼時，日有千金之費。臣仰藉先資，紹饗厚秩，思以埃塵，用裨山海。臣國封徐州，去軍差近，謹奉粟九千斛、絹六百匹、國吏二百人，以充軍用。」靈太后嘉其至意，而不許之。起家宗正少卿。又除使持節、假散騎常侍、平東將軍、青州刺史。于時，齊州民劉均、房頃等扇動三齊。蕭衍遣將彭羣、王辯等搔擾邊陲，劭頻有防拒之效。《肅宗紀》：孝昌三年七月，青州刺史、彭城王劭、南青州刺史胡平遣將斬蕭衍將彭羣〔首〕，俘獲二千餘人。孝昌末，靈太后失德，四方紛擾，劭遂有異志。爲安豐王延明所啓，乃徵入爲御史中尉。莊帝即位，尊爲無上王。尋遇害河陰。追謚曰孝宣皇帝。妻李氏爲文恭皇后。有二子。

韶字世胄，襲。武定末，司州牧。《齊書·元韶傳》：避尒朱之難，匿於嵩山。性好學，美容儀。初尒朱榮將入洛，父劭恐，以韶寄所親滎陽太守鄭仲明，仲明尋爲城人所殺。韶因亂與乳母相失，遂與仲明兄子僧副避難，路中賊逼僧副，恐不免，因令韶下馬，僧副謂客曰：「窮鳥投入，尚或矜愍。況諸王如何棄乎？」僧副舉刃逼之，客乃退。韶逢一老母，姓程，哀之，隱於私家十餘日。莊帝訪而獲焉。襲封彭城王。《孝莊紀》：永安元年十一月戊午，以無上王世子韶爲彭城王。又《孝靜紀》：興和三年十一月丙戌，以開府、儀同三司、彭城王韶爲太尉，四年四月乙酉爲録尚書事。《齊書韶傳》亦作「歷位太尉、侍中，録尚書事、司州牧，進太傅。」又《北史》：齊天保元年降爵爲縣公。韶性行温裕，以高氏壻頗膺時寵，能自謙退，臨人有慧政，好儒學，禮致才彦，愛林泉，修第宅華而不侈。文宣嘗剃韶鬚髯，加以粉黛，衣婦人服以自隨。曰：「以彭城爲嬪御，譏元氏微弱，比之女婦。」十年，太史奏曰：「今年當除舊布新。」文宣謂韶曰：「漢光武何故中興？」韶曰：「爲誅諸劉不盡。」於是乃誅諸元以厭之。遂以五月誅元氏哲景武等二十五家，餘十九家並禁止之。韶幽於京畿地牢，絶食，啗衣袖而死。及七月，大誅元氏，自昭成以下並無遺焉。或父祖爲王，或身當貴顯，或兄弟强壯，皆斬東市。其嬰兒投於空中，承之以矟。前後死者凡七百二十一人，悉投屍漳水。剖魚者多得爪甲，都下爲之久不食魚。世哲從弟黄頭，使與諸囚自金鳳臺各乘紙以飛鵄，黄頭獨能至紫陌乃墜，仍付御史獄畢義雲，餓殺之。齊受禪，爵例降。

韶弟襲，字世紹。武定初，封武安王，《孝静紀》襲受封在武定元年四月。邑一千户。武定末，中書侍郎。齊受禪，爵例降。

劭兄子直，字方言。少知名，爲清河文獻王所賞愛。起家除散騎侍郎，轉中書侍郎。後除通直散騎常侍，遷給事黄門侍郎。靈太后詔曰：「故太師、彭城武宣王道隆德盛，功高微管，協契先朝，導揚末命。扶痾濟難，效漢北之誠；送往奉居，盡魯南之節。宗社賴之以安，皇基由之永固。而謙光守約，屢撝增邑之賞；辭多受少，終保初錫之封。非所謂追舊報恩、念勳酬德者也。可以前後所封户，別封三子爲縣公，食邑各一千户，庶以少慰仁魂，微申朝典。」子直封真定縣開國公。出爲冠軍將軍、梁州刺史。未幾遇患，優游南鄭，無他政績。徵還京師，病卒。贈散騎常侍、安南將軍、都官尚書、冀州刺史。《元子直墓誌》：正光五年四月十二日，薨於第，贈使持節、散騎常侍、安南將軍、都官尚書、冀州刺史。謚曰穆公。孝莊踐阼，追封陳留王，邑二千户，贈假黃鉞、太師、大司馬、太尉，加前後部羽葆鼓吹。

子寬，字思猛，襲王爵。《孝莊紀》寬襲陳留王在永安元年十一月戊午。除散騎常侍、平南將軍。尋除侍中、撫軍將軍。永安三年，尒朱兆害之於晉陽。無後，國除。出帝初，追贈使持節、散騎常侍、都督青齊濟三州諸軍事、衛大將軍、青州刺史，重贈司徒公。

弟剛，字金明。莊帝初，封浮陽王，邑千户。《孝莊紀》剛受封在永安元年十一月戊午。武定末，宗正少卿。齊受禪，爵例降。

剛弟質，莊帝初，林慮王，邑千户。永安三年薨。《元文墓誌》：王諱文，字思質。陳留王之弟三子，永安二年封林慮郡王，食邑一千户。九歲薨於第。《孝莊紀》作「永安元年十一月戊午，封林慮公」。出帝時，贈車騎大將軍、左光禄大夫、儀同三司。

劭弟子正，《彭城武宣王妃李墓誌》作「子正，字休度」。美貌，性寬和。肅宗初，封霸城縣公，邑一千户。歷散騎侍郎、太常少卿。莊帝即位，除尚書令，封始平王。與兄劭俱遇害。贈假黃鉞、侍中、都督中外諸軍事、大將軍、録尚書事、相，王如故，鸞輅九旒、黃屋左纛、前後部羽葆鼓吹、虎賁班劍一百人，謚曰貞。

子欽，字世道，襲。武定中，散騎侍郎。齊受禪，爵例降。

史臣曰：武宣王孝以爲質，忠而樹行，文謀武略，自得懷抱，綢繆太和之世，豈徒然哉！至夫在安處危之操，送往事居之節，周旦匪他之義，霍光異姓之誠，事兼之矣。功高震主，德隆動俗，閑言一入，卒不全志。《北史》作「生」。嗚呼！周成、漢昭亦未易遇也。

魏書宗室傳注卷十二

孝文五王列傳第十　魏書二十二

廢太子　京兆王　清河王
廣平王　汝南王

孝文皇帝七男。林皇后生廢太子恂。文昭皇后生宣武皇帝、廣平文穆王懷。袁貴人生京兆王愉。羅夫人生清河文獻王懌、汝南文宣王悦。鄭充華生皇子恌，未封，早夭。《世宗紀》：景明元年四月己亥，皇弟恌薨。又《北史》：皇子恌年七歲，景明元年薨。就斂於華林東間堂，葬于文昭皇后陵東。後以增廣文昭后墳塋，徙窆北岡。

廢太子庶人恂，字元道。生而母死，文明太后撫視之，親置左右。年四歲，太皇太后親爲立名恂，字元道，於是大赦。太和十七年七月癸丑，立恂爲皇太子。及冠恂於廟，高祖臨光極東堂，引恂入見，誡以冠義曰：「夫冠禮表之百代，所以正容體，齊顔色，順辭令。容體正，顔色齊，辭令順；故能正君臣，親父子，和長幼。然母見必拜，兄弟必敬，責以成人之禮。字汝元道，所寄不輕。汝當尋名求義，以順吾旨。」二十年，改字宣道。

遷洛，詔恂詣代都。其進止儀禮，高祖皆爲定。及恂入辭，高祖曰：「今汝不應向代，但太師薨於恒壤，朕既居皇極之重，不容輕赴舅氏之喪，欲使汝展哀舅氏，拜汝母墓，一寫爲子之情。汝至彼，太師事畢後日，宜一拜山陵。拜訖，汝族祖南安可一就問訊。在途，當温讀經籍。今日親見吾也。」後高祖每歲征幸，恂常留守，主執廟祀。

恂不好書學，體貌肥大，深忌河、洛暑熱，意每追樂北方。中庶子高道悦數苦言致諫，恂甚銜之。高祖幸崧岳，恂留守金墉，於西掖門内與左右謀，欲召牧馬輕騎奔代，手刃道悦於禁中。領軍元儼《北史》作「徽」。勒門防遏，夜得寧静。厥明，尚書陸琇馳啓高祖於南，高祖聞之駭惋，外寢其事，仍至汴口而還。引恂數罪，與咸陽王禧等親杖恂，又令禧等更代百餘下，扶曳出外，不起者月餘。拘於城西别館。引見羣臣於清徽堂，議廢之。司空、太子太傅穆亮、尚書僕射、少保李沖，並免冠稽首而謝。高祖曰：「卿所謝者私也，我所議者國也。古人有言，大義滅親。今恂欲違父背尊，跨據恒、朔。天下未有無父國，何其包藏，心與身俱。此小兒今日不滅，乃是國家之大禍，脱待我無後，恐有永嘉之亂。」乃廢爲庶人，置之河陽，以兵守之，服食所供，粗免飢寒而已。恂在困躓，頗知咎悔，恒讀佛經，禮拜歸心於善。

高祖幸代，遂如長安。中尉李彪承間密表，告恂復與左右謀逆。高祖在長安，使中書侍郎邢巒與咸陽王禧奉詔齎椒酒詣河陽，賜恂死，時年十五。殮以粗棺常服，瘞於河陽城。二十二年冬，御史臺令史龍文觀坐法當死，告廷尉，稱恂前被攝左右之日，有手書自理不知狀，而中尉李彪、侍御史賈尚寢不爲聞。賈坐繫廷尉。時彪免歸，高祖在鄴，尚書表收彪赴洛，會赦，遂不窮其本末。賈尚出繫，暴病數日死。

初，高祖將爲恂娶司徒馮誕長女，以女幼，待年長。先爲娉彭城劉長文、滎陽鄭懿女爲左右孺子，時恂年十三四。高祖泛舟天淵池，謂郭祚、崔光、宋弁曰：「人生須自放，不可終朝讀書。我欲使恂旦出省經傳，食後還内，晡時復出，日夕而罷。卿等以爲何如？」光曰：「孔子稱『血氣未定，戒之在色』，《傳》曰『晝以訪事，夜以安身』。太子以幼年涉學之日，不宜於正晝之時，捨書御内，又非所以安柔弱之體，固永年之命。」高祖以光言爲然，乃不令恂晝入内。無子。

京兆王愉，字宣德。太和二十一年封。拜都督、徐州刺史，以彭城王中軍府長史盧陽烏兼長史，州事巨細，委之陽烏。世宗初，爲護軍將軍。世宗留愛諸弟，愉等常出入宫掖，晨昏寢處，若家人焉。世宗每日華林戲射，衣衫騎從，往來無間。遷中書監。

世宗爲納順皇后妹爲妃，而不見禮答。愉在徐州，納妾李氏，本姓楊，東郡人，夜聞其歌，悦之，遂被寵嬖。罷州還京，欲進貴之，託右中郎將趙郡李恃顯爲之養父，就之禮逆，《北史》作「迎」。產子寶月。順皇后召李入宫，毁擊之，彊令爲尼於内，以子付妃養之。歲餘，后父于勁以后久無所誕，乃上表勸廣嬪侍。因令后歸李於愉，舊愛更甚。

愉好文章，頗著詩賦。時引才人宋世景、李神儁、祖瑩、邢晏、王遵業、張始均等共申宴喜，招四方儒學賓客嚴懷真等數十人，館而禮之。所得穀帛，率多散施。又崇信佛道，用度常至不接。與弟廣平王懷頗相夸尚，競慕奢麗，貪縱不法。於是世宗攝愉禁中推案，杖愉五十，出爲冀州刺史。

始愉自以職求侍要，既勢劣二弟，潛懷愧恨，頗見言色。又以幸妾屢被頓辱，内外離抑。及在州謀逆，愉遂殺長史羊靈引及司馬李遵，稱得清河王密疏，云高肇謀殺害主上。於是遂爲壇於信都之南，柴燎告天，即皇帝位。赦天下，號建平元年，立李氏爲皇后。世宗詔尚書李平討愉。愉出拒王師，頻敗，遂嬰城自守。愉知事窮，攜李及四子數十騎出門，諸軍追之，見執以送。詔徵赴京師，申以家人之訓。愉每止宿亭傳，必攜李手，盡其私情。雖鏁縶之中，飲食自若，略無愧懼之色。至野王，愉語人曰：「雖主上慈深，不忍殺我，吾亦何面目見於至尊！」於是歔欷流涕，絶氣而死，年二十一。或云高肇令人殺之。斂以小棺，瘞之。諸子至洛，皆赦之。後靈太后令愉之四子皆附屬籍，《肅宗紀》：熙平二年八月庚子，詔咸陽、京兆二王子女還附屬籍。追封愉臨洮王。《肅宗紀》：正光四年二月壬申，追封京兆王愉爲臨洮王，以禮加葬。子寶月襲。《孝静紀》：武定元年三月戊申，齊獻武王討黑獺，戰於邙山，大破之，擒寶炬兄子臨洮王森、蜀郡王榮宗、江夏王昇、鉅鹿王闡、譙郡王亮。案：愉四子，森襲臨洮王，當是寶月子，餘四人不知誰子。附記於此，以俟考。乃改葬父母，追服三年。

寶月弟寶炬，輕躁薄行，耽淫酒色。孝莊時，特封南陽王。從出帝没於關西。宇文黑獺害出帝，寶炬乃僭大號。《孝莊紀》：永安三年十月癸卯朔，封安南將軍、大鴻臚卿元寶炬爲南陽王。《前廢帝紀》：普泰元年三月庚辰，侍中、衛將軍、尚書左僕射、南陽王寶炬進儀同三司。《出帝紀》：太昌元年五月丙申，以寶炬爲太尉公。六月丁卯，太尉公、司州牧、南陽王寶炬坐事降爲驃騎大將軍，開府王如故。歸第。七月庚子，以寶炬爲太尉公。永熙二年三月丁巳，以寶炬爲太尉、開府、尚書令。《孝静紀》：天平元年閏月，寶炬僭尊號。《北史·文皇帝紀》：帝正始初坐父愉罪，兄弟皆幽宗正寺，及宣武崩，乃得雪。正光中，拜直閤將軍。時胡太后多嬖寵，帝與明帝謀誅之。事泄，免官。武泰中，封邵縣侯。《傳》並失書。

清河王懌，字宣仁。幼而敏慧，美姿貌，高祖愛之。彭城王勰甚器異之，並曰：「此兒風神外偉，黄中内潤，若天假之年，比《二南》矣。」博涉經史，兼綜羣言，有文才，善談理，寬仁容裕，喜怒不形於色。太和二十一年封。《北史》作「太和二年封」，誤。世宗初，拜侍中，轉尚書僕射。《世宗紀》：延昌元年正月丙辰，以光禄大夫、清河王懌爲司空。《傳》失書。

懌才長從政，明於斷決，剖判衆務，甚有聲名。司空高肇以帝舅寵任，既擅威權，謀去良宗，屢懵懌及愉等。愉不勝其忿怒，遂舉逆冀州。因愉之逆，又構殺勰。懌恐不免。肇又録囚徒，以立私惠。懌因侍宴酒酣，乃謂肇曰：「天子兄弟，詎有幾人，而炎炎不息。昔王莽頭禿，亦藉渭陽之資，遂篡漢室，今君曲形見矣，恐復終成亂階。」又言於世宗曰：「臣聞唯器與名，不可以假人。是故季氏旅泰，宣尼以爲深譏；仲叔軒懸，丘明以爲至誡。諒以天尊地卑，君臣道别，宜杜漸防萌，無相僭越。至於減膳録囚，人君之事，今乃司徒行之，詎是人臣之義？且陛下修政教，解獄訟，則時雨可降，玉燭知和，何使明君失之於上，姦臣竊之於下。長亂之基，於此在矣。」世宗笑而不應。

肅宗初，《北史》作「孝明熙平初」。遷太尉，《肅宗紀》：延昌四年二月癸未，以司空懌爲司徒，八月己丑進位太傅、領太尉。侍中如故。詔懌裁門下之事。又典經義注。時有沙門惠憐者，自云呪水飲人，能差諸病。病人就之者，日有千數。靈太后詔給衣食，事力優重，使於城西之南治療百姓病。懌表諫曰：「臣聞律深惑衆之科，禮絶妖淫之禁，皆所以大明居正，防遏姦邪。昔在漢末，有張角者，亦以此術熒惑當時。論其所行，與今不異。遂能詃誘生人，致黄巾之禍，天下塗炭數十年間，角之由也。昔新垣姦，不登於明堂；五利僥，終嬰於顯戮。」

靈太后以懌肅宗懿叔，德先具瞻，委以朝政，事擬周、霍。懌竭力匡輔，以天下爲己任。領軍元叉，太后之妹夫也，恃寵驕盈。懌裁之以法，每抑黜之，爲叉所疾。又黨人通直郎宗準愛希叉旨，告懌謀反，禁懌門下，訊問左右及朝貴，貴人分明，乃得雪釋焉。懌以忠而獲謗，乃鳩集昔忠烈之士，爲《顯忠録》二十卷，以見意焉。

正光元年七月，叉與劉騰逼肅宗於顯陽殿，閉靈太后於後宫，囚懌於門下省，誣懌罪狀，遂害之，時年三十四。朝野貴賤，知與不知，含悲喪氣，驚振遠近。夷人在京，及歸，聞懌之喪，爲之劈面者數百人。《肅宗紀》：正光四年二月壬申，追復清河王懌爲范陽王，以禮加葬。八月癸未，追復故范陽王懌爲清河王。《傳》失書。

廣平王懷。闕。《世宗紀》：延昌元年正月丙辰，司州牧、廣平王懷進號驃騎大將軍、儀同三司。《肅宗紀》：延昌四年二月癸未，以驃騎大將軍、廣平王懷爲司空，八月己丑，爲太保領司徒。熙平二年三月丁亥薨。此懷歷官之見《本紀》者。懷子嗣王悌、范陽王誨，近年均有《墓誌》出洛陽。《悌誌》載：考懷，字宣義。侍中、使持節、都督中外諸軍事、司州牧、太尉公、黄鉞大將軍。廣平武穆王殆薨後追贈。《范陽王誨誌》亦稱「廣平武穆王之子知懷」，謚武穆也。《孝莊紀》：武泰元年四月丁亥，尒朱榮所害諸王公中，有廣平王悌，他無事實可考。《肅宗紀》：孝昌二年正月庚戌，封廣平王懷庶長子、太常少卿誨爲范陽王。《孝莊紀》：永安三年十二月甲辰，尒朱兆殺左僕射、范陽王誨。知誨爲懷庶長子，兹節録二《誌》，以補史文之闕。有魏諸王，召入華林別館，禁其出入，令四門博士董徵授以經傳。《董徵傳》：世宗詔徵，教授京兆、清河、廣平、汝南四王。世宗崩，乃得歸。

汝南王悦，好讀佛經，覽書史。爲性不倫，俶儻難測。《悦傳》亦闕前半。《肅宗紀》：熙平二年四月戊申，以特進汝南王悦爲中書監、儀同三司。七月乙亥，坐殺人免官，以王還第。神龜元年正月乙酉，拜儀同三司。正光元年十月乙卯，以驃騎大將軍、儀同三司、汝南王悦爲太尉公。四年九月丁酉，詔悦入居門下，與丞相、高陽王雍參決尚書奏事，十二月遷太保。孝昌二年正月壬子，領太尉。《孝莊紀》：建義元年四月，南奔蕭衍。悦妃閭氏，即東海公之女也，生一子，不見禮答。有崔延夏者，以左道與悦遊，合服仙藥松朮之屬。時輕(與)〔輿〕出採芝，宿於城外小人之所。遂斷酒肉粟稻，唯食麥飯。又絶房中而更好男色。輕忿妃妾，至加捶撻，同之婢使。悦之出也，妃住於別第。靈太后勑檢問之，引入，窮悦事故。妃病杖伏床蓐，瘡尚未愈。太后因悦之杖妃，乃下令禁斷。令諸親王及三蕃，其有正妃疾患百日已上，皆遣奏聞。若有猶行捶撻，就削封位。

及清河王懌爲元叉所害，悦了無讎恨之意，乃以桑落酒候伺之，盡其私佞。叉大喜，以悦爲侍中、太尉。臨拜日，就懌子亶求懌服玩之物，不時稱旨。乃召亶，杖之百下。亶居廬未葬，形氣羸弱，暴加威撻，殆至不濟。闕。仍呼阿兒，親自循撫。闕。悦爲大剉碓置於州門，盜者便欲斬其手。時人懼其無常，能行異事，姦偷畏之而甦息。

及尒朱榮舉兵向洛。既憶入間。疑。俄而聞榮肆毒於河陰，遂南奔蕭衍。衍立爲魏主。號年更興。衍遣其將軍王僧辯送置於境上，以覬侵逼。

及齊獻武王既誅榮，以悦高祖子，宜承大業，乃令人示意。悦既至，清狂如故，動爲罪失，不可扶持，乃止。出帝初，除大司馬。卒。《出帝紀》：太昌元年十二月丁亥，殺大司馬、汝南王悦。《孝静紀》：天平二年七月甲戌，以汝南王悦孫綽爲琅邪王。又《北史》：孝武初，除大司馬、開府。孝武以廣陵頗有德望，以悦屬尊地近，内懷畏忌，故前後害之。贈假黄鉞、太師、司州牧、大司馬、王如故。謚曰文宣。子穎與父俱奔梁。遂卒於江左。

魏宗室世系表

北魏拓跋氏，孝文皇帝更爲元氏。其先出於黄帝之子昌意，昌意少子受封北土，國有大鮮卑山，因以爲號。其後，世爲君長。黄帝以土德王，北俗謂土爲拓，謂后爲跋，故以氏焉。其裔始均仕堯有功，舜命爲田祖。積六十七代，至成皇帝毛立，統國三十六，大姓九十九，威振北方。成帝崩，節皇帝貸立。節帝崩，莊皇帝觀立。莊帝崩，明皇帝樓立。明帝崩，安皇帝越立。安帝崩，宣皇帝推寅立，南遷大澤。宣帝崩，景皇帝利立。景帝崩，元皇帝俟立。元帝崩，和皇帝肆立。和帝崩，定皇帝機立。定帝崩，僖皇帝蓋立。僖帝崩，威皇帝儈立。威帝崩，獻皇帝鄰立。獻帝年老，以位授子聖武皇帝詰汾，始出居匈奴故地。聖武崩，子神元皇帝力微立。即位之三十九年，遷於定襄之盛樂，與晉和親。

一世	**始祖神元皇帝力微** 在位五十八年，年一百四歲，崩。子悉鹿立。	
二世	**太子沙漠汗** 爲質於晉，還國被殺，追謚文皇帝。	
三世	**桓帝猗㐌** 居代郡之參合陂。	
四世	**普根** 穆帝遇弒。普根討六修，滅之而自立，月餘薨。其子始生，桓帝后立之。又薨。思帝子鬱律立。	**惠帝賀傉** 在位五年，崩。弟紇那立。
五世		
六世		
七世		
八世		
九世		
十世		

續表

世		
一世		
二世		
三世		
四世	**煬帝紇那** 在位三年，遷於大寧。時平文長子烈帝居於賀蘭部。帝求之，不遣，爲賀蘭所敗，出居於宇文部。賀蘭及諸部大人共立烈帝。	
五世		**曲陽侯延** 幽州刺史，左遷上谷太守。
六世		
七世		
八世		
九世		
十世		

續表

世				
一世				
二世				
三世			**穆帝猗盧** 昭帝崩。復合三部爲一。始居定襄之盛樂，爲北都。修平城，以爲南都。晉封帝爲代王。在位九年，長子六修弒之。	
四世			**六修**	**比延**
五世	**順陽簡公郁** 殿中尚書，贈順陽王。	**宜都王目辰** 雍州刺史。以上三人並桓帝之後，世次不可考，附録於此。		
六世				
七世				
八世				
九世				
十世				

續表

世					
一世					
二世					
三世	**藍** 早卒。	**思皇帝弗** 立一年薨。神元子禄官立。			
四世		**平文皇帝鬱律** 在位五年，桓帝后弑之，而立其中子賀傉。			
五世		**烈皇帝翳槐** 立七年，煬帝自宇文部還入，諸部大人復奉之。立三年，石虎納烈帝於大寧，煬帝復出居於慕容部。烈帝復位一年崩。弟什翼犍立。			
六世		**謂** 武衛將軍。			
七世		**烏真** 鉅鹿太守。			
八世		**興都** 河間太守、欒城宣侯。			
九世		**提** 襄侯。	**新興公丕** 封東陽王，例降爲平陽公，改封新興太傅、録尚書事，後爲三老，謚曰平。		
十世			**隆**	**乙升**	**超** / **儁** 新安縣男。 / **邕** 涇縣男。

續　表

世次				
一世				
二世				
三世				
四世				
五世				
六世				
七世				
八世	**淮陵烈侯大頭** 烈帝曾孫，寧北將軍，贈高平公。			
九世		**河間敬公齊** 內都大官，烈帝玄孫。		**扶風公處真** 烈帝之後，世次無考，殿中尚書。
十世		**陵** 襲公。	**蘭** 建陽子，武川鎮將。	

續表

一世						
二世						
三世						
四世						
五世	**昭成皇帝什翼犍**在位三十九年，爲庶長子寔君所弑，年五十七。					
六世	**寔君**	**太子寔**追謚獻明皇帝。				
七世		**太祖道武皇帝珪**				
八世	**勿期**林慮侯、定州刺史。	**太宗明元皇帝嗣**				
九世	**六狀**真定侯。	**世祖太武皇帝燾**字佛貍。				
十世		**景穆太子晃**文成即位，追謚恭宗、景穆皇帝。	**晉王伏羅**車騎大將軍。	**東平王翰**侍中、中軍大將軍。	**臨淮宣王譚**侍中。	**廣陽簡王建**

續表

世							
一世							
二世							
三世							
四世							
五世							
六世							
七世							
八世							
九世		**樂平戾王丕** 車騎大將軍。	**安定殤王彌**	**樂安王範** 長安鎮都大將。	**永昌莊王健**	**建寧王崇** 輔國將軍。	**新興王俊** 削爵爲公。
十世	**南安隱王余**	**嗣王拔**		**簡王良** 內都大官。	**嗣王仁**	**濟南王麗** 父在，別封濟南。	

續表

世次				
一世				
二世				
三世				
四世				
五世				
六世				
七世				
八世	**清河王紹**字受洛拔。	**陽平王熙**		
九世		**淮南靖王佗**襲王，改封淮南。司徒。		**牂牁公比陵**司空、安遠將軍、懷荒鎮大將。
十世		**世子吐万**早卒。贈冠軍、并州刺史。《晉陽順侯元顯墓誌》作「父萬」，不作「吐萬」。	**鍾葵篤**字阿成，幽州刺史，謚曰貞。	**天琚**襲，降爲侯。夏州刺史。

續表

一世	二世	三世	四世	五世	六世	七世	八世	九世	十世
							河南王曜	**武昌成王提** 襲王，改封潁川，又改封武昌。統萬鎮都大將。	**簡王平原** 雍州刺史。
							河間王修	**略陽王羯兒** 以河南王曜子繼，改封略陽。征西大將軍。	
							長樂王處文		
							廣平王連	**南平康王渾** 以陽平王子繼，改封南平。涼州鎮將。	**安王霄** 左光祿大夫。《魏書》初名飛龍，《北史》作「初名飛」。

續表

世					
一世					
二世					
三世					
四世					
五世					
六世			**秦明王翰**		
七世			**衛王儀** 丞相。		
八世	**京兆王黎**		**中山簡王纂** 內大將軍。	**南陽王良**	**新蔡昭公幹** 都官尚書。
九世	**江陽王吐根** 襲王，改封江陽。平北將軍。《魏書》作「根」，不作「吐根」。			**嗣王意文**	**沛簡公禎** 都牧尚書。
十世	**武烈王繼** 字世仁。以南平王渾子繼，徙封京兆，復封江陽。太師、司州牧。	**羅侯** 昌平太守。		**嗣王伏真**	**瑞** 字天賜。大中大夫。

續　表

一世	二世	三世	四世	五世	六世	七世	八世	九世	十世
						陰平熹王烈	**嗣王袞**《北史》作「求」。		
							道子 下大夫。	**洛** 羽林幢將。	**乞** 中散大夫。
						秦愍王觚	**豫章王夔**		
					閼婆				
					壽鳩	**常山王遵** 州牧。	**康王素** 內都大官。	**可悉陵** 暨陽子。中軍都將。	
								嗣王陪斤	**昭** 字幼明，小字阿倪。征西將軍，贈冀州刺史。

續表

世				
一世				
二世				
三世				
四世				
五世				
六世				
七世				
八世				
九世		**城陽宣公忠** 侍中、鎮西將軍。		
十世	**紹** 字醜倫。涼州刺史。	**盛** 字始興。襲公。謁者僕射。	**壽興** 一名景。徐州刺史。案《隋太僕元公墓誌》作「昺」、作「景」者，避唐諱改。	**暉** 字景襲。尚書左僕射，謚文憲。案《北史》作「德子」。

續表

世次					
一世					
二世					
三世					
四世					
五世					
六世					**紇根**
七世					**蒲城侯顗**
八世					**隴西定公崙** 襲侯，進封公。秦州刺史。
九世		**河間公德** 鎮南將軍。	**晉陽公贊** 尚書左僕射。	**淑** 字買仁。平城鎮將。	**琛** 襲公。
十世	**益生**	**悝** 光州刺史。		**馮翊穆王季海** 字元泉。司空。	

續表

世						
一世						
二世						
三世						
四世						
五世						
六世						**地干**
七世	**陳留桓王虔**					**毗陵王順** 司隸校尉。
八世	**朱提王悅** 侍中、宗師。	**嗣陳留景王崇** 并州刺史。				
九世		**建** 襲爵。降爲公。懷荒鎮大將。				
十世		**琛** 恒、朔二州刺史。	**祚** 字龍壽。建弟子。襲陳留公。河州刺史。	**永** 代郡公。	**种**	

續表

一世	二世	三世	四世	五世	六世	七世	八世	九世	十世
					力真	**遼西公意烈** 廣平太守。	**拔干** 武遂子。平原鎮將，謚靈公。	**受洛** 襲子。進封武邑公。	**叱奴** 武川鎮將。
						彭城公勃 《唐書》名「意勤」。	**粟** 襲公。進封王。		
							渾 宰官尚書。	**陽豐公庫汗** 殿中給事。	**古辰** 襲公。
					窟咄				
				屈					
				高涼神武王孤	**斤**	**平陽王樂真** 襲祖爵。改封平陽。	**高涼懿王禮** 仍復本封。	**嗣王那** 中都大官。	**嗣王紘**

續表

一世	二世	三世	四世	五世	六世	七世	八世	九世	十世
							陵 襄邑子。	**瓌** 柔玄鎮司馬。	**華山王鷙** 字孔雀。侍中、大司馬。
						松滋侯度 孤之孫。比部尚書。	**乙斤** 襲爵。改封襄陽侯。外都大官。	**平** 字楚國。襲松滋侯。	**萇** 襲侯。例降艾陵伯。雍州刺史，謚曰成。
									珍 字金雀。尚書左僕射、艾陵男。
								長生 游擊將軍。	**上黨王天穆** 太宰。

續表

一世				
二世				
三世				
四世				
五世				
六世				
七世	**西河公敦** 平文皇帝曾孫。中都大官。		**吉陽男比干** 道武族弟。南道都將。	**江夏公呂** 道武族弟。外都大官。
八世	**撥** 襲公。	**司徒石** 平文皇帝玄孫。華州刺史。		
九世				
十世				

續表

一世	二世	三世	四世	五世	六世	七世	八世	九世	十世
	章皇帝悉鹿 在位九年，崩。弟綽立。			**武陵侯因**					
				長樂王壽樂 太宰、録尚書事。二人並章帝之後，世次無考。					
	平皇帝綽 在位七年，崩。文皇帝少子思皇帝立。								
	昭帝祿官 分國爲三部，與文帝子猗㐌、猗盧分統之。在位十三年，崩。			**望都公頹** 昭帝之後，世次無考。					

續表

世次				
一世				
二世				
三世				
四世	**上谷公紇羅** 神元皇帝曾孫。	**建** 紇羅之弟。		
五世	**襄城王題**		**建德公嬰文**	**真定侯陸** 二人並神元之後，世次無考。
六世	**悉** 襲爵。降封襄陽公。			
七世				
八世				**軌** 字法寄。徐州刺史。
九世				
十世				

十世	十一世	十二世	十三世	十四世	十五世	十六世	十七世
蘭	志 字猛略。建忠伯、雍州刺史。						
景穆太子晃	高宗文成皇帝濬	顯祖獻文皇帝弘	高祖孝文皇帝宏	廢太子恂 字元道。			
				世宗宣武皇帝恪	皇子昌		
					肅宗孝明皇帝詡		
				京兆王愉 字宣德。冀州刺史，追改臨洮王。	嗣王寶暉	幼主釗	
					嗣王寶月		
						嗣王森	
						蜀郡王榮宗	
						江夏王昇	

續表

世								
十世								
十一世								
十二世								
十三世								
十四世								
十五世			**文皇帝寶炬** 初封南陽王。					
十六世	**鉅鹿王闡**	**譙郡王亮** 此五人《孝静紀》云寶炬兄子，附此待考。	**廢帝欽**	**儉**	**趙王寧**	**恭皇帝廓**	**燕王儒**	**吳王公**
十七世								

續表

十世	十一世	十二世	十三世	十四世	十五世	十六世	十七世
						突 見《孝静紀》。	
				清河文獻王懌 字宣仁。太尉、侍中。	**文宣王亶** 司徒。	**宜陽孝武王景植** 名寶建。驃騎大將軍、開府儀同三司。	
						孝静皇帝善見 清河世子。	**太子長仁**
						清河王威	
						潁川王謙	
				廣平武穆王懷 字宣義。	**范陽文景王誨** 尚書左僕射。		

續表

世次							
十世							
十一世							
十二世							
十三世						**咸陽王禧** 字永壽。太保、領太尉。《北史》作「字思永」。	
十四世			**汝南文宣王悅** 侍中、大司馬。		**皇子恌**	**通** 字曇和。	**翼** 字仲和。出奔梁，封咸陽王，青、冀二州刺史。
十五世	**文懿王悌** 字孝睦。大鴻臚卿。	**孝武皇帝修** 字孝則。初封平陽王。	**穎**				
十六世	**嗣王贊** 侍中、驃騎大將軍。			**琅邪王綽**			
十七世							

續表

十世	十一世	十二世	十三世	十四世	十五世	十六世	十七世
				顯和奔梁，卒於江南。			
				昌			
				樹字秀和。宗正卿，出奔梁，封鄴王，郢州刺史。	**貞**梁太子舍人。		
				暉字世茂，奔梁，封桑乾王。			
				嗣王坦一名穆，字延和。太師。	**世寶**		

續　表

十世	十一世	十二世	十三世	十四世	十五世	十六世	十七世
				太原王昶 儀同三司。	**嗣王善慧**		
			趙郡靈王幹 字思直。司州牧。	**孝懿王諶** 字興伯。弟謐卒，襲父爵。大司馬。	**嗣王煒**		
				貞景王謐 都官尚書、司州牧。	**宣恭王毓** 字子春。通直散騎常侍。		
					平昌王寘 字景融。		
				譚 秦州刺史。			
				讞 大中大夫、平鄉男。	**景暄** 直閤將軍。		

十世	十一世	十二世	十三世	十四世	十五世	十六世	十七世
				讓 字安國。羽林監，謚宣公。			
			廣陵惠王羽 字叔翻。司空。	**容王欣** 字慶樂。大丞相、柱國、大將軍。			
				節閔帝恭 字修業。初襲封廣陵王。	**勃海王子恕** 後改封沛郡。		
				高密王永業			
			高陽文穆王雍 字思穆。丞相。	**文孝王泰** 字昌。太常卿。	**嗣王斌** 字善集。太常卿。《齊書・本傳》作「字善積」。		

續表

十世	十一世	十二世	十三世	十四世	十五世	十六世	十七世
				端 字宣雅。安(得)(德)縣公、都官尚書。	**峻** 襲。齊受禪，爵除。		
				濟北郡王叡 字子哲。光禄少卿。	**嗣王徽** 通直郎。		
				昌樂文獻王誕 字文發。司州牧。		**嗣王子亮** 以高陽王斌子繼。	
				勒叉 陽平伯。			
				亘 濮陽伯。			
				伏陀 武陽伯。			

續表

十世	十一世	十二世	十三世	十四世	十五世	十六世	十七世
				彌陀 新陽伯。			
				僧育 頓邱伯。			
				居羅 衛縣伯。			
			彭城武宣王勰 字彥和。太師、侍中。	**嗣王劭** 字子訥。青州刺史、御史中尉。莊帝尊爲無上王。《宣武王妃墓誌》作「名子訥，字令言」。	**嗣王韶** 字世胄。司州牧。		
					武安王襲 字世紹。中書侍郎。		
				敬宗孝莊皇帝子攸 字彥遠。			

續表

十世	十一世	十二世	十三世	十四世	十五世	十六世	十七世
				始平王子正 字休度。太常少卿。	**嗣王欽** 字世道。散騎侍郎。		
				陳留王子直 字方言。初封真定公，孝莊時追王。梁州刺史，謚曰穆。《元子直誌》作官梁州刺史。正光中，追贈冀州刺史，謚曰穆。不言封陳留王。	**嗣王寬** 字思猛。侍中、撫軍將軍。		
					浮陽王剛 宗正少卿。		
					林慮哀王質 贈車騎大將軍，儀同三司。《墓誌》作「諱文，字思質」。		

續表

十世				
十一世				
十二世				**安樂厲王長樂** 定州刺史。
十三世	**北海平王詳** 字季豫。司徒、侍中、録尚書事。			**武康王詮** 字休賢。尚書左僕射。
十四世	**嗣王顥** 字子明。太傅。出奔梁，梁以爲魏主。入洛稱帝，改元建武。尋爲爾朱榮所敗，走死。		**東海王頊** 字幼明。侍中。《傳》、《紀》均誤「頊」作「瑱」，又作「字寶意」。	**嗣王鑒** 字長文。相州刺史。
十五世	**冠受**	**嗣王娑羅**	**嗣王衍**	
十六世				
十七世				

續表

十世					
十一世					
十二世		**廣川莊王略** 中都大官。	**齊郡順王簡** 字叔亮。太保。		**河間孝王若** 字叔儒。
十三世		**剛王諧** 字仲和。	**敬王祐** 字伯援。涇州刺史。	**演** 字智興。衛尉少卿。	**嗣王琛** 字曇寶。以齊郡王簡子繼。秦州刺史。
十四世	**潁川武襄王斌之** 字子爽。	**悼王靈道**			
十五世					
十六世					
十七世					

續表

十世	十一世	十二世	十三世	十四世	十五世	十六世	十七世
		安豐匡王猛 字季烈。營州刺史。《王誦妻墓誌》作「安豐圉王」。	**文宣王延明** 兼大司馬。奔梁。		**嗣王長儒** 襲祖爵。		
	陽平幽王新成 内都大官。《元欽墓誌》作「哀王」。	**莊王安壽** 賜名頤。青州刺史。		**嗣王宗胤**			
		廣陵康侯衍 字安樂。雍州刺史。	**博陵王暘** 字叔暘。鴻臚。	**嗣王敏** 周儀同三司，改封南武縣公。			
			魏興王融 字叔融。殿中尚書。				
		颺 字遺興。左中郎將。					

續　表

十世	十一世	十二世	十三世	十四世	十五世	十六世	十七世
		鉅平侯欽 字思若。司空。	**義陽王子孝** 字季業。尚書令、柱國大將軍，例降爲公。	**賓** 襲公。			
	京兆康王子推 青、雍二州刺史。	**西河王太興** 守衛尉卿。	**嗣王昴** 字伯暉。	**文王悰** 字魏慶。青州刺史。《誌》作「謚文靖」。			
			順陽王仲景 幽州刺史。	**濟**			
				鍾			
				奉			
			汝陽王暹 字叔照。侍中、録尚書事，謚文獻。	**嗣王沖** 《誌》：名睟，字子沖。			

續表

十世	十一世	十二世	十三世	十四世	十五世	十六世	十七世
		遥 字太原。右光禄大夫、中護軍、饒陽男，謚宣公。《誌》作「字修遠」。					
		芝 初名恒，字景安。中書監。《紀》作「恒芝」。					
		定 字泰安。廣平内史，前河間王。					

續表

十世	十一世	十二世	十三世	十四世	十五世	十六世	十七世
	濟陰惠王小新成 外都大官。	**康王鬱** 字伏生。徐州刺史。	**文獻王弼** 字邕明。中散大夫。《齊書》本傳作「字輔宗」。《元鑽遠墓誌》作「謚文王」。	**嗣王暉業** 以世嫡，訴復王爵。齊降封美陽縣公，開府儀同三司。			
				鑽遠 字永業。廣川侯，東平原太守。			
				昭業 右光禄大夫。			
		偃 大中大夫。	**静王誕** 字曇首。襲祖爵。齊州刺史。	**撫** 字伯懿。			

續表

十世	十一世	十二世	十三世	十四世	十五世	十六世	十七世
		麗 字寶掌。尚書左僕射。	**顯和** 徐州安東府長史。				
	汝陰靈王天賜 懷朔鎮大將。	**暹** 字萬安。齊州刺史，謚威公。	**始和** 字靈光。				
			慶和 東豫州刺史。降梁。				
		汎 字普安。宗正卿、東燕縣男。					
		修義 字壽安。雍州刺史，謚文公。《墓誌》作「諱壽安，字修義」。	**安昌平王均** 開府儀同三司。	**則** 字孝規。周江陵總管。	**文都** 隋内史令、魯國公。		
				矩 字孝矩。隋涇州刺史，洵陽簡公。	**無竭** 嗣公。		

續表

世					
十世					
十一世				**樂良厲王萬壽** 征東大將軍。	**廣平殤王洛侯**
十二世			**固** 字全安。太常卿。	**康王樂平**	**濟南文貞王匡** 字建扶。以陽平王子繼，初襲爵，改封東平王、關右都督兼尚書行臺，又追改濟南。
十三世				**嗣王長命**	**嗣王獻**
十四世	**雅** 字孝方。隋集、沁二州刺史，順陽郡公。	**褒** 字孝整。隋齊郡太守，河間郡公。		**嗣王忠** 太常少卿。	**嗣王祖育**
十五世					**嗣王勒叉** 齊降爵爲公。
十六世					
十七世					

續表

十世	十一世	十二世	十三世	十四世	十五世	十六世	十七世
	任城康王雲 雍州刺史。	**文宣王澄** 字道鏡。司徒、侍中、尚書令。《魏書》作「字道鎮」，今從《北史》。	**東阿文烈公順** 字子和。尚書左僕射。	**朗** 司徒屬。			
			淑				
			悲				
			華山王紀 字子綱。尚書左僕射。				
			文王彝 字子倫。襲父封。通直散騎常侍。	**嗣王度世** 金紫光祿大夫。			
		高平剛侯嵩 字道岳。揚州刺史。	**世儁** 襲侯，改封武陽縣子。尚書令。	**景遠** 襲侯。散騎侍郎。			

世							
十世							
十一世				**南安惠王楨** 相州刺史。			
十二世			**瞻** 字道周。兗州刺史。	**中山獻武王英** 尚書僕射。			
十三世	**世賢**	**世哲** 吏部郎。	**遠** 尚書郎。	**攸** 字玄興。東宮洗馬。早卒。	**文莊王熙** 字真興。相州刺史。		
十四世					**景獻** 贈青州刺史。	**仲獻** 贈兗州刺史。	**叔獻** 贈齊州刺史。
十五世							
十六世							
十七世							

續表

世			
十世			
十一世			
十二世			
十三世		**誘** 字惠興。南秦州刺史，追封都昌伯。	**東平文貞王略** 字儁興。給事黄門侍郎。出奔梁，封中山王，衡州刺史。後還朝，封義陽王，改封東平。尚書令。
十四世	**嗣王叔仁** 通直散騎常侍。	**始伯** 襲。給事中。	**嗣王景式** 北廣平太守。《元略墓誌》作「子頑，字景式」。
十五世	**嗣王琳**		
十六世			
十七世			

續表

十世	十一世	十二世	十三世	十四世	十五世	十六世	十七世
			高唐侯纂 字紹興。出繼季叔。贈恒州刺史，謚景公。	**嗣侯子獻** 涇州司馬。			
			義興 出後叔父並洛。通直散騎常侍，追封武邑王。《墓誌》作「諱厥，字義興」。	**述** 襲爵。			
		怡 鄯善鎮將，追贈扶風王。	**魯郡王肅** 肆州刺史。	**嗣王道興** 前將軍。			

續表

世						
十世						
十一世		**城陽康王長壽** 沃野鎮都大將。妃麴氏。《墓誌》作「城陽康王元壽」。				
十二世		**多侯** 早卒。	**懷王鸑** 字宣明。定州刺史。			
十三世	**長廣王曄** 字華興，小字盆子。爾朱世隆立之，尋廢爲東海王。		**顯魏** 字光都。司徒掾。			
十四世			**崇智** 字道宗。中兵參軍。	**崇朗**	**崇仁**	**崇禮**
十五世						
十六世						
十七世						

續表

十世					
十一世					**章武敬王太洛**
十二世					**嗣王彬** 字豹兒。以南安惠王子繼。汾州刺史。
十三世	**顯恭** 字懷忠。封平陽子。晉州刺史。	**文獻王徽** 字顯順。太保、録尚書事。	**襄城王旭** 字顯和。	**虔** 字顯敬。廣都伯。	**莊武王融** 字永興。車騎將軍。
十四世	**彥昭** 襲。漁陽太守。	**嗣王延** 齊降爵爲公。《元徽墓誌》：世子須陀延。			**嗣王景哲** 開府儀同三司、侍中。
十五世					
十六世					
十七世					

續表

十世	十一世	十二世	十三世	十四世	十五世	十六世	十七世
				廢帝朗 字仲哲。後封安定王。	**安平王黃頭**		
				叔哲 中散大夫。			
				季哲 中散大夫。			
			東安王凝 字定興。濟州刺史。	**嗣王彥友** 光祿大夫。			
			湛 字鎮興。廷尉少卿，追封漁陽王。	**漁陽王俊**			
			晏 字俊興。秘書丞。				

續　表

十世	十一世	十二世	十三世	十四世	十五世	十六世	十七世
	樂陵康王胡兒《高宗紀》作「胡仁」。	**密王思譽** 以汝陰王天賜子繼。鎮北大將軍。《誌》作「諱思，字永全」。	**惠王景略** 字世彥。幽州刺史。	**嗣王霸** 字休邦。鉅鹿太守。			
			慶略 散騎常侍。	**子政** 通直散騎常侍。			
			洪略 東雍州刺史。				
			子業 平原太守。				
	安定靖王休 大司馬。	**安** 早卒。					
		嗣王燮 華州刺史。	**嗣王超** 字化生。光禄大夫，領將作大匠。	**嗣王孝景** 通直郎。			

續表

十世	十一世	十二世	十三世	十四世	十五世	十六世	十七世
			宋安懿王琰 字伏寶。	**景山** 字寶岳。隋上柱國，平原襄公。	**成壽** 襲公。西平郡通守。		
		願平 員外常侍。	**緒** 直閤將軍。	**南郡王長春** 員外散騎侍郎。			
		永平 南州刺史。					
		珍平 左將軍，司徒屬。	**叔遵** 員外散騎常侍。				
		賓平 車騎大將軍。					
東平王翰	**嗣王道符** 長安鎮都大將。						

續　表

十世	十一世	十二世	十三世	十四世	十五世	十六世	十七世
臨淮宣王譚	**嗣王提**以貪縱削爵，追封長鄉縣侯，謚曰懿。	**康王昌**字法顯，復襲祖爵。追改濟南。	**濟南文穆王彧**字文若。司徒。《誌》作「字文舉」。				
			臨淮王孝友彧卒，襲祖爵。齊降封爲縣公。				
		穎員外郎。					
		祐冀州防城都督。					
		子禮録事參軍。					

續表

十世	十一世	十二世	十三世	十四世	十五世	十六世	十七世
		扶風文簡王孚 字秀和。太傅。	**嗣王端** 華州刺史。				
廣陽簡王建	**哀王石侯**	**定王遺興**					
	懿烈王嘉 定王無子，嘉襲父爵。司徒。	**忠武王淵** 字智遠。開府儀同三司。	**文獻王湛** 字士深。太尉。	**嗣王法輪**			
			瑾 尚書祠部郎。				
樂安簡王良	**靖王緒** 字紹宗。洛州刺史。	**哀王悅** 字慶安。太尉屬。					
世子吐万	**僖王願** 散騎常侍。	**康王世遵** 定州刺史。	**嗣王敬先** 散騎常侍。	**嗣王洪宣** 光禄少卿。			

續表

十世	十一世	十二世	十三世	十四世	十五世	十六世	十七世
		均 字世平。安康縣伯，散騎常侍，平東將軍。	**忻之** 襲。北徐州刺史，謚文貞。				
			慶驚 司徒諮議參軍。				
			慶哲 司農少卿。				
		禹 郾城伯，贈雍州刺史。	**長淵** 襲。南青州長史。				
		菩薩 給事中。					
鍾葵	**法壽** 平東將軍、光祿大夫。	**慶始** 大司農丞。					

續表

十世	十一世	十二世	十三世	十四世	十五世	十六世	十七世
		慶遵 瀛州騎府司馬。					
		慶智 太尉主簿。					
	法僧 徐州刺史。出奔梁，封宋王、太尉。	**景升**					
		景隆 梁廣州刺史。					
		景仲 梁廣州刺史，枝江縣公。					
篤	**浩** 字洪達。太尉長史。						
天琚	**延伯** 襲侯。						

續　表

十世	十一世	十二世	十三世	十四世	十五世	十六世	十七世
簡王平原	**嗣王和** 字善意。以爵讓其弟鑒。鑒卒，復襲王。東郡太守。	**顯**					
		嗣王謙 字思義。征蠻都督。	**嗣王棽**				
	悼王鑒 字紹達。徐州刺史。	**伯崇** 員外郎。《魏書》作「伯宗」，茲從《北史》。					
		仲淵 蘭陵太守。					
		季偉 太尉中兵參軍。					
	榮 字瓮生。羽林監。						

續表

十世	十一世	十二世	十三世	十四世	十五世	十六世	十七世
	亮 字辟邪。羽林監。						
	馗 字道明。北華州刺史。	**禮宗**					
安王霄	**嗣王纂** 平州刺史。	**哀王伯和**	**嗣王仲冏**				
	倪 字世弼。員外散騎侍郎。	**玕** 字叔珍。大中大夫。					
武烈王繼	**叉** 字伯儁。尚書令、侍中。	**亮** 嗣祖爵。					

續　表

十世	十一世	十二世	十三世	十四世	十五世	十六世	十七世
		稚 秘書郎。奔梁，青、冀二州刺史。《北史》有舒秘書郎，殆即稚耶。	**善** 一名善任。隋國子祭酒，江陽縣公。				
	羅 字仲綱。侍中、固道郡公。						
	爽 字景哲。金紫光禄大夫，謚曰懿。	**德隆** 太子中庶子。					
	鑾 齊開府儀同三司。						

續表

十世	十一世	十二世	十三世	十四世	十五世	十六世	十七世
	爪 字景邕。給事中。						
羅侯	**景遵** 直寢、太常丞。						
	洪業 叉從弟。						
乞	**晏** 瀛州刺史。						
昭	**陳郡平王玄** 字彥道。開府儀同三司。						
盛	**北平貞懿王懋** 字伯邕。	**陟** 字景升。開府儀同三司。					

續表

世				
十世				壽興
十一世				**洛平王最** 字幹。尚書左僕射，加特進。《隋太僕元公誌》作「樂平慎王」。
十二世	**濮陽王順** 字敬叔。秦州刺史。			
十三世	**南安王偉** 字大猷。周降封淮南縣公，大將軍。	**武陵王雄**		
十四世		**胄** 隋右衛大將軍，武陵郡公。	**威**	
十五世				
十六世				
十七世				

續表

十世	十一世	十二世	十三世	十四世	十五世	十六世	十七世
暉	**弼** 字宗輔。齊左光禄大夫。						
		士將 弼弟子。齊將作大匠。					
益生	**魏郡景王毗** 字休弼。	**綽**					
悝	**嶷** 字子仲。濮陽縣伯，瀛州刺史。						
馮翊穆王季海	**嗣王亨** 字德良，一名孝才。周例降爲公，衛州刺史。						

續表

十世	十一世	十二世	十三世	十四世	十五世	十六世	十七世
	睎 常山王遵四世孫。	**文遥** 字德遠。齊東徐州刺史，寧都公。	**行恭** 隋尚書郎。				
			行如 隋著作佐郎。				
琛	**翌** 尚書左僕射。《隋元仁宗墓誌》作「尚書右僕射，晉昌王」。	**暉** 字叔平。隋魏州刺史，義寧公。	**肅** 光禄少卿。				
			仁器 日南郡丞。				
			仁宗 隋東宮右親衛。				
祚	**景皓** 襲公。						
永	**景安** 周大將軍，義寧郡公。						

續表

十世	十一世	十二世	十三世	十四世	十五世	十六世	十七世
种	**豫** 字景豫。齊東徐州刺史。						
叱奴	**洪超** 光禄大夫。						
	禎 意勁五世孫。敷州刺史。	**巖** 字君山。隋平昌郡公、河北道行臺、僕射。	**弘** 北平通守。以下見《唐書》。				
嗣王紘	**大曹** 襲爵。降封太原郡公。	**洪威** 以從子繼。潁川太守。					
華山王鷙	**嗣王大器**						

續　表

十世	十一世	十二世	十三世	十四世	十五世	十六世	十七世
襄	**子華** 字伏榮。南兖州刺史。						
	子思 字衆念。安定縣子、侍中。						
上黨王天穆	**嗣王儼**						
又道武時有文安公泥，魏之疏族也，其世次不可考。							
文安公泥 安東將軍。	**元城侯屈** 攝并州事。	**長沙公磨渾** 定州刺史。					

魏書宗室傳注校補

神元平文諸帝子孫列傳第二　魏書十四

長樂王壽樂傳注　「在興安元年十月」，「十月」改「十一月丙子」。

宜都王目辰傳注　「目辰等皆致大辟」，「目辰」上補「洛侯」二字。

穆帝長子六脩傳注　「序記穆帝九年，帝召六脩不至」，「序記」乃「序紀」之誤。

斤子真樂傳注　「《太祖紀》、《太宗紀》皆樂真」，「皆」下補「作」字。「《太祖紀》天興二年正月」下補「庚午」二字。「永興元年十二月」下補「戊戌」二字。

子那傳注　「《傳》不載那事蹟，《世宗紀》」，「世宗」乃「世祖」之誤。「慕利延遂西入于闐」，下補「國」字。「南略淮泗」下補「以北」二字。「正平元年六月，有罪賜死」下補注：「《恒州刺史行唐伯元龍墓誌》：龍，字平城。平文皇帝之六世孫。祖諱阿斗那，侍中、內都大官、都督河西諸軍事、啓府儀同三司、高梁王。父諱度和，散騎常侍、外都大官、使持節、鎮北將軍、度斤鎮大將、平舒男。龍太和之始襲平舒男，假寧朔將軍，拜奉車都尉，復假龍驤將軍、大將軍司馬。進授行唐伯，授前軍將軍、趙王府司馬。復以安遠將軍爲右軍統軍，復以驍騎將軍扈駕南討。還，加閉野將軍，除清河內使。以龍驤將軍南伐，以正始元年十月十六日薨。追贈使持節、平北將軍、恒州刺史。謚曰武侯。」「阿斗那」即《傳》之那。《傳》失書那子度和及孫龍。當據《誌》補之。

瓌子鷙傳注　「永安二年五月丁丑，進封安昌侯元鷙爲華山王」下補「並加儀同三司」六字。

孤孫度傳　「位比部尚書，卒」下補注：「《元天穆墓誌》：領軍將軍、松滋武侯之曾孫。」是度謚曰武。

子乙斤傳　「甚見優重，卒」下補注：「《元天穆墓誌》：太子瞻事、使持節、大將軍、肆州刺史、襄陽景侯之孫。是乙斤謚景，贈肆州刺史。《元珍墓誌》亦稱征南將軍、肆州刺史、襄陽公之孫。」

子平傳注　「《元珍墓誌》征南將軍」至「艾陵男」凡二十五字，全乙，改「《元珍墓誌》：輔國將軍、幽州刺史、松(茲)〔滋〕公之子。是平官輔國將軍、幽州刺史」。

子萇傳注　「《元珍墓誌》作『輔國將軍』」至「殆卒後贈官」，共三十五字全乙，改「元萇《温泉頌》稱雍州刺史、松滋公」。

子思傳注　「大字本作使」下補一「誤」字。

萇弟珍傳注　「三年五月廿二日薨」，下補「春秋四十七」。「追贈侍中、使持節、驃騎大將軍、冀州刺史」下補注：「《給事中晉陽男元孟輝墓誌》：字子明，太祖平文皇帝高凉王七世孫。祖輔國，作牧幽州。考驃騎，自侍中至車騎將軍、尚書左僕射八遷，薨，贈驃騎大將軍、冀州刺史。君其元子也。春秋十有七。神龜三年三月乙亥朔廿二日丙申終于篤恭里。是珍有子孟輝。《傳》失書。」

平弟長生傳　「以子天穆貴盛，贈司空」下補注：「《元天穆墓誌》：使持節、侍中、驃騎大將軍、司空文公、都督雍州諸軍事、雍州刺史之長子。是長生追贈司空、雍州刺史。謚曰文。《傳》

失書。」

天穆傳　「天穆」下補注：「《元天穆墓誌》：王諱天穆，字天穆。」「除并州刺史」下補注：「《元天穆墓誌》：起家員外散騎侍郎，除員外散騎常侍、嘗食典御，臺府初開，命領太尉。塞虜叩關，小胡叛命，充西北道行臺，除征虜將軍、並州刺史。除聊城縣開國伯，加安北將軍，遂假撫軍將軍兼尚書行臺。《傳》失書初封及刺並州前後歷官。」「天穆參其始謀」下補注：「《洛陽伽藍記》：榮謂并州刺史元天穆曰：『皇帝晏駕，春秋十九。海内士庶猶曰幼君。今奉未言之兒，以臨天下，而望昇平，其可得乎？吾世荷國恩，不能坐觀成敗。今欲以鐵騎五千，赴哀山陵，兼問侍臣帝崩之由。君意謂如何？』穆曰：『明公世跨并、肆，雄才傑出，部落之民，控弦一萬。若能行廢立之事，伊、霍復見今日。』榮即日共穆結異姓兄弟，穆年大，榮兄事之。榮爲盟主，穆亦拜榮。」「特除太尉，封上黨王」下補注：「《元天穆墓誌》：除太尉公，爵上黨王，食邑三千户，仍除侍中，兼領軍將軍、使持節、驃騎大將、京畿大都督。」「《孝莊紀》建義元年」下補「四月癸卯」四字。「六月天穆爲大都督東北道諸軍事」，「六月」下補「癸卯以元」四字。「詔天穆與齊獻武王討大破之」下補注：「《元天穆墓誌》：流民邢杲肆毒三齊，以王爲行臺大都督。」「詔天穆與齊獻武王討邢杲」，「詔」下補「大將軍、上黨公」六字。「戊戌，帝殺榮、天穆於明光殿」下補「《洛陽伽藍記》：九月二十五日詐言産皇子，榮、穆並入朝。莊帝手刃榮於光明殿，穆爲伏兵魯暹所殺。《元天穆墓誌》：永安三年九月二十五日，春秋四十二。暴薨於明光殿。」

司徒石傳注　「命西河公元石都督荊、豫、南雍州諸軍事」下補「給事中、京兆侯張奇爲副，出西道」。

提弟丕傳注　「又失書雍州刺史」下補「又《高祖紀》：文明太后以帝聰聖，或不利於馮氏，將謀廢帝。乃於寒月單衣閉門絶食三朝，召咸陽王禧，將立之。元丕、穆泰、李沖固諫，乃止。帝初不有憾，惟深德丕等。此事《傳》亦失書。」「恒居坐端，必抗音大言，叙別既往成敗」，「別」乃「列」之誤字。「詔曰：『中原始稱須朕營視』」，「稱」乃「構」之誤字。「非太祖子孫及異姓王者難駮於公爵」，「駮」乃「較」之誤字。「《世祖紀》：景明三年八月癸卯」，「癸卯」乃「乙卯」之誤。

河間公齊傳　「遂尅仇池」下補注：「《古弼傳》：弼等從祥郊山南入，與東道將皮豹子等討仇池，遣永安侯賀純攻義隆，塞狹道，守將姜道祖退守狹亭。諸將以山道嶮峻，時又雪深，用馬不便，皆遲留不進。弼獨進軍，使元齊、賀純等擊狹亭，道祖南走，仇池平。」

子志傳　「志言神鄉縣主普天下之」，「下之」改「之下」。「遂棄大衆奔遷歧州」，「遷」乃「還」字之誤。

扶風公處真傳注　「坐盜没軍資，所在擄掠」，「擄」改「虜」字。

子屈傳注　「東巡在永興四年七月，見《太宗紀》」，此十三字全乙，改「《太宗紀》：永興四年七月己巳朔東巡，以山陽侯奚斤、元城侯元屈行左右丞相」。「六月護澤劉逸自號征東將軍，攻建興郡」，「護」乃「濩」字之誤。「太宗以屈没失二將，欲斬之」下補注：「《太宗紀》：永興五年十月丁巳，將軍元屈、會稽公劉潔、永安侯魏勤等擊吐京叛胡失利，潔被傷，勤死之。」

子磨渾傳　「太宗得磨渾，大喜，因爲羽翼」下補注：「《叔孫俊傳》：太祖崩，清河王紹閉宮門，太宗在外，紹逼俊以爲己援。俊外雖從紹，内實忠款。仍與元磨渾等説紹，得歸太宗。」「翰與元磨渾等僭謀奉迎」，「僭」乃「潛」字之誤。

昭成子孫列傳第三　魏書十五

子儀傳　「子儀」下補注：「《白水太守元平墓誌》：驃騎大將軍、左丞相、衛王埿之孫。書名作埿。」「據《太祖紀》，事在登國三年」下補「七月」二字。「太祖以爲然」下補注：「《道武紀》：登國六年春三月，遣九原公元儀、陳留公元虔等西討黜弗部，大破之。《傳》失書。」「三月徵還京師，所記較《傳》爲詳」下補注：「又天興元年閏月，儀及王公卿士詣闕上書，請定衮服。見《太祖紀》。」此亦失書。「事在天興二年正月，絶漠一千餘里」，「正月」改「二月」。「一千餘里」改「千餘里」。「陳留公虔稍大稱異」，「稍」乃「矟」字之誤。「太祖秘而恕之」下補注：「《穆崇傳》：先是，衛王儀謀逆，崇豫焉，太祖惜功而秘之。」「儀十五子」下補注：「《元平墓誌》：埿子羽真，尚書、冠軍將軍、使持節、吐京鎮大都將陵。陵子平，字平國，仕至宣威將軍、白水太守、帶小劍戍主。」

子纂傳注　「《世祖紀》不載，纂封中山公事在始平三年五月辛卯」，此段全乙，改「《世祖紀》：始光三年五月辛卯，纂進爵爲王」。「薨，謚曰簡」下補注：「《世祖紀》：太延三年正月癸未，征東大將軍、中山王纂薨。」

纂弟良傳注　「《紀》載泰常五年三月南陽王意文薨，《世宗紀》又載」「三月」下補「丙戌」二字，「《世宗紀》」改「《世祖紀》」。「伏真殆嗣意文者」下補注：「又《高宗紀》：興安元年十有一月壬寅，隴西屠各王景文叛，詔統萬鎮將、南陽王惠壽討平之。《于洛拔傳》：隴西屠各王景文等恃險竊命，高宗詔洛拔與南陽王惠壽督四州之衆討平之。不知惠壽乃嗣伏真者否？」

烈弟觚傳　「爲慕容寶所執，歸山中」，「山中」改「中山」。「太祖之封中山」，「封」乃「討」字之誤。

常山王遵傳注　「常山王遵」下補注：「《元侔墓誌》：高祖常山王遵，字勃兜。《元昭墓誌》載曾祖兜，又單舉字之一字。」原有注「《元昭墓誌》」至「著之俟考」，凡三十五字全乙。「壽鳩之子也」下補注：「《元侔墓誌》：五世祖第八皇子，諱受久，是『壽鳩』亦作『受久』。」「惟七百騎，《紀》是七萬騎」，「是」乃「作」字誤。「平羣盜並在天興元年」下補「正月」二字。「《和拔傳》作賀蘭部」下補注：「又《元昭墓誌》載曾祖兜，使持節、撫軍征南大將軍、右丞相。《傳》亦失載。」「葬以庶人禮」下補注：「《龍驤將軍元引墓誌》：引，字馬璁。昭成皇帝之胄，常山王之曾孫。使持節、征西將軍、豳州刺史之元子。年十八，除虎賁中郎將。高祖還京，轉直後，俄遷直閣將軍、龍驤將軍。春秋四十三。太和廿有四年卒。所云『父幽州刺史』不可考，附記於此，俟考。」

子素傳注　「《元昭墓誌》：祖連，常山康王」至「殆素名而連字耶」一段全乙，改注：「《元保洛墓誌》：曾祖素連。《元侔墓誌》亦作『曾祖侍中、使持節、征西大將軍、都督河西諸軍事、常山康王素連』。《元昭墓誌》：祖連，常山康王，省『素』字。《傳》作『素』，又省『連』字。《舊唐書·元行沖傳》：後魏常山王素連之後，《新唐書·傳》『素連』誤作『素蓮』。」「賜爵向安公。」「向」乃「尚」字之誤。「辛酉班師，留素鎮統萬又」下補注：「延和三年四月乙未，詔征西大將軍、常山王素討當川。」「《傳》紀載多漏略」，「紀」乃「記」字之誤。「略」下補注：「又《元保洛墓誌》：曾祖故素連，侍中、羽真、使持節、征南大將軍、都督河以西諸軍事、吐万突鎮都大將、中都內都大官。《元昭墓誌》：祖連使持節、侍中、征西大將軍、都督河西諸軍事、內都大官、羽真、統萬、突鎮都大將、常山王。『吐万』即『統萬』。《保洛誌》之『征南』乃『征西』之誤。」「配饗廟庭」下補注：「《元保洛墓誌》：祖故貸敦內三郎。父故太拔侯，出身城陽王府法曹參軍，除并州銅鞮令。保洛出身高陽王行參軍，後除恒州別駕。是素尚有子貸敦內三郎，孫太拔侯，曾孫保洛。《傳》並失書。」

弟陪斤傳注　「坐事國除，與《誌》不合」下補注：「《元誕墓誌》：誕，字那延。驃騎大將軍、左丞相、都督中外諸軍事、得銅虎符、冀州刺史、常山王之曾孫。征西大將軍、都督河以西諸軍事、儀同三司、侍中、太尉公、常山王之孫。北中郎將、華肆燕朔相五州刺史、征北大將軍、定州刺史簡公之第五子。是誕爲常山王遵之曾孫，連之孫，陪斤之子，昭之昆季。所書遵、連、陪斤官爵甚詳，可補《傳》缺。《傳》又失書誕名，當據《誌》補之。」

陪斤子昭傳注　「爰發明詔折土瀛墟」，「折」乃「析」字之誤。

昭子玄傳　「出帝重其强正」，「强」改「彊」字。

昭弟紹傳注　「卒於涼州刺史」下補注：「《肅宗紀》：孝昌二年八月丙子，進封廣川縣開國公元邵爲常山王。」「《孝莊紀》載河陰被害諸王中，有常山王邵。」「有」上補「亦」字，「邵」下補注：「《孝靜紀》：興和元年三月甲寅朔，封常山王邵第二子曜爲陳留王。或作『邵』，或作『劭』。」

陪斤弟忠傳　「字仙德」，「仙」改「僊」字。「案，非太祖子孫例降爲公，則作公者是」此十五字全乙，改注：「案，《高祖紀》：太和十六年正月乙丑，制諸遠屬非太祖子孫及異姓爲王，皆降爲公，公降爲侯，侯爲伯、子、男。忠卒在前，未嘗降公，作『王』者是。《隋太僕元公墓誌》：曾祖忠，使持節、散騎常侍、鎮西大將軍、相太二州刺史、侍中、尚書左僕射、城陽宣王。亦作『王』。」「有十七字」，「字」乃「子」之誤字。

子盛傳注　「書檄文言皆偉所爲」下補注：「《周書・元偉傳》：字猷遠，不作『大猷』。」

盛弟壽興傳注　「壽興名景」至「而非一人也」一段全乙，改「壽興名昺，見《隋太僕元公墓誌》。

昺之從兄弟曰昭，曰暉，故知昺爲名，而壽興爲字也。其自爲墓誌作『景』者，唐臣避國諱改也」。「世宗初爲徐州刺史」下補注：「《隋元公墓誌》：祖昺，使持節、散騎常侍、都督徐州諸軍事、徐州刺史、宗正卿。《傳》不載壽興爲宗正卿。」「元槧本『洛平』作『樂平』」下補注：「《隋元公墓誌》：父最，使持節、侍中、驃騎大將軍、開府儀同三司、尚書左僕射、華敷南秦並幽晉六州刺史、司徒公、樂平愼王。亦作『樂平』。《北史》不載謚愼，《誌》可補史闕。」

忠弟德傳注　「卒於鎮南將軍」下補注：「《元倖墓誌》：祖平南將軍、冀州刺史、河（澗）〔間〕簡公，諱於德。《元悛墓誌》：曾祖於德，選部給事中、寧西將軍、冀州刺史、河間公。均作名『於德』。《傳》又不載謚簡。《司空公元暉墓誌》亦作『父冀州刺史、河間簡公』。」

德子悝傳注　「謚曰恭」下補注：「《元倖墓誌》：父鎮遠將軍、光州刺史。諱悝，字純陀。倖字伯宗，太尉府參軍事，永平四年五月卒。《傳》失書『悝』字，亦不載子倖。」

子嶷傳注　「《後廢帝紀》中興元年」下補注：「十月壬寅，以高敖曹爲冀州刺史，以終其身。」

忠子暉傳注　「《北史》作『悝弟暉』」下補注：「案，《元悛墓誌》：曾祖於德，祖暉，字景，襲使持節、侍中、都督中外諸軍事、司空、文憲公、領雍州刺史。是暉爲德子，非忠子。又《金石録·後魏贈司空元暉碑跋》據《後漢書列傳》云：暉鎮西將軍忠子。而《北史》以爲忠弟德之子。今以《碑》考之，《北史》是也。」「拜尚書主客郎」下補注：「《元暉碑》：孝文時爲主客郎中。《元暉墓誌》作『太和中，辟司徒參軍事，轉尚書郎、太子洗馬』。」「爲給事黄門侍郎」下補注：「《元暉墓誌》：世宗踐阼，頻遷散騎中書郎、給事黄門侍郎、加輔國將軍、河南尹。」「出爲冀州刺史」下補注：「《元暉墓誌》：俄轉右衛將軍，轉吏部尚書，加散騎常侍，出爲鎮東將軍、冀州刺史。」「徵拜尚書左僕射」下補注：「《元暉墓誌》：入爲尚書右僕射，尋遷左光禄大夫，俄轉侍中、衛大將軍、尚書左僕射。」「收入租調，割入於己。」「收入」乃「收人」之誤。「帝納之」下補注：「《于忠傳》：詔忠與吏部尚書元暉、度支尚書元匡、河南尹長萇等推定代方姓族。《傳》失載。」「神龜元年卒」下補注：「《元暉碑》作神龜二年卒。《元暉墓誌》：春秋五十五，以神龜二年九月庚午遘疾，薨於位。詔追贈使持節、都督中外諸軍事、司空公，領雍州刺史，侍中如故。」「京師弼弟子士將」下補注：「《孝静紀》：天平元年十月丙子，車駕北遷於鄴，以衛大將軍、尚書令元弼爲驃騎大將軍、儀同三司、洛州刺史，鎮洛陽。武定二年三月壬子，以中書監元弼爲録尚書、左僕射。又《元悛墓誌》：祖暉。父逸，字仲雋，使持節、散騎常侍、都督冀州諸軍事、衛將軍、冀州刺史。悛，字士愉。七歲爲國子學生，引入侍書，建義元年四月十三日卒於河梁之南。贈驡驤將軍、太常卿。是暉有子弼、逸，孫士將，《悛傳》均失書。」

陳留王虔傳　「昭成子紇根」下補注：「《元弼墓誌》作『曾祖根』。」「破黜弗部從攻衛辰」下補注：「《鐵弗劉虎傳》：衛辰父子驚遁，乃分遣諸將輕騎追之。陳留公元虔南至白鹽池，虜衛辰家屬。」

子崙傳注「卒謚定公」下補注：「《元弼墓誌》：君諱弼，字扶皇。高祖昭成皇帝。曾祖根，清河桓王。祖突，肆州刺史。父崙，秦雍二州刺史、隴西定公。君起家爲荆州廣陽王中兵參軍，遷太尉府諮議參軍。太和二十三年九月薨，春秋四十七。據《誌》則崙父突，非顗也。《傳》失書突及弼，據《誌》補正之。」

毗陵王順傳「沮澤水爲固」，「沮」乃「阻」字之誤。「毗陵王順有罪，以王還第」下補注：「《元氏趙夫人墓誌》：嫡昭成皇帝之胤，散騎常侍、内大羽真、太尉公、使持節、車騎大將軍、冀州刺史、比陵王孫，冠軍將軍、徐州刺史永之長子爲妻。案《誌》立於正光元年，上距天興時已百餘年，是順後尚有嗣封者也。」

子拔干傳「屢效忠勤，太守踐阼」，「守」乃「宗」字之誤。

叱奴子洪超傳「光禄大夫」下補注：「《長孫稚傳》：出帝初，以定策功更封開國子，稚表請回受其姨兄廷尉卿元洪超次子惲，許之。是洪超有子惲。」

昭成子窟咄傳「餘莫題等七姓悉原不問」下補注：「《莫題傳》：題時貳於太祖，遺箭於窟咄。謂之曰：『三歲犢豈勝重載？』言窟咄長，而太祖少也。太祖既銜之。天賜五年，有告題居處倨傲，擬則人主。太祖乃使人示之箭，告之曰：『三歲犢，能勝重載不？』題奉詔，父子對泣，詰朝乃刑之。」

道武七王列傳第四　《魏書》十六

序注　「後當作傳」，此四字全乙。

清河王紹傳　「安同衆皆響應」下補注：「《安同傳》：清河王紹之亂，太宗在外，使夜告同，令收合百工伎巧，衆皆響應奉迎。」

法壽弟法僧傳　「可更遣尚書郎堪幹者一人馳驛催遣」，「驛」改「馹」字。「以驕姿怨禍及己，將謀爲逆」，「姿怨」乃「恣恐」之誤。「反於彭城，自稱尊號」下補注：「《肅宗紀》：法僧反於是年正月庚申，自稱宋王。」

子延伯傳　「子延伯襲，卒」下補注：「《元廣墓誌》：廣，字延伯。烈祖道武皇帝之苗裔。考使持節、涼青梁夏濟五州諸軍事、濟州刺史、牂牁侯之長子。二九辟爲直後加員外郎，昇朝襲爵，轉襄威將軍，侯如故。春秋五十。熙平元年八月廿二日丙辰薨。贈寧遠將軍、洛州刺史。可補《傳》之闕略。」

長子平原傳　「又有妖人劉舉自稱天子，扇惑百姓，後討斬之」，「後」乃「復」字之誤。

鑒傳　「年四十二薨」下補注：「《武昌王鑒墓誌》：以正始三年五月壬午朔廿六日丁未薨，春秋四十三。」「齊州刺史、王如故。襲曰悼王」，「襲」乃「謚」字之誤。

亮弟馗傳注　「春秋四十七，薨於河陰鸞駕之右」，「鸞」乃「鑾」字之誤。

河間王修傳注　「《太宗紀》：　修以是年四月壬子薨」，「壬子」改「庚申」。

廣平王連傳注　「從駕巡方山，道薨」下補注：　「《高祖紀》：　太和十一年五月壬辰，幸靈泉池，遂幸方山。　癸巳，南平王渾薨。」

子伯和傳注　「廣平連下有霄曾係仲冏」，「係」乃「孫」之誤；「冏」乃「囧」之誤。「大隴都督、南平王仲冏」，「冏」乃「囧」之誤。「小隴都督高聿並相尋退散」下補「《蕭寶夤傳》：　孝昌三年十月，殺南平王仲囧，是月遂反」。「可考者僅此事耳」，此七字全乙，改注：「見《紀》、《傳》者僅此。　近洛陽出《仲囧墓誌》稱仲囧，名暐。　太祖道武皇帝六世孫，而不載祖父名位。　記暐由諫議大夫轉中書侍郎，除輔國將軍、光州刺史，歷給事中、黃門侍郎，改授散騎常侍。　秦州搆亂，假平西將軍，爲西討別將，涇陽告警，除右將軍、涇州刺史，尋授平西將軍、銀青光禄大夫、假鎮西將軍。　卒贈衛大將軍、尚書右僕射。　此仲囧仕履之可考者。　至仲囧名暐，亦賴《誌》知之也。」

子根傳注　「第二子繼爲根後」下補注：　「《江陽王繼墓誌》：　年十八，以皇興二年，出後伯祖江陽王，即以其年襲承蕃爵。」

繼傳　「繼，字世仁」下補注：　「《江陽王繼墓誌》作『字仁世』。」「紹繼爲太師、大將軍，率將討之」，「率」下補「諸」字。「三月乙巳紹繼班師」，「乙巳」改「己巳」。「與《傳》作永安二年不合」，此九字全乙，改注：「《元繼墓誌》亦作『春秋六十有四，永安元年薨於位』。《傳》作『永安二年』，誤。」

叉傳　「叉」下補注：「《江陽王乂墓誌》作『公諱乂』，字不作『叉』。」「既在門下兼總禁兵」下補注：「《元乂墓誌》：轉侍中、領軍將軍，領左右，尋加衛將軍，復領明堂大將。」「常直禁中」下補注：「叉殺清河王，《肅宗紀》在正光元年七月丙子。」「以討叉爲名不果，見誅」下補注：「《肅宗紀》：中山王熙討叉不果，見殺，在正光元年八月甲寅。」「奚康生復欲圖叉，不克而誅」下補注：「《肅宗紀》：康生圖叉不克，在正光二年三月甲午。又《于景傳》：爲武衛將軍謀廢元叉，叉黜爲征虜將軍、懷荒鎮將。」「遂與太后密謀圖叉」下補注：「《穆紹傳》：領軍元叉當權熏灼，曾往候紹，紹迎送下階而已。時人歎尚之。及靈太后欲黜叉，猶豫未決，紹贊成之。」「於是太宗數御顯陽二宮」，「宗」乃「后」字之誤。「哀彼本邦一朝橫漬」，「漬」乃「潰」字之誤。「叉及弟爪並賜死於家」下補注：「《元乂墓誌》：孝昌二年三月廿日，詔遣宿衛禁兵二千人，夜圍公第，公神色自若，都無懼容。乃啓太師開門延使者，與弟給事中山賓同時遇害。春秋四十有一。山賓殆即爪耶。」

叉子亮傳　「齊受禪，例降」下補注：「《乂墓誌》：亮，字休明。年十一，平原郡開國公。」

叉庶長子稚傳　「秘書郎中」下補注：「《元乂墓誌》：息穎，字稚舒。年十五，秘書郎中。殆即稚也。」

叉弟羅傳　「開府儀同三司」下補注：「《出帝紀》：太昌元年五月丙申，侍中、驃騎大將軍、尚書左僕射元羅，儀同三司、尚書令。」

明元六王列傳第五　魏書十七

樂平王丕傳注　「諫擊高麗事在九月」下補注：「又《世祖紀》：太延五年六月甲辰，車駕西討沮渠牧犍。七月壬午，驃騎大將軍樂平王丕、太宰陽平王杜超督平涼、鄜城諸軍爲後繼。十月辛酉，車駕東還，留丕及征西將軍賀多羅鎮涼州。《傳》失書。」「《高宗紀》：拔賜死在太安元年正月辛酉」，乙「拔賜死在」四字。「辛酉」下補注：「車騎大將軍、樂平王拔有罪賜死。」

安定王彌傳注　「十一月泰平王親統六軍出塞」，「十」下補「有」字，「出塞」改「出鎮塞上」。

樂安王範傳　「乃拜範都督五州諸軍事」下補注：「《元騰墓誌》稱範官使持節、都督秦雍涇涼益五州諸軍事、雍州刺史。」「長安鎮都大將」下補注：「範鎮長安，《世祖紀》在延和二年正月丙寅。又《咸烈將軍元尚之墓誌》：曾祖範，使持節、侍中、都督秦雍涇梁益五州諸軍事、衛大將軍、開府儀同三司、長安鎮都大將、雍州刺史，又徵爲內都大官。」「高選才能以爲僚佐」下補注：「《崔徽傳》：樂安王範鎮長安，世祖以範年少，而三秦民夷恃險多變，乃選忠清舊德之士與範俱鎮。以徽爲散騎常侍、督雍涇梁秦四州諸軍事、平西將軍副將、行樂安王傅。(又)〔又〕《張黎傳》：與樂安王範、濟南公崔徽鎮長安，清約公平，甚著聲稱。」「範鎮長安在延和二年七月丙寅」，「七月」改「正月」。「《元緒墓誌》：儀同宣王範之正體」下補注：「《元騰墓誌》亦作『樂安宣王範之孫』。《元尚之墓誌》亦作『範謚曰宣王』。」

長子良傳　「高宗時襲王」下補注：「《高宗紀》：和平元年二月，衛將軍、樂安王良督東雍、吐京、六壁諸軍西趣河西，征西將軍皮豹子等督河西諸軍南趨石樓，以討河西叛胡。六月河西叛胡詣長安首罪，遣使者安慰之。《傳》失書。」「《益州刺史樂安哀王墓誌》」，「益」上補「又」字。「年十三辟員十郎」，「十」乃「外」之誤字。「歷年無瘳，春秋三外六歲」，「外」乃「十」之誤字。「《傳》并失載，《悦誌》不載其謚」，「悦誌」乃「緒誌」之誤。「著之以補《傳》之闕漏。」此八字全乙，改注：「又良尚有第四子仙，第八子騰，近年均有墓誌出土。據《誌》：仙，字延生。樂安宣王之孫。樂安簡王第四子。太和中，起家爲散騎，擢太子舍人，尋轉員外散騎侍郎、給事中、輕車將軍、司空、皇子中兵參軍，俄遷員外常侍、鎮遠將軍、前軍將軍。春秋五十。正光二年八月十二日薨。贈冠軍將軍、正平太守。謚曰貞。騰，字金龍。樂安簡王第八子。官城門校尉。正始四年四月十一日薨。又良子尚有静，司州牧。《元弼墓誌》：弼，字思輔，明元皇帝之玄孫，樂安王範之曾孫。樂安王良之孫。張掖太守、治書侍御史静之子。弼仕至征北大將軍、尚書右僕射、司州牧，封新興王。春秋四十。永安二年七月廿一日卒。又《元尚之墓誌》：祖安樂王良，贈使持節、侍中、都督冀定幽相四州諸軍事、開府儀同三司、衛大將軍、定州刺史。父仙，簡王之季子。爲員外散騎常侍、鎮遠將軍、前軍將軍。薨，贈冠軍將軍、正平太守。尚之，字敬賢。正光四年十一月廿七日，卜靈于景稜之東阿。《傳》於子緒、仙、静、騰，孫悦、弼、尚之，均失載。爰據諸《誌》補之。又《安西將軍銀青光禄大夫元朗墓誌》：朗，字顯明。樂安王範之孫。處士萇生之仲子。春秋五十一。以孝昌二年九月丁酉朔戊申日，薨於京師。又《齊州平東府中兵參軍元則墓誌》：則，字慶禮。樂安宣王範之曾孫。樂安簡王良之孫。左衛將軍、大正宗卿、營州刺史懿公之第二子。孝昌元年十一月二十九日，卒於官。是良尚有子萇生，孫朗，曾孫則。但則父官營州刺史謚懿公者，其名不可考矣。又《征北將軍相州刺史元宥墓誌》：宥字顯恩。樂安宣王之曾孫。樂安簡王之孫。巴州景公之元子。以武泰元年夏四月既旬越三日薨。春秋五十四。謚曰孝公。是簡王又有孫宥，宥父景公，名亦不可考。合觀諸《誌》，知樂安一系，《傳》失書者多矣。」

永昌王健傳注　「健獲牧犍牛馬畜産二千餘萬」，「千」乃「十」之誤字。

太武五王列傳第六　魏書十八

序　「房椒生楚王」，「房椒」改「椒房」。「皆早薨，無傳」下補注：「《世祖紀》：真君十一年二月甲午，皇子真薨。是太武尚有子真。」

晉王伏羅傳注　「《世祖紀》事在太平真君五年」此十一字全乙，改「《世祖紀》：真君五年八月壬午，晉王伏羅督高平、涼州諸軍，討吐谷渾慕利延。十月癸未，大破慕利延」。

東平王翰傳　「立南安王余，遂殺翰」下補注：「《薛提傳》：世祖崩，秘不發喪。尚書左僕射蘭延、侍中和匹等議以爲皇孫幼冲，宜立長君，徵秦王翰，置之秘室，提以爲不可，延等猶豫未決。中常侍宗愛知其謀，矯皇后令，徵提等入，遂殺之。」

子道符傳注　「《顯祖紀》：皇興元年」下補注：「正月庚子，東平王道符謀反於長安，殺副將駙馬都尉萬古真、鉅鹿公李恢、雍州刺史魚玄明。丙午詔司空和其奴、東陽公元丕等討道符。」

臨淮王譚傳　「真君三年封燕王」下補注：「《世祖紀》在是年十月己卯。」「拜侍中參都曹事」下補注：「《元秀墓誌》作『參都坐事』。」

子提傳　「贈雍州刺史，謚曰懿」下補注：「《元秀墓誌》：祖使持節、侍中、都督荆梁益雍四州諸軍事、征西大將軍，領護羌戎校尉，雍梁二州刺史，臨淮懿王。不作『長鄉侯』，豈後又復爵耶？」

提子昌傳　「謚曰康王追封濟南王」，末「王」字乙，下補注：「《元秀墓誌》：秀，字士彦。臨淮康王第二子，官假節、督洛州諸軍事、驪驤將軍、洛州刺史。正光三年卒。春秋三十三。《傳》失書。」

子彧傳注　「《肅宗紀》：彧復本封在延昌四年」，「本」改「先」字，「四年」下加「八月」二字。「詔彧爲鎮軍」下補「將軍」二字。「詔彧及尚書李憲爲都督以討之」，「詔」下補「鎮軍將軍、臨淮王」七字。「二年八月丙子，以彧爲儀同三司」，「以」字下補「驃騎大將軍、東道行臺、臨淮王」十一字。「容貌憔悴，見者傷之」下補注：「《孝莊紀》：建義元年八月甲辰，以侍中、驃騎大將軍、臨淮王彧爲儀同三司。《傳》失書。」「除位尚書令、大司馬兼禄尚書」,「禄」乃「録」字之誤。

昌弟孚傳　「恨無徒衰暮,不及見耳」,「無」乃「吾」字之誤。「亦令中郎將叚彬置安集掾史」,「叚」改「段」字。「兄祐爲防城都督」下補注:「《出帝紀》:永熙三年二月壬午,以衛將軍、前徐州刺史元祐爲衛大將軍、儀同三司。不知即孚兄否?」「兄子禮爲禄事參軍」,「禄」乃「録」字誤。「今量鍾磬之數,各以十二架爲定」,「鍾」乃「鐘」字誤。

石侯弟嘉傳注　「元嘉爵爲假王,督三將出淮陰」,「三」改「二」。「九年二月己亥,以廣陽王建弟二子紹建後爲廣陽王」,「紹」字上補「嘉」字。「三月庚辰,車駕南伐,丁未車駕至馬圈」,「丁未」乃「丁酉」之誤。「以嘉爲尚書左僕射」下補注:「《高祖紀》在太和二十三年三月甲辰。」

子琛傳　「及沃野鎮人破六韓拔陵」下補注:「《肅宗紀》作『破落汗拔陵』。」「征鎮驅使但爲虞侯」,「侯」乃「候」字誤。「《肅宗紀》在孝昌二年五月丁未」,在字「丁未」下補注:「吏部尚書、廣陽王淵爲驃騎大將軍、儀同三司,尋爲大都督,率都督章武王融北討脩禮。」「若計北而論功,亦何負於秦楚」,「北」乃「此」字誤。「莊帝追復王爵」下補注:「《孝莊紀》:淵復爵在建義元年四月甲辰。」「增司徒公」,「增」乃「贈」字誤。「公」下補注:「《洛陽伽藍記》:孝昌元年,廣陵王淵初除儀同三司,總衆十萬討葛榮。夜夢著衮衣倚槐樹而立,以爲吉徵,問於楊元慎,曰:『三公之祥。』淵甚悦之。元慎退告人曰:『廣陵死矣!』『槐』字是木旁鬼,死後當作三公。廣陵果爲葛榮所殺。追贈司空公。終如其言。案《記》誤書『廣陽』作『廣陵』，『司徒』作『司空』。」

子湛傳注　「《孝静紀》天平四年十月」下補「己酉」二字。「《孝静紀》拜太尉公在興和」下補「四年」二字。

南安王余傳注　「在正平元年十二月」下補「丁丑」二字。「百姓憤惋而余宴如也」，「宴」改「晏」字。「謚曰隱」下補注：「《世宗紀》：余以正平二年三月立，十月丙午見殺。」

景穆十二王列傳第七上　魏書十九

陽平王新成傳注　「督統萬、高平諸軍出南道討吐谷渾」下補「什寅」二字。「陽平幽王之母，則亦作幽，與《傳》合。」此十三字全乙，改「軍，陽平幽王之妃。元崇業及元瓛兩《墓誌》並云：陽平幽王之孫，均作『幽』，與《傳》同」。

頣弟衍傳注　「轉徐州刺史」下補注：「《高祖紀》：太和十八年十有一月己丑，蕭鸞雍州刺史曹虎據襄陽請降。十有二月辛丑朔，徐州刺史出鍾離。十九年二月丙辰，車駕至鍾離。戊午軍士擒蕭鸞三千卒。帝曰：『在君爲君，其民何罪？』於是免歸。壬戌乃詔班師。《傳》失載。」「改封南武縣公」下補注：「《元瓛墓誌》：君諱瓛，字孟輝。恭宗景穆皇帝之曾孫。平陽幽王之孫。征北大將軍、營梁徐雍定五州刺史、廣陵康王衍之元子。初爲秘書佐郎，俄遷司徒主簿，除荆州長史，徵拜大中大夫，仍轉輔國將軍、太常少卿。春秋四十二。正光五年四月廿九日薨。贈使持節、左將軍、齊州刺史。謚曰文公。是衍尚有子璨。《傳》失書。」

衍弟欽傳　「過赦免，尋除司州牧」，「過」乃「遇」字誤。「皇帝訓咨鷹揚僉屬終歸」，「終」乃「攸」字誤。「公乃仰稟廧勝之規」，「廧」乃「廟」字誤。「定州刺史謚曰文懿」下補注：「又《元崇業墓誌》：君諱崇業，字子建。景穆皇帝之曾孫。大將軍陽平幽王之孫。車騎大將軍、儀同三司、尚書左僕射宗師之長子。弱冠拜秘書郎，中舉上第，辟司徒、録事參軍、員外散騎常侍。正光五年三月廿七日卒於第，詔贈持節、輔國將軍、平州刺史。是欽尚有子崇業。《傳》失書。」

京兆王子推傳注　「薨於太和元年七月壬辰」下補注：「又《元液墓誌》：祖使持節、都督中外諸軍事、開府儀同三司、中都大官、長安鎮都大將、青雍二州刺史、京兆康王。《元悰墓誌》：祖雍州康王。《元遥墓誌》：京兆康王第二子。《元定墓誌》：京兆康王第四子。《元液墓誌》：祖康王，則子推，謚康。《傳》失書。又《元液墓誌》：父坦。元士後除步兵校尉、城門校尉。薨，贈冠軍將軍、滄州刺史，謚曰宣。液，字靈和。初官外兵參軍，正光中，爲開府、加征虜將軍。以建義元年四月十四日薨。春秋三十有四。贈使持節、鎮東將軍、冀州刺史、長平縣開國男。是子推尚有子坦，孫液。《傳》均失書。又《元襲墓誌》：襲，字子緒。京兆康王之孫。洛州刺史武公之子。襲，弱冠除著作郎，轉司徒主簿、輔國將軍、直閣將軍、司州治中，尋除後將軍、河東太守，復轉平東將軍、□川太守。以永安二年六月廿一日終。詔贈使持節、散騎常侍、都督青州諸軍事、中軍大將軍、青州刺史。

謚曰文。又《平北將軍殷州刺史元瑗墓誌》：瑗，字仲瑜。景穆皇帝之曾孫。京兆康王之孫。洛州刺史之子。又《假節龍驤將軍南青州刺史元曄墓誌》：曄，字孟明。京兆康王之孫。侍中、特進、左光禄大夫、驃騎大將軍、儀同三司、昌樂公之長子。孝昌二年六月戊辰朔十八日乙酉卒。是子推尚有孫襲、及瑗、及曄。但襲、瑗父洛州刺史。及曄父昌樂公。均不得其名。附此俟考。」

子太興傳注　「又《元悰墓誌》：祖雍州康王至康爲子推謚矣，著之俟考。」此段全乙。

昴弟仲景傳注　「免右僕射，以王歸帝也」，「帝」乃「第」之誤。

仲景弟暹傳注　「汝陽王暹，子不濟。《傳》失書」，「不」乃「石」字之誤。

太興弟遥傳注　「字修遠，京兆王第二子」，「兆」字下補「康」字。「及七祖神遷苻鼎從洛」，「苻」改「符」。「所以襟帶京門，絹釐樞近」，「絹」乃「緝」字之誤。「遥遣輔國將軍張蚪等」，「蚪」乃「虯」之誤。「斬法慶在九月壬寅」，「壬寅」乃「甲寅」之誤。

遥弟恒傳注　「表求改名芝」下補注：「《世宗紀》：正始三年八月壬寅，將軍元恒別克固城，斬衍冠軍將軍桓方慶。《傳》失書。」又「武泰元年四月己亥」上補「《孝莊紀》」三字。「廣平内史前河間王」下補注：「又《元斌墓誌》：斌，字道寶，京兆康王之孫，金紫光禄大夫、荆州刺史、河澗王之子也。年十六，爲并州章武王騎兵參軍事，轉光州征虜録事參軍，遷襄威將軍、大宗正丞。春秋三十。以正光四年九月廿一日卒。案，《誌》稱斌爲河澗王子，殆是定子。《傳》均失書。又《元靈曜墓誌》：君諱靈曜，字靈曜。恭宗景穆皇帝之曾孫。使持節、侍中、征南大將軍、啓府儀同三司、青雍二州刺史、京兆康王之孫，荆州刺史之第二子。起家爲秘書郎，歷司徒騎兵參軍，轉輕車將軍、尚書殿中郎中，遷射聲校尉、鎮遠將軍、右軍將軍、驍騎將軍。正光三年十一月薨。年三十七。詔贈征虜將軍、平州刺史。靈曜殆亦定子。」

鬱弟偃傳　「位大中大夫卒」下補注：「《元偃墓誌》：太和十五年十二月二十七日，制詔使持節、安北將軍、賀侯延鎮都大將、始平公元偃，今加安西將軍。太和十九年十二月廿九日乙未朔癸亥，除制詔光爵元偃，今除城門校尉，太和二十二年六月辛亥朔七日丁巳，除制詔城門校尉元偃今除大中大夫，賚謚法敏以敬謹曰順侯。首署太和二十二年，歲次戊寅十二月戊申朔二日己酉。殆其卒或葬年月也。」

偃弟麗傳　「時秦州屠各王法智」下補注：「世宗正始三年《紀》作『王智』。」「獲其父母妻子，斬賊王五人」下補注：「《世宗紀》作『斬賊帥王智五人』。」

汝陰王天賜傳　「汝陰王天賜」下補注：「《元始和墓誌》：故使持節、侍中、征西大將軍、儀同三司、領護西域校尉、都督凉州諸軍事、凉州刺史、汝陰王賜之孫。」「《元始和墓誌》：作征西大將軍」，「墓誌」上補「元周安」三字，「作」字上補「均」字。

子逞傳注　「驍騎將軍逞之元子」下補「始和」二字。「以正始三年七月十二日薨」，「三年」乃「二年」之誤。

湜子慶和傳　「在孝昌三年九月受魏封」，「九月」下補「辛卯」，「魏」下補「王」字。「在二年正月」下補「乙亥」二字。

天賜第五子修義傳　「元志敗没城東至黑水」，「城」乃「賊」之誤。「謚曰文」下補注：「《修義妻盧氏墓誌》標題稱魏使持節、侍中、驃騎大將軍、開府、尚書左僕射、雍州刺史、司空公、始平文貞公國太妃盧氏，則修義謚文貞，爵始平公。」又「《誌》載固息静藏年九歲」下補注：「又固弟周安亦有《墓誌》出土，載周安爲汝陰靈王第九子。永平二年除羽林監，延昌三年遷都水使者，尋除游擊將軍，神龜元年除城門校尉、營構明堂都將。其年，兼太僕少卿，孝昌三年除通直散騎常侍、加驪驤將軍。武泰元年封浚儀縣開國男。建義元年遇亂河陰，贈使持節、衛大將軍、儀同三司、定州刺史。《傳》并失載。」

子均傳注　「弟褒，字孝整。隋原州總管」下補注：「又《始平文貞公國太妃盧氏墓誌》：子安昌宣王。與《北史》作謚『平』不合。」

樂良王萬壽傳注　「《高祖紀》：萬壽受封在和平二年」，「高祖」乃「高宗」之誤。

匡傳　「匡嚴於彈糾，始奏於忠」下補注：「熙平元年春，御史中丞元匡奏曰：『事主不以幽貞革心，奉上不以趣捨虧節。是以倚秦宫而慟哭，復楚之功已多；涉盧龍而樹勤，廣魏之勳不淺。而申包避賞，君子於是義之；田疇拒命，良史所以稱美。竊惟宮車晏駕，天人位易，正是忠臣孝子致節之秋。前領軍將軍臣忠，不能砥礪名行，自求多福。方因矯制，擅相除假，清宮顯職，歲月隆崇。臣等在蕃之時，乃心家國，書誚往來，憤氣成疢，傷禮敗德。臣忠即主謹案，臣忠世以鴻勳盛德，受遇累朝，出入承明，左右機近。幸國大災，肆其愚贛，專擅朝命，無人臣之心。裴郭受冤於既往，宰輔黜辱於明世。又自矯爲儀同三司、尚書令、領崇訓衛尉。原其此意便欲無上自處，既事在恩後，宜加顯戮。請御史一人，令使二人，就州行決。崔光與忠雖同受召，而謂光既儒望，朝之禮宗，攝心虚遠，不關世務。但忠以光意望崇重逼光，光若不同，又有危禍。伏度二聖欽明，深垂昭恕。而自去歲正月十三日世宗晏駕以後，八月一日皇太后未親覽以前，諸有不由階級而權臣用命，或發門下詔書，或由中書宣敕，擅相拜授者，已經恩宥，正可免其叨竊之罪。既非時望，朝野所知，冒階而進者，並求追奪。』靈太后令曰：『直繩所糾，實允朝憲。但忠事經肆宥，又蒙特原，無宜進罪。餘如奏。』」「詔付八座奏，特加原宥，削爵除官。」「奏」乃「議」字之誤。

景穆十二王列傳第七中　魏書十九

雲長子澄傳　「當遣任城馳驛向代，問彼百司，論擇可否」，「馳驛」乃「馳馹」之誤。「昭葉雍州刺史曹虎請以襄陽内附」，「昭葉」乃「昭業」之誤。「陽平王頤爲主頤表其狀」下補注：「《穆泰傳》：泰自陳病久，乞爲恒州，遂轉陸叡爲定州，以泰代焉。泰不願遷都，叡未及發而泰已至，遂潛相扇誘，圖爲叛。乃與叡及安樂侯元隆，撫冥鎮將、魯郡侯元業，驍騎將軍元超，陽平侯賀頭、射聲校尉元樂平，前彭城將元拔，代郡太守元珍，鎮北將軍、樂陵王思譽等謀推朔州刺史、陽平王頤爲主。頤不從，僞許以安之，密表其事。高祖乃遣任城王澄率并、肆兵以討之。」「又遣治書侍御史李焕先赴，至即擒泰」下補注：「《穆泰傳》：澄先遣治書侍御史李焕單車入代，出其不意，泰等驚駭，計無所出。焕曉諭逆徒，示以禍福，於是凶黨離心，莫爲之用。泰自度必敗，乃率麾下數百人攻焕郭門，冀以一捷。不克，單馬走出城西，爲人擒送。澄亦尋到，窮治黨與。高祖幸代，親見罪人，問其反狀，泰等伏誅。」「侍中崔光等奏澄爲尚書令」下補注：「《肅宗紀》：延昌四年正月庚申，詔太保、高陽王雍入居西柏堂，决庶政。又詔任城王澄爲尚書令，百官總已以聽於二王。」「《肅宗紀》：澄爲尚書令，在延昌四年正月庚申，遷司空。」「爲尚書令」四字乙，改「遷司空」三字。「正月」以下八字全乙。「《肅宗紀》澄以神龜二年十二月癸丑薨」下補注：「《任城王元彝墓誌》：神龜二年十二月七日文宣薨。案是年十二月丙午朔，七日乃壬子。《紀》作『癸丑』，相差一日。」

彝傳　「青州刺史謚曰文」下補注：「《任城王元彝墓誌》：孝明皇帝春秋富冲，敦上庠之學，廣延宗英，搜揚儁乂，王以文宣世子入爲侍書。神龜二年，除羽林監，神龜二年文宣薨。服闋，襲承王爵。仍除驍騎將軍、通直散騎常侍。武泰元年四月年廿三而薨，謚曰文昭。《傳》失書。襲爵前後歷官，又誤。謚『文昭』爲謚文。」

澄弟嵩傳　「賊皆夜遁，追擊破之，斬獲數千」下補注：「《世宗紀》：嵩破楊公則在正始二年九月己巳。」「同謀害嵩并妻穆氏及子世賢」下補注：「《贈車騎大將軍、領軍將軍、(楊)〔揚〕州刺史、高平剛侯元嵩墓誌》：嵩，字道岳。恭宗景穆皇帝之孫。任城康王之第二子。年卅九。正始四年歲次丁亥，春三月庚申朔二日壬戌薨於州治。」

第二子世儁傳注　「《出帝紀》：太昌元年五月丙申，以尚書令、驃騎大將軍、吏部尚書元世儁儀同三司」，「尚書令」三字乙。

嵩弟贍傳　「稍遷宗正少卿」下補注：「《司空公光兗雍三州刺史元瞻墓誌》：瞻，字道周。初爲步兵校尉，次轉員外散騎常侍，又遷前軍將軍、顯武將軍，徙宗正少卿。《傳》誤『瞻』爲『贍』，又失書『宗正少卿前歷官』。」「絶其往來，有四子」下補注：「史傳載贍官至兗州刺史而止，《元瞻墓誌》稱其刺兗州後，俄授撫軍將軍，行雍州事，更以金紫光禄大夫加散騎常侍。春秋五十一。以建義元年四月十三日，薨於位。贈車騎大將軍、司空公，加散騎常侍、雍州刺史。《傳》亦失書。」

景穆十二王列傳第七下　魏書十九

南安王楨傳　「南安王楨」下補注：「《南安王楨墓誌》：恭宗第十一子。」「以征東大將、南安王楨爲節假、都督涼州」，「大將」下補「軍」字。「楨以太和二十年八月丁巳薨，與《傳》作五月不合」，「與」字起七字全乙，改注：「《南安王楨墓誌》作『太和二十年，歲在丙子，八月壬辰朔二日癸巳，春秋五十，薨於鄴』。《傳》作『五月』殆誤。」

子英傳注　「命英討陳顯達，事在太和二十三年正月」下補「癸未」二字。「在景明四年八月庚子」下補注：「又《世宗紀》：景明四年十有一月乙亥，鎮南將軍元英大破蕭衍將吴子陽於白沙，擒斬數千。《傳》失書。」「後將軍王僧炳等率步騎二萬來救義陽」，「二萬」乃「三萬」之誤。「大破僧炳軍，俘斬四千餘人」下補注：「《世宗紀》：英破王僧炳在正始元年三月壬申。」「《世宗紀》：英破王僧炳，馬仙琕，降蔡靈恩在正始元年。復爵在是年八月」，「王僧炳」三字乙，「復爵」二字改「封中山」三字。「英既還，世宗引見，深嘉勞之」下補注：「《世宗紀》：正始二年八月壬寅，詔中山王英南討襄。《傳》失書。」「及虜首五千餘級」下補注：「《世宗紀》：正始三年七月戊子，中山王英大破衍徐州刺史王伯敖於陰陵。」「馬頭戍主委城遁走，遂圍鍾離」下補注：「《世宗紀》：正始三年九月己丑，中山王英大破衍軍於淮南，英遂攻鍾離。」「臣已更高邵陽之橋，防其汎突異外」，「異」乃「意」之誤字。「《世宗紀》：鍾離敗績，削爵爲民」，「績」字下補「在正始四年四月戊戌」九字。「在正始四年，復爵在永平元年九月」，此十四字全乙，改「在八月己亥」五字。「英復王，封邑一千户」下補注：「《世宗紀》：英復爵在永平元年九月丙戌。」「王不得以屢勞爲辭也」下補注：「《世宗紀》詔英赴義陽，在永平元年九月庚子。」「寧朔將軍張道凝」下補注：「《世宗紀》作『張疑』。」「虎賁中郎曹苦生盡俘其衆」下補注：「《世宗紀》克懸瓠在永平元年十二月己未，斬張道凝在癸亥。」

攸弟熙傳　「起家秘書郎」下補注：「《元熙墓誌》作『遷給事中』。」

誘弟略傳　「誘弟略字儁興」下補注：「《元略墓誌》：中山獻武王之第四子。」「爲樂安王鑒所破」，「樂安」乃「安樂」之誤。「率百餘人送至京師」下補注：「《洛陽伽藍記》：孝昌元年明帝宥吴人江革，請略歸國。江革者，蕭衍之大將也。蕭衍謂曰：『朕寧失江革，不得無王。』略曰：『臣遭禍難，白骨未收，乞還本朝，敘録存没。』因即悲泣，衍哀而遣之。乃賜錢五百萬，金二百斤，銀五百斤，錦繡寶玩之物，不可稱數。親帥百官送於江上，作五言詩贈者百餘人，凡見敬禮如此。」「不及義陽之封，殆是簡略」下補注：「又《洛陽伽藍記》：比略始濟淮，明帝拜略侍中、義陽王，食邑千户。略至闕，詔曰：『昔劉蒼好善，利建東平。曹植能文，大啓陳國。是用聲彪磐石，義鬱維城。侍中義陽王略體自藩華，門勳夙著。内潤外朗，兄弟偉如，既見義忘家，捐生殉國，永言忠烈，何日忘之。往雖弛擔爲梁，今便言旋闕下。有志有節，能始能終。方傳美丹青，懸諸日月。略前未至之日，即心立稱，故封義陽。然國既邊遠，未爲盡善，宜比德均封，追芳曩烈，可改封爲東平王，户數如前。』」

略弟纂傳　「《誌》稱謚曰景公。則所遺也」，「則」下補「傳」字。

熙異母弟義興傳注　「《元廞墓誌》：君諱廞，字義興」下補注「中山獻武王第四子」八字。「除員外散騎侍郎」下補注：「《元廞墓誌》：年暨堪仕，爲員外散騎侍郎，尋爲騎兵參軍，加襄威將軍，遷員外散騎常侍。君閱實九區，賛奏山海，三品所出，靡不知曉。於是密勅爰來，委以總事，爲十州都將，主採金鐵，功用垂就，遭變停。《傳》不之及。」

長子肅傳　「員外散騎侍郎轉直寢」下補注：「《魯郡公元肅墓誌》：公諱肅，字敬忠。祖南安王。考扶風王。公起家兗州平東府録事參軍，轉徐州安東府録事參軍。屬彭城外叛，公拔難還闕，特除給事中。尋補直寢，遷直閤。故天柱大將軍爾朱榮建義旗於晉陽，公豫參遠略，及扶危翼聖，持加班賞，除散騎常侍。」「是肅再爲太師《傳》失書」下補注：「《元肅墓誌》：永熙二年二月己未朔二十六日甲申窆。《紀》作『三月』，誤。」

曄傳　「《孝莊紀》曄受封在建義元年四月甲辰」，「曄受封在」四字乙，「甲辰」下補注：「以秘書郎中元曄爲長廣王。」「《孝莊紀》曄爲爾朱榮推戴在永安三年十月壬申」，「曄」以下七字乙，「壬申」下補「爾朱世隆停建興之高都，爾朱兆自晉陽來會之，共推太原太守、行并州刺史、長廣王曄爲主，大赦所部，號年建明。十二月甲辰，兆逼帝幸永寧佛寺。戊申，元曄大赦天下」。「尋爲世隆所廢」下補注：「《洛陽伽藍記》：建明二年，長廣王從晉陽赴京師，至郭外，世隆以長廣本枝疏遠，政行無聞，逼禪與廣陵王恭。《前廢帝紀》：春三月己巳，曄進至邙南，世隆等奉王東郭之外，行禪讓之禮。」

子徽傳　「徽從莊帝北巡」下補注：「《洛陽伽藍記》：北海入洛，莊帝北巡，自餘諸王各懷二望，惟徽獨從。」「遂與彧等勸帝圖榮」下補注：「《洛陽伽藍記》：永安末，莊帝謀殺爾朱榮，恐事不果，請計於徽，徽曰：『以生太子爲辭，榮必入朝，因以斃之。』莊帝曰：『后懷孕於十月，今始九月，可爾已不？』徽曰：『婦人產子，有延月者，有少月者，不足爲怪。』帝納其謀。遂唱生太子，遣徽特至太原王第告云：『皇儲誕育。』值榮與上黨王天穆博戲，徽脱榮帽懽舞盤旋。徽素大度量，喜怒不形於色，遶殿内外懽叫。榮遂信之，與穆並入朝。莊帝聞榮來，不覺失色。中書舍人温子昇曰：『陛下色變。』帝連索酒飲之，然後行事。榮、穆既誅，拜徽太師、大司馬，餘官如故，統禁兵，偏被委任。」「送屍於爾朱兆」下補注：「《洛陽伽藍記》：爾朱兆擒莊帝，徽投前洛陽令寇祖仁。祖仁一門刺史，皆是徽之將校。以有舊恩，故往投之。祖仁謂子弟等曰：『時聞爾朱兆募城陽王甚重，擒獲者千户侯。今日富貴至矣。』遂斬送之。徽初投祖仁家，齎金一百斤，馬五十匹。祖仁利其財貨，故行此事。所得金馬，緦親之内均分之。所謂『匹夫無罪，懷璧其罪』，信矣。兆得徽首，亦不勳賞祖仁。兆忽夢徽云：『我有黄金二百斤，馬一百匹，在祖仁家，卿可取之。』兆悟覺，即自思量：城陽禄位隆重，未聞清貧，常自入其家採掠，本無金銀，此夢或真。至曉，掩祖仁，徵其金馬。祖仁謂人密告，望風款服，云實得金一百斤，馬五十匹。兆疑其藏隱，依夢徵之。祖仁諸房素有金三十斤，馬五十匹，盡送致兆，猶不充數。兆乃發怒，捉祖仁，懸首高樹，大石墜足，鞭捶之，以及於死。」

徽次兄顯恭傳　「顯恭，字懷忠」下補注：「《平陽縣子元恭墓誌》：恭，字顯恭。城陽懷王第二子。正光三年除揚州別駕，加襄威將軍。《傳》作『顯恭，字懷忠』，與《誌》不合。」「尋除中軍將軍、荆州刺史」下補注：「《孝莊紀》作『東荆州刺史』。《元恭墓誌》亦作『永安三年，拜東荆州刺史』。」「西北道行臺」下補注：「《孝莊紀》作『征西道行臺』。《元恭墓誌》亦作『西北道行臺』。」「晉州刺史」下補注：「顯恭除晉州刺史，《孝莊紀》在永安三年十月丙辰。」

子彦昭傳「齊受禪，爵例降」下補注：「《元恭墓誌》：長息前通直散騎侍郎、寧朔將軍、尚書考功郎中彦昭，次息前秘書郎中彦遵，次息前給事中彦賢。《傳》失書彦遵、彦賢。」

顯恭弟旭傳注「永安二年七月己亥」，「己亥」乃「己卯」之誤。「襄城王旭爲太尉，六月以太尉旭兼尚書令」，「六月」下補「乙酉」二字。「又鸞季子，顯儁處士，近亦有《墓誌》出洛陽」下補注：「稱甫齡三五，以延昌二年正月十四日己亥卒。」

章武王彬傳「鎮西大將軍、西戎校尉」，「鎮西」下補注：「《元彬墓誌》作『征西』。」「以貪惏削刲」，「刲」乃「封」字之誤。「《高祖紀》彬削爵在太和十三年三月甲子」，「彬削爵在」四字乙，「甲子」下補「夏州刺史、章武王彬以貪賕削封」。「太和二十三年卒」下補注：「《元彬墓誌》：太和二十三年五月丙子朔二日，薨於州。年三十有六。謚曰恭。又《員外散騎侍郎元舉墓誌》：舉，字景昂。南安惠王之曾孫。鎮西大將軍、都督東秦邠夏三州諸軍事、西戎校尉、統萬突鎮都大將、邠州刺(州)[史]、章武烈王之孫。寧遠將軍、青州刺史之元子。春秋廿五。孝昌三年三月廿七日薨。是彬又謚烈，與《彬誌》不合。未知孰是？彬有孫舉，父官青州刺史者，名不可考。洛中出土別有《寧朔將軍梁國鎮將元舉墓誌》：字長融，景穆皇帝之玄孫。以孝昌三年十一月終。不載祖父名。與此元舉同名，同爲景穆之後。而非一人。」

長子融傳　「賊帥鮮于修禮冠暴瀛、定二州」，「冠」乃「寇」之誤字。「朝服一具，綵二千八百段」下補注：「《章武王元融墓誌》作『賻物八百段』，不作『二千八百段』。」「謚曰莊武」下補注：「《章武王元融墓誌》：謚武莊。又《青州刺史元湛墓誌》同，不作『莊武』。」

凝弟湛傳　「湛字鎮興」下補注：「《青州刺史元湛墓誌》：湛，字珍興。使持節、鎮西大將軍、都督東豳夏三州諸軍事、西戎校尉、統萬突鎮都大將、荊汾夏三州刺史、章武王之弟四子。」「遷廷尉少卿」下補注：「《青州刺史元湛墓誌》：永平四年旨徵拜廷秘書著作郎、任城王啓除騎兵參軍，召補尚書左士「司」之僞字。郎中，除中書侍郎兼吏部郎中，遷前將軍、通直散騎常侍，除尉少卿，尋拜正卿。《傳》誤『珍興』作『鎮興』，湛官終『廷尉卿』，《傳》作『卿』，亦與《誌》異。」

樂陵王胡兒傳注　「贈征北大將軍」下補注：「《樂陵王元彥墓誌》：侍中、樂陵王之孫。是胡兒卒贈侍中。」「《元思墓誌》作正始三年五月六日」，「六日」二字乙，改注：「十二日。」「春秋四十，謚曰密王」下補注：「《平南府功曹參軍元茂墓誌》：茂，字興略。樂陵密王之第三子。春秋三十又一。以正光六年歲次乙巳正月丙午朔八日癸丑而逝洛陽。是密王尚有子茂，《傳》失書。」

略傳注「君諱彥，字景略」下補注：「鎮北將軍、樂陵密王之世子。」

安定王休傳注「在太和十五年十一月癸巳」，「十一月」乃「十二月」之誤。「車駕南伐領大司馬」下補注：「《高祖紀》：休領大司馬在太和十六年十月己亥。」「餞休於彰水之北下望」補注：「休迎家於平城。《高祖紀》在太和十七年十月乙巳。又稱是年正月庚辰，黜大司馬、安定王休，太保齊郡王簡朔之朝。《傳》失書。」

子超傳注「《傳》失書復安定舊封事」，此九字全乙。

子長春傳「武定初封南郡王」下補注：「《孝靜紀》長春封南郡在武定元年六月庚戌。」

願平弟永平傳「衛將軍、定州刺史」下補注：「《肅宗紀》：孝昌元年十月，河州長史元永平、治中孟賓等推囐嗟使主高徽行州事。《高徽傳》：莫折念生反於秦隴，時河州刺史元祚爲前刺史梁釗息景進等招引，念生攻河州，祚以憂死，長史元永平、治中孟賓、臺使元湛共推徽行州事。是永平曾官河州長史。《傳》失書。」

珍平弟貴平傳注「《出帝紀》永熙三年十月戊辰」下補「行青州事」四字。

文成五王列傳第八　魏書二十

安樂王長樂傳「皇興四年封建昌王」下補注：「《顯宗紀》長樂初封在是年五月。」「出爲定州刺史」下補注：「《高祖紀》：承明元年六月戊寅，以征西大將軍、安樂王長樂爲太尉，十有一月戊子，以太尉安樂王爲定州刺史。」「長樂賜死在太和三年」下補「九月」二字。「《世宗紀》詮平愉亂在永平元年」下補「九月壬辰」四字。「據《志》則延昌元年在五年三月之後也」，「志」乃「誌」之誤。

子鑒傳注　「詔秘書鑒安樂王」，「鑒」乃「監」之誤。「蕭衍遣將胡龍牙成」，「遣」下補「其」字。「詔鑒回師討之」，「師」下補「以」字。「既而不備，爲元法僧所敗」下補注：「三月，齊州清河民崔畜殺太守董遵，廣川民傳執堆執太守劉莽反，青州刺史、安樂王鑒討平之。」「《肅宗紀》鑒反及滅在孝昌三年」，「及滅」二字乙，「三年」下補「七月八日滅」五字。「又特復鑒王爵」下補注：「《孝莊紀》鑒復爵在建義元年四月甲辰。」

鑒弟斌之傳注　「《出帝紀》斌之封潁川郡王在」，「斌」字起八字乙。「三年二月壬午」下補：「以驃騎將軍、左衛將軍元斌之爲潁昌王。」

廣川王略傳　「廣川王略」下補注：「《元焕墓誌》：繼曾祖賀略汗侍中、征北大將軍、中都大官，又加車騎大將軍、廣川莊王。」

子諧傳　「贈諧武衛將軍。謚曰剛」下補注：「《元焕墓誌》：祖諧，散騎常侍、武衛將軍、東中郎將、廣川剛王。」

子靈道傳　「謚悼王」下補注：「《廣川孝王元焕墓誌》：父靈遵，冠軍將軍、廣川哀王。《傳》誤作『靈道』。謚悼王。焕，字子昭。趙郡靈王之次孫，使持節、散騎常侍、都督相州諸軍事、中軍將軍、相州刺史之第二子也。永平元年宣武皇帝旨紹廣川哀王焉。正光六年，除寧朔將軍、諫議大夫，孝昌元年秋七月甲辰朔四日丁未薨。年廿一。追贈龍驤將軍。謚曰孝。《傳》失書。」

齊郡王簡傳　「太和五年封」下補注：「《高祖紀》簡受封在是年六月戊午。」「二十三年薨」，「《高祖紀》簡薨在是年正月甲辰」。《簡誌》作「正月戊寅朔廿六日癸卯」，差一日。

子祐傳　「除征虜將軍、涇州刺史」下補注：「熙平二年齊郡王祐《造象記》結銜亦作『持節、督涇州諸軍事、征虜將軍、涇州刺史』。」「有齊郡王温疑是祐後」下補注：「又《元子永墓誌》：君諱子永，字長休。祖齊郡順王。父夙離固疾，事絶簪纓。叔父河間王養君爲子。出身給事中，遷員外散騎常侍。武泰元年四月薨。春秋廿五。贈鎮軍將軍、豫州刺史。是祐尚有孫子永，但父名不可考矣。」

琛傳　「死者千數，率衆走還」下補注：「《肅宗紀》：正光二年十二月庚辰，以東益南秦氐反，詔中軍將軍、河間王琛討之，失利。」「《肅宗紀》討氐兵敗在正光二年十二月」，自「討」字起十二字全乙。「虞鴻襲據壽春外」下補「城」字。「詔琛總衆援之」下補注：「又《長孫稚傳》：蕭衍將裴邃、虞鴻據壽春，稚諸子驍果，邃頗難之。號曰『鐵小兒』。詔河間王琛總衆援之，琛欲決戰，稚以雨久更須持重。琛不從，遂戰，爲賊所乘。」「《肅宗紀》琛討修禮」下補注：「在孝昌二年正月。」「敗免官爵在孝昌二年」，自「孝」字起四字乙，改注：「四月。又《長孫稚傳》：琛與稚前到呼沱，稚未欲戰，而琛不從。行達五鹿，爲修禮邀擊，琛不赴之，賊總至，遂大敗。稚與琛並除名。」

安豐王猛傳　「太和五年封」下補注：「《高祖紀》猛受封在是年六月戊午。」「太和十二年十一月以侍中、安豐王猛爲開府儀同三司」，「十一月」乃「十有二月」之誤。「贈太尉，謚曰匡」下補注：「《通直散騎常侍王誦妻元氏墓誌》：父侍中、太尉、安豐圉王。又《齊上洛縣開國男元子邃墓誌》：祖太尉、安豐匡王。」

子延明傳注　「屯邅距運禍自呢蕃」，「呢」乃「昵」之誤字。「爲儀同三司在二年三月」下補「庚子」二字。「孫長孺孝静時襲祖爵」下補注：「《元子邃墓誌》：子邃，字德修。父太保、大司馬、文宣王。起家爲給事中，從文宣討徐州，擒賊帥王思遠，賜爵開封男。尋除直閣將軍，又自安東府佐遷東徐州刺史，又除鎮西將軍、銀青光禄大夫，進號撫軍將軍，改封博陵郡開國公。追録舊勳，以襲父爵。又遷金紫光禄，進號征西將軍。皇齊勃興，天保元年隨例降爵，改封上洛縣開國男。以天保六年十月十五日卒。是延明有子子邃。《傳》失書。」

獻文六王列傳第九上　魏書二十

咸陽王禧傳　「太和九年封」下補注：「《高祖紀》禧以是年三月丙申受封。」「統御萬機，戰戰競競，恒恐不稱」，「競競」乃「兢兢」之誤。「大字本作『郢』」下補注：「孝文皇帝《弔比干文》亦作都督司、豫荆郢洛東荆六州諸軍事。則作『鄧』者誤。」「猶遠有簡娉以姿其情」，「姿」乃「恣」之誤。「景明二年春，禧等爲將，初祭入齋」，「初」乃「礿」之誤字。「可進位太保領太尉」下補注：「《世宗紀》禧進位太保在正月庚戌，領太尉在壬戌。與《傳》小異。」「俄而禧被擒獲」下補注：「《于列傳》：太尉、咸陽王禧謀反也。武興王楊集始馳於北邙以告，時世宗從禽於野，左右分散，直衛無幾，倉卒之際，莫知討之所出。乃敕烈子忠馳覘虛實，烈時留守，已處分有備。同奏曰：『臣雖衰邁，心力猶可。此等猖狂，不足爲慮。願緩蹕徐還，以安物望。』世宗聞之，甚以慰悦。及駕還宮，禧已遁逃。烈遣直閤叔孫侯將虎賁三百人追執之。」「遂賜死私第」下補注：「《世宗紀》禧賜死在景明二年五月壬戌。」

樹傳　「乃資其士馬，侵擾境上」下補注：「《肅宗紀》：孝昌二年七月甲子，蕭衍將元樹、湛僧珍等寇壽春。」「前廢帝時竊據譙城」下補注：「《後廢帝紀》：中興元年，蕭衍使其將元樹入據譙城。《傳》作『前廢帝』，與《紀》不合。」「禁於永寧佛寺」下補注：「《出帝紀》：太昌元年四月戊子，詔樊子鵠、杜德討元樹。七月，樊子鵠大破蕭衍軍於譙城，擒其鄴王元樹。九月庚子，帝幸華林都亭，引見元樹。」

曄傳　「並可聽附屬籍」下補注：「《肅宗紀》：熙平二年八月庚子，詔咸陽、京兆二王子女還附屬籍。與《傳》作『正光中』不合。」「《肅宗紀》禧追封在」，自「禧」字起以下四字全乙。「正光四年二月壬申」下補注：「追封故陽咸王禧爲敷城王，以禮加葬。」「《北史》：坦一名穆，字延和。傲狠兇粗，因飲醉之際，於洛橋左右頓辱行人，爲道路所患。」此段注改移在《齊書·元坦傳》上。「四年十月爲録尚書事，武定二年九月」下補「甲申」二字。

坦弟昶傳　「特封太原王，累遷鴻臚卿」下補注：「《出帝紀》作『大鴻臚卿』。」

趙郡王幹傳　「太和九年封河南王」下補注：「《高祖紀》幹以是年三月丙申封。」「故刑罰不中，民無措手足」下補注：「大字本無『手』字。」「詔幹都督中外謂軍事」，「謂」乃「諸」字之誤。「二十三年薨」下補注：「《高祖紀》幹以太和二十二年八月薨。非二十三年。」

子謐傳　「子謐」下補注：「《元謐墓誌》：字道安。」「正光四年薨」下補注：「《肅宗紀》謐以是年十一月丙申薨。」「謚曰貞景」下補注：「《撫軍將軍光州刺史元懿公墓誌》：公諱昉，字子朏。特進司州牧、靈王之孫，司州牧貞景王之少子。投褐給事中。春秋十有九。建義元年四月十三日薨。是謐尚有子昉，《傳》失書。」

謐兄諶傳　「封魏郡王，食邑一千户」下補注：「《孝莊紀》：建義元年四月癸卯，以中軍將軍、殿中尚書元諶爲儀同三司、尚書左僕射，封魏郡王。」「詔復諶封趙郡王」下補注：「《孝莊紀》：永安三年十月甲辰，以魏郡王諶徙封趙郡王。諶弟子寘，改封平昌王。」「諶爲太保在太昌元年五月」下補「丙申」二字。「三年薨」下補注：「《孝静紀》諶以是年六月辛巳薨。」

讞弟譿傳注　「謚曰宣公。《傳》均失書。」「公」字乙。

廣陵王羽傳　「太和九年封」下補注：「《高祖紀》羽以是年三月丙申封。」「羽表辭廷尉」下補注：「孝文皇帝《弔比干文》立於太和十八年。羽結銜作特進太子太保，不及廷尉卿。」「既云此年，何得春秋」下補注：「『秋』大字本作『初』。」「然朕識之知人」，「之」乃「乏」字誤。「《北史》作集」上補「大字本及」四字。

恭兄欣傳注　「六月南荆州刺史李志據城南叛」，「六月」下補「辛卯」二字。「以淮陽王欣爲太師，封沛郡王，司徒公」，自「司」字起三字乙。「三年丙申，以爲左軍大都督」，「三年」下補「四月」二字。

欣弟永業傳　「特封高密郡王」下補注：「《前廢帝紀》永業以是年九月癸巳封。」

高陽王雍傳　「太和九年封潁川王」下補注：「《高祖紀》雍以是年三月丙申封。」「奉遷七廟神主於洛陽」下補注：「《于烈傳》：與高陽王雍奉遷神主於洛陽。」「入居太極西柏堂，諮決大政」下補注：「《肅宗紀》雍入居西柏堂在延昌四年正月庚申。又《于忠傳》：忠與門下議，以肅宗幼年，未識機政。太尉、高陽王雍屬尊望重，宜入居西柏堂，省決庶政。」「又以本官録尚書事」下補注：「《肅宗紀》：熙平二年八月丁未，詔侍中、太師、高陽王雍入居門下，參決尚書奏事。」「《肅宗紀》雍進位丞相在」，自「雍」字起乙六字。「正光元年九月戊戌」下補注：「以太師、高陽王雍爲丞相，加後部羽葆鼓吹、班劍四十人。」「《肅宗紀》孝昌二年五月丁未」，「紀」字下補「正光四年九月丁酉，詔侍中、太尉、汝南王悦入居門下，與丞相高陽王雍參決尚書奏事」。

子斌傳　「官至尚書右僕射」下補注：　「《孝静紀》：　武定五年五月甲辰，以高陽王斌爲右僕射。六月乙酉，帝爲齊獻武王舉哀於東堂，服緦衰。詔尚書右僕射高陽王斌兼大鴻臚卿，赴晉陽監護喪事。」「歷位侍中、尚書左僕射」下補注：　「『左』殆『右』之譌。」

泰兄端傳　「端，字宣雅」下補注：　「《相州刺史元端墓誌》：　丞相高陽王之長子。」「太常少卿、散騎常侍」下補注：　「《元端墓誌》：　宣武皇帝訪舉皇枝，召君爲散騎侍郎。孝明皇帝擢君爲通直散騎常侍、鴻臚少卿，除太常卿。」「以功封安得縣開國公」下補注：　「《元端墓誌》：　遷散騎常侍、鎮軍將軍、金紫光禄大夫、安德郡開國公。《傳》誤作『安(得)〔德〕縣開國公』。」「儀同三司、相州刺史」下補注：　「《元端墓誌》作『追贈司空公，謚曰文』。」

叡弟誕傳　「進封昌樂王」下補注：　「《孝莊紀》：　永安三年十月癸卯朔，封通直散騎常侍、龍驤將軍、新陽縣開國伯元誕爲昌樂王。」「天平三年薨」下補注：　「《孝静紀》誕以是年四月丁酉薨。」

北海王詳傳　「詳，字季豫」下補注：　「《元詳墓誌》：　獻文皇帝之第七子。」「太和九年封」下補注：　「《高祖紀》：　詳以是年三月丙申封。」「軍國大事總而裁决」，「决」乃「決」之誤。「又虎賁百人圍守詳第，虜其驚懼」，「虜」乃「慮」之誤字。

子顥傳　「顥拜車騎大將軍在孝昌三年正月戊戌」，「戊戌」乃「甲戌」之誤。「顥亦奔還京師」下補注：「《肅宗紀》：孝昌三年正月甲申，高平虜賊逼岐州，城人執刺史魏蘭根，以城應之。豳州刺史畢祖暉、行臺羊深並奔退，祖暉於陣歿。北海王顥尋亦敗走。」「開府儀同三司、相州刺史」下補注：「《肅宗紀》在武泰元年正月癸亥。」「開府、侍中、刺史、王並如故」下補注：「《孝莊紀》在建義元年四月癸卯。」「登壇燔燎，號孝基元年」下補注：「《洛陽伽藍記》：顥與莊帝書曰：『大道既隱，天下匪公。禍福不追，與能義絶。朕猶庶幾五帝，無取六軍。正以糠秕萬乘，錙銖大寶，非貪皇帝之尊，豈圖六合之富。直以爾朱榮往歲入洛，順而勤王，終爲魏賊。逆刃加於君親，鋒鏑肆於卿宰。元氏少長，殆欲無遺。已有陳桓盜齊之心，非無六卿分晉之計。但以四海横流，欲篡未可。暫樹君臣，假相拜置，害卿兄弟，獨夫介立，遵養待時，臣節豈久？朕睹此心寒，遠投江表。泣請梁朝，誓在復恥。風行建業，電赴三川。正欲問罪於爾朱，出卿於桎梏。恤深怨於骨肉，解蒼生於倒懸。謂卿明眸擊節，躬來見我，共敘哀辛，同討凶羯。不意駕入成皋，便爾北渡。雖迫於兇手，勢不自由。或□生素懷，棄劍猜我。聞之永歎，撫衿而失。何者？朕之於卿，兄弟非遠，連枝分葉，興滅相依。假有內鬩，外猶禦侮。況吾與卿，睦厚偏篤。其於急難，凡今莫如。棄親即讎，義將焉據也。且爾朱榮不臣之蹟，暴於旁午，謀危社稷，愚智同見。卿乃明白，疑於必然，託命豺狼，委身虎口，棄親助賊，兄弟尋戈。假獲民地，本是榮物。若克城邑，絶非卿有。徒危宗國，以廣寇仇。快賊莽之心，假下莊之利。有識之士，咸爲慚之。今國家隆替，在卿與我。若天道助順，誓兹義舉，則皇魏宗社，與運無窮。儻天不厭亂，胡羯未殄，鴟鳴狼噬，薦食河北。在榮爲福，於卿爲禍。豈伊異人，尺書道意，卿宜三復，兼利是圖，富貴可保。徇人非慮，終不食言。自相魚肉，善擇元吉，勿貽後悔。』此黄門郎祖瑩之詞也。」「爲臨(顥)〔潁〕縣卒所斬」下補注：「《洛陽伽藍記》：時帝在長子城，太原王、上黨王來赴急。六月帝圍河内，太守元桃湯、車騎將軍宗正珍孫等爲顥守，攻之弗克。時暑炎赫，將士疲勞。太原王欲使帝幸晉陽，至秋更舉大義，未決，召劉助筮之。助曰：『必克。』於是至明盡力攻之，如其言。桃湯、珍孫並斬首，以徇三軍。顥聞河内不守，親率百僚出鎮河橋。特遷侍中、安豐王延明往守硤石。七月帝至河陽，與顥隔河相望。太原王命車騎將軍爾朱兆潛師渡河，破延明於硤石。顥聞延明敗，亦散走，所將江淮子弟五千，人人莫不解甲相泣，握手成列。顥與數千騎欲奔蕭衍，至長社，爲社民斬其首。傳送京師。」「先後差一年」下補注：「案《洛陽伽藍記》亦作『永安二年五月，北海王顥復入洛』。」

顥弟頊傳　「封東海王」下補注：「《孝莊紀》：建義元年四月癸卯，中軍將軍、給事黄門侍郎元頊爲東海王。《墓誌》作『永安初更封東海郡王』，與《紀》不合。殆以《誌》爲得。」「贈侍中、都督雍華歧三州諸軍事」，「歧」乃「岐」之誤字。

獻文六王列傳第九下　魏書二十一下

彭城王勰傳　「勰，字彦和」下補注：「《元勰墓誌》：顯祖獻文皇帝之第六子。」「太和九年封始平王」下補注：「《高祖紀》勰以是年三月丙申封。」「無朝聞夕逝不爲恨也」，「無」乃「吾」之誤。「臣處宗乏長幼之順，按物無國士之禮」，「按」乃「接」字之誤。「宗佑所賴，唯在於汝」，「佑」乃「祐」之誤。「務從簡素，以稱王心」下補注：「《世宗紀》：景明二年正月庚戌，遵遺詔，聽司徒彭城王勰以王歸第。」「參論軌制，應否之宜」下補注：「《洛陽伽藍記》：正始初，詔刊律令，永作通式。常景共治書侍御史高僧裕、羽林監王元龜、尚書郎祖瑩、員外散騎常侍李琰之等，撰集其事。又詔太師彭城王勰、青州刺史劉芳入預其議。景討正科條，商榷古今，甚有倫序，見行於世，今律二十篇是也。」「永平元年九月戊戌薨」，「薨」改「見殺」二字。「《元勰墓誌》作『永平元年』」下補「春秋三十六」五字。

嫡子劭傳　「嫡子劭」下補注：「南監本作『邵』，從大字本改。」

劭兄子直傳　「加前後部羽葆鼓吹」下補注：「《孝莊紀》子直追封陳留王在建義元年六月丁亥朔。」

子寬傳　「爾朱兆害之於晉陽」下補注：「《孝莊紀》寬以是年十二月甲子被害。」

劭弟子正傳　「劭弟子正」下補注：「《始平王元子正墓誌》：子正，字休度。顯祖獻文皇帝之孫。文穆皇帝之少子。」「《李妃墓誌》作『子正，字休度』。」「作」上補「亦」字。「封始平王」下補注：「《元子正墓誌》：熙平年中封覇城縣開國公，除散騎侍郎，不拜。尋改中書，又轉太常少卿，除侍中、驃騎大將軍、司徒公，領尚書令，封始平王。又《孝莊紀》子正封爵在武泰元年四月戊戌。」「與兄劭俱遇害」下補注：「《元子正墓誌》作『春秋二十有一。以建義元年歲在戊申四月戊子朔十三日庚子薨於河陰』。」「謚曰貞」下補注：「《元子正墓誌》作『謚曰文貞』。」

孝文五王列傳第十　魏書二十二

京兆王愉傳　「太和二十一年封」下補注：「《高祖紀》愉以是年八月壬戌封。」「悦之，遂被寵嬖」下補注：「《元寶月墓誌》：皇妣楊妃，恒農人。父次德，蘭陵太守。祖伯念，秦州刺史。」「祖瑩、邢晏、王遵業、張始均」下補注：「『均』南監本誤作『拘』，從大字本改。」「遂殺長史羊靈引及司馬李遵」下補注：「《崔伯驥傳》：爲京兆王愉法曹參軍。愉反，伯驥不從，見害。詔贈東海太守。是愉所殺不僅羊、李二人。」「詔徵赴京師」下補注：「《世宗紀》：永平元年八月癸亥，冀州刺史、京兆王愉據州反。乙丑，假尚書李平鎮北將軍、行冀州事，以討之。九月辛巳朔，李平大破元愉於草橋。壬辰，樂安王詮大破元愉於信都北。癸卯李平克信都，元愉北走，斬其所署冀州牧韋超、右衛將軍睦雅、尚書僕射劉子直、吏部尚書崔朏等。統軍叔孫頭執愉送信都。羣臣請誅愉，帝弗許，詔送京師。冀州平。」「子寶月襲」下補注：「《肅宗紀》：武泰元年二月甲寅，皇太后詔皇曾孫故臨洮王寶暉世子釗。則幼主釗之父寶暉亦襲愉爵，但不知爲寶月兄，抑寶月弟也？」「餘四人不知誰子，附記於此，以俟考」，「餘四人」乙「四」字，又乙「於此以」三字。「追服三年」下補注：「《元寶月墓誌》：寶月，字子焕。年十有四，爲清河文獻王所攝養。以正光五年廿五日薨於第。春秋廿有三。詔贈持節、都督秦州諸軍事、平西將軍、秦州刺史。又詔謚曰孝。王息倩長禕年四，倩弟森仲蔚年二。」

寶月弟寶炬傳　「普泰元年三月庚辰，侍中、衛將軍」，「侍中」二字乙。「天平元年閏月，寶炬僭尊號」下補注：「二年正月，寶炬渭州刺史可朱渾道元擁部來降。三年正月戊申，齊獻武王襲寶炬西夏州，克之。」

清河王懌傳　「太和二十一年封」下補注：「《高祖紀》：懌以是年八月壬戌封。」「清河王懌爲司空，《傳》失書」下補注：「又《封軌傳》：司空、清河王懌表修明堂、辟雍，詔百僚集議。《傳》亦失書。」「爲之劈面者數百人」下補注：「《洛陽伽藍記》：孝昌元年太后還總萬機，追贈懌太子太師、大將軍、都督中外諸軍事，假黄鉞，給九旒鑾輅、黄屋左纛轀輬車、前後部鼓吹，虎賁班劍百人，輓歌二部。葬禮依晉安平王孚故事。謚曰文獻。」「正光四年二月壬申，追復清河王懌」，「復」乃「封」字之誤。「范陽王懌爲清河王，《傳》失書」下補注：「又《傳》不載懌子。《前廢帝紀》：普泰元年三月，特進車騎大將軍、清河王亶爲儀同三司、侍中、太傅。《出帝紀》：太昌元年五月己酉，以侍中、驃騎大將軍、儀同三司、清河王亶爲司徒公。永熙三年八月甲寅，推司徒公、清河王亶爲大司馬承制總萬機，居尚書省。《孝静紀》：天平三年十二月壬申，大司馬清河王亶薨。又《孝静紀》稱孝静爲清河文宣王亶世子，知亶謚文宣。」

廣平王懷傳注「《世宗紀》：延昌元年正月丙辰」，「《世宗紀》」上補「《高祖紀》太和二十一年八月壬戌封廣平王。又《廣平王懷墓誌》：字宣義，孝文皇帝第四子。春秋三十，熙平二年三月廿六日丁亥薨。追崇使持節、假黄鉞、都督中外諸軍事、太師、領太尉公。謚曰武穆。《金石録·范陽王碑跋》云：王諱誨，孝文皇帝之孫。太師武穆王之子。據《碑》云：懷謚武穆。而《傳》作『文穆』者誤也。」「大將軍、廣平武穆王殆薨後追贈」，「殆」字起五字乙。「亦稱廣平武穆王之子，知懷謚武穆也」，「知」字起六字乙。「知誨爲懷庶長子」下補注：「《元誨墓誌》：誨，字孝規。年十二爲散騎侍郎，轉城門校尉，後爲通直常侍，除太常少卿，兼武衛將軍，遷散騎常侍、河南中正，封范陽王，假撫軍將軍、平西將軍，爲潼關都督，仍兼尚書爲行臺，除宗正卿，轉衛將軍、中書監，除侍中、左光禄大夫，加車騎將軍，尋除尚書左僕射。春秋廿六。永安三年十二月三日薨。追贈使持節、驃驍大將軍、司徒公、冀州刺史、王如故。謚曰文景。又《元悌墓誌》：悌，字孝睦。年十四襲王爵。除散騎常侍，尋加平南將軍，復增安南將軍，□河南尹，俄遷中軍將軍，轉大鴻臚卿。春秋二十有三。以武泰元年四月十三日薨於河梁之西。」「茲節録二《誌》」，「二誌」改「諸《誌》」。

汝南王悦傳同上　「合服仙樂松朮之屬」，「樂」乃「藥」之誤。

先公往歲居津沽，既刊所著《魏書宗室傳注》。迨居遼以後，案頭行笈恒置此稿，遇新獲元魏墓誌墨本，時取校勘，每有校正，輒記諸書眉，或夾簽識之。居遼十年，未嘗或廢。手校本朱墨塗乙殆徧。曩刊《遺稿》，以是書整理有待未之及。頤竊以爲先公校勘此書垂五十年，以地下史料取證載籍，於校勘實另闢蹊徑。匡昔賢之不逮，導後學以先河，校訂約增全書五之一。顧全書十二卷，重刊力有未逮，頤乃移録補訂各條，凡四百餘則，釐爲一卷，好學之士取舊刊參校讀之，亦無異於綜覽全書也。《校補》所出，一爲《魏書》紀傳（《前廢帝紀》、《後廢帝紀》、《崔伯驥傳》、《崔徽傳》、《長孫稚傳》、《穆崇傳》、《穆泰傳》、《穆韶傳》、《莫題傳》、《長孫俊傳》、《安同傳》、《于烈傳》、《于忠傳》、《封軌傳》、《薛提傳》、《蕭寶夤傳》、《鐵弗劉虎傳》）；二爲《舊唐書·元行冲傳》及《洛陽伽藍記》；三爲近出元魏墓誌六十三石（元龍、元天穆、元孟輝、元平、元倂、元保洛、元引、元誕、元暉、元悛、元弼、元廣、元鑒、元暐、元繼、元（乂）〔叉〕、元緒、元騰、元宥、元尚之、元仙、元弼、元悦、元朗、元則、元秀、元崇業、元璨、元液、元襲、元瓊、元定、元曄、元斌、元靈曜、元偃、元周安、元壽妻盧氏、元彝、元嵩、元瞻、元楨、元肅、元恭、元彬、元舉、元融、元湛、元茂、元煥、元彥、元子永、元禮之、元子邃、元誦妻王氏、元謐、元昉、元端、元子正、元寶月、元誨、元悌、元氏趙夫人）；四，《魏元萇温泉頌》、《隋太僕元咼墓誌》，皆補舊注所未及者也。此傳經先公畢生校勘，得一結束。踵此再補，留待後賢。頤學殖無成，慚負箕裘。他日能以此卷與舊本合刊，則有望於車書一統之世，爰企足以俟之。癸未孟冬，男福頤謹記。〔一〕

〔校記〕

〔一〕繼祖謹案：先叔刊此《校補》，去今又已四十三年矣。今年校輯《學術論著集》，以不知原稿尚存否？又爲工作條件所限，仍不獲一一補入全書。叔所企望於車書一統之世者竟未克償，故仍附叔跋於後，兼以誌愧焉。一九八六年一月。